30 Stunden Dänisch
für Anfänger

Von
JUTTA MEISSNER-ANDRESEN

LANGENSCHEIDT

BERLIN · MÜNCHEN · WIEN · ZÜRICH · NEW YORK

Alle Lesetexte dieses Lehrbuches wurden auf einer Cassette aufgenommen, die gesondert im Buchhandel erhältlich ist.

Titelbild: ZEFA

| *Auflage:* | *11.* | *10.* | *9.* | *8.* | | *Letzte Zahlen* |
| *Jahr:* | *1993* | *92* | *91* | | | *maßgeblich* |

© *1978, 1988 by Langenscheidt KG, Berlin und München*
Druck: Druckhaus Langenscheidt, Berlin-Schöneberg
Printed in Germany · ISBN 3-468-28101-3

Einleitung

Zweck und Inhalt der Sprachlehre

Es wurde versucht, ein Buch zu erarbeiten, das durch Aufbau und Inhalt eine in sich abgeschlossene Einführung in die dänische Sprache, in die Aussprache, Grammatik und Rechtschreibung gibt. Gleichzeitig soll es ein rasches Eindringen in die fremde Sprache ermöglichen und einen fundamentalen Wortschatz vermitteln.

Den eigentlichen 30 Stunden – hier nicht als Zeitbegriff zu werten, sondern gleichbedeutend mit Lektionen – ist ein einführender Teil über die Aussprache und Schreibung vorangestellt.

Die Lese- und Übungsstücke (A) sind inhaltlich vom „Sprachführer Dänisch" abgegrenzt, der ausschließlich Redewendungen und Wörter des täglichen Lebens beinhaltet: Einige Lehrbuchtexte beschreiben Situationen des Alltags – ebenfalls unter Verwendung häufig gebrauchter Redewendungen und Ausdrücke umgangssprachlicher Konversation – andere behandeln politische, historische, soziale, kulturelle oder wirtschaftliche Aspekte, und in einigen Stunden werden Gedichte, Witze u. ä. eingeführt.

Der grammatische Teil (B) enthält alles Wesentliche auf dem Gebiet der Satz- und Formenlehre, teilweise ergänzt durch Erläuterungen.

Es wurde versucht, die Übungen (C) so abwechslungsreich wie möglich zu gestalten. Sie reichen von der Einübung grammatischer Formen, der Umbildung ganzer Sätze, Einsetzübungen usw. bis zur Lösung von Kreuzworträtseln.

Die Aussprache ist in den Wortlisten (D) und teilweise in den grammatischen Ausführungen angegeben. Die ersten fünf Texte erscheinen zusätzlich in Lautschrift.

In den Anhang aufgenommen wurden neben dem Sachregister Konjugationsmuster der wichtigsten unregelmäßigen Verben.

* * *

Frau Jette Mez übernahm das Einsetzen der phonetischen Umschrift. Ich bedanke mich für ihre Mühe und für die gute Zusammenarbeit. Mein besonderer Dank gilt Karen Sonne Jakobsen, Kopenhagen, die für die textliche Gestaltung der Lesestücke wertvolle Hinweise sachlicher und stilistischer Art gab.

Jutta Meissner-Andresen

Inhaltsverzeichnis

A = *Text*, B = *(grammatikalische) Erläuterungen*, C = *Übungen*, D = *Vokabeln*

Zur Aussprache und Schreibung des Dänischen

Vorbemerkungen

Dänisch ist eine skandinavische Sprache, die zur germanischen Sprachgruppe gehört. Die deutsche und die dänische Sprache entwickelten sich aus einem gemeinsamen germanischen Ursprung, und die Sprachverwandtschaft ist am Vokabular, trotz der unterschiedlichen Aussprache, in vielen Fällen sehr deutlich. Besonders seit dem Mittelalter drangen viele deutsche Lehnwörter in die dänische Sprache ein. Daneben haben viele Wörter einen romanischen Ursprung und sind lateinische bzw. französische Lehnwörter, so z. B. à jour [aˈsjuːʀ] *auf dem laufenden,* avis [aˈviːˀs] *Zeitung,* kulør [kuˈløːˀʀ] *Farbe.* Hinzugekommen sind in den letzten Jahrzehnten viele englische und amerikanische Ausdrücke, wie z. B. weekend [ˈviːgɛnd] *Wochenende,* smart [smɑːˀʀd] *schick,* gentleman [ˈdjɛndlmaːn] *Gentleman.*

Die dänische Aussprache unterscheidet sich sehr oft vom geschriebenen Wort. Manchmal steht der gleiche Buchstabe für verschiedene Laute; so kann der Buchstabe **d** ein Verschlußlaut, ein Reibelaut oder stumm sein, z. B. dame [ˈdaːmə] *Dame* (Verschlußlaut), gade [ˈgaːðə] *Straße* (Reibelaut), tand [tanˀ] *Zahn* (stumm). Oftmals erscheint der gleiche Laut bei verschiedenen Buchstaben; der Laut [ɛ] kann beispielsweise **e** oder **æ** geschrieben werden, wie bei kende [ˈkɛnə] *kennen* und tænde [ˈtɛnə] *anzünden.*

1. Besondere Lautzeichen

1) Alle nicht besonders gekennzeichneten Vokale sind kurz auszusprechen.
2) Lang auszusprechende Vokale haben das **Längezeichen** [ː] hinter dem betreffenden Buchstaben.
3) Das **Betonungszeichen** [ˈ] steht vor der betonten Silbe. Zweisilbige Wörter ohne Betonungszeichen werden schwach auf der ersten Silbe betont.
4) Das **Stoßtonzeichen** [ˀ] steht hinter dem betreffenden Lautzeichen (siehe dort).
5) Die **Halbvokale** werden durch einen Bogen bezeichnet [ĭ], [ŭ].

2. Die Vokale und ihre Lautzeichen

1) *Die dänischen Vokale werden ausgesprochen:*

    a) auf der vorderen Zungenpartie mit ungerundeten Lippen: [i] (der Mund ist fast geschlossen), [e] (halbgeschlossen), [ɛ] (offen).

    b) auf der vorderen Zungenpartie mit gerundeten Lippen: [y] (fast geschlossen), [ø] (fast geschlossen), [œ] (offen).

    c) auf der mittleren Zungenpartie mit ungerundeten Lippen: [a] (halboffen), [ɑ] (offen).

    d) auf der hinteren Zungenpartie mit gerundeten Lippen: [u] (fast geschlossen), [o] (fast geschlossen), [ǫ] (offen), [ɔ] (ganz offen).

    e) neutral (flüchtig/gemurmelt): [ə].

2) *Die einzelnen Lautzeichen mit Beispielen:*

[a] = sehr helles *a;* im Deutschen nicht vorhanden (lang und kurz); etwa zwischen deutschem *ä* und *a:* gade [ˈgaːðə] *Straße;* tage [ˈtaːə] *nehmen.*

[ɑ] = tiefes *a* wie in *Vater* (lang und kurz): ar [ɑːˀʀ] *Narbe;* tak [tɑg] *Dank.*

[ɛ] = *e (ä)* wie in *nett, fällen* (lang und kurz): læbe [ˈlɛːbə] *Lippe;* plet [plɛd] *Fleck.*

[e] = *e* wie in *Telefon* (lang und kurz): bede [ˈbeːðə] *bitten;* inde [ˈenə] *drinnen*

[ə] = flüchtiges *e* wie in *bitte* (nur kurz): billede [ˈbeləðə] *Bild.*

[i] = *i* wie in *ihr* (lang und kurz): bevise [beˈviːˀsə] *beweisen;* hilse [ˈhilsə] *grüßen.*

[o] = *o* wie in *Ofen* (lang und kurz): sofa [ˈsoːfa] *Sofa;* bonde [ˈbonə] *Bauer.*

[ǫ] = *o;* kein deutsches Äquivalent: gå [gǫːˀ] *gehen.*

[ɔ] = *o* wie in *kommen:* kold [kɔlˀ] *kalt.*

[u] = *u* wie in *du* (lang und kurz): due [ˈduːə] *Taube;* kulde [ˈkulə] *Kälte.*

[y] = *ü* wie in *für* (lang und kurz): by [byːˀ] *Stadt;* tysk [tysg] *deutsch.*

[ø] = *ö* wie in *böse* (lang und kurz): køle [ˈkøːlə] *kühlen;* mølle [ˈmølə] *Mühle.*

[œ] = *ö* wie in *öffnen* (meist kurz, selten lang): søn [sœn] *Sohn.*

Anmerkungen:

1. Alle Vokale, lang oder kurz, sind stimmhaft, und einige Wörter mit langem Vokal haben einen Stoßton.

2. Beachten Sie besonders die kurzen geschlossenen Vokale, die dem

Deutschen fremd sind, wie z. B. bei hilse ['hilsə] *grüßen* mit einem i wie in hiesig, aber **kurz**.

3. Bis auf wenige Ausnahmen ist der **Lautwert** bei der kurzen und langen Form eines Vokals gleich. Einige kurze Vokale, die mit einem r stehen, besonders wenn das r dahinter steht, werden offener und meistens weiter hinten auf der Zungenpartie ausgesprochen (Vokalsenkung).

Beispiele: [ɛ] 1) plet [plɛd] *Fleck* (offen und auf der vorderen Zungenpartie ausgesprochen;

2) præst [pRɛsd] *Pfarrer* (eine Idee offener und zurückgezogener);

3) værre ['vɛRə] *schlimmer* (ein wenig offener und zurückgezogener als bei 2).

Die gleiche Abstufung findet man beispielsweise bei [œ]: 1) søn [sœn] *Sohn;*

2) drømme ['dRœmə] *träumen;*

3) tørst [tœRsd] *Durst.*

Der Laut [ɑ] wird (lang wie kurz) nach und vor einem r offener und zurückgezogener ausgesprochen, z. B.: ar [ɑːˀR] *Narbe* und rat [Rɑd] *Lenkrad;* aber ein wenig geschlossener und weiter vorn auf der Zungenpartie: tak [tɑg] *Dank.*

Der kurze Laut [o] wie in bonde ['bonə] *Bauer* ist ein wenig offener als das lange o in sofa ['soːfa] *Sofa.*

3) *Besonderheiten einiger Vokale beim geschriebenen und gesprochenen Wort:*

Beachten Sie die Unterschiede beim geschriebenen und gesprochenen Wort:

de [di] *sie;* **lyst** [løsd] *Lust;* **til** [te] *zu;* **hugge** ['hogə] *hacken.*

3. Die Diphthonge und ihre Lautzeichen

In der dänischen Schriftsprache existieren nur die Diphthonge **au** und **eu**, und zwar nur in Fremdwörtern, z. B. automat [aˇutoˈmaːˀd] *Automat*, Europa [œˇuˈRoːpa]. Das Lautsystem dagegen hat 3 [i]- und 8 [u]-Diphthonge. Der [i]-Laut und der [u]-Laut (d. h. jeweils das zweite Element in der Zusammensetzung) liegen zwischen [e]-[i] bzw. zwischen [o]-[u].

Beispiele:

[ɑˇi] **nej** [nɑˇiˀ] *nein;* **dig** [dɑˇi] *dich;* **mig** [mɑˇi] *mich.*

[ɔˇi] **øje** ['ɔˇiə] *Auge;* **tøj** [tɔˇi] *Kleidung;* **møg** [mɔˇi] *Mist.*

[uˇi] **huje** ['huˇiə] *johlen.*

[aŭ] hav [haŭ] *Meer;* havn [haŭʔn] *Hafen;* fagforening [ˈfaŭfɔʀˈeːʔneŋ]
  Gewerkschaft.

[ɔŭ] skov [sgɔŭ] *Wald;* og [ɔŭ] *und;* ovn [ɔŭʔn] *Ofen.*

[ɛŭ] hævne [ˈhɛŭnə] *rächen;* evne [ˈɛŭnə] *Fähigkeit;* nævne [ˈnɛŭnə]
  erwähnen.

[œŭ] Europa [œŭˈʀoːpa]; øv! [œŭ] *pfui!*; støvle [ˈsdœŭlə] *Stiefel.*

[eŭ] peber [ˈpeŭəʀ] *Pfeffer;* brev [bʀeŭʔ] *Brief;* lever [ˈleŭʔəʀ] *Leber.*

[iŭ] livlig [ˈliŭli] *lebhaft;* ivrig [ˈiŭʀi] *eifrig;* kniv [kniŭʔ] *Messer.*

[yŭ] tyv [tyŭʔ] *Dieb;* syv [syŭʔ] *sieben.*

[øŭ] støv [sdøŭʔ] *Staub;* øvrig [ˈøŭʀi] *übrig.*

4. Die Konsonanten und einige ihrer wichtigsten Lautzeichen

1) *Alle dänischen Konsonanten sind kurz. Die stimmhaften unter ihnen
können einen Stoßton haben (siehe dort).*

Die Konsonanten **f, h, j, k, l, m, n, p** und **t** entsprechen überwiegend
den deutschen Lauten. Zu achten ist besonders auf:

[ð], der ein stimmhafter Lispellaut ist, wie etwa *th* im englischen
  the (die Zunge bewegt sich aber nicht wie bei *the* hinter die
  oberen Vorderzähne, sondern verbleibt hinter den unteren
  Vorderzähnen). Dieser Laut wird **das weiche d** genannt, und
  man findet ihn als In- und Auslaut, z. B. bei gade [ˈgaːðə]
  Straße und bad [bað] *Bad.* [ð] kommt nie im Anlaut vor.

[ŋ] ist ein nasaler Laut wie *ng* in *singen,* z. B. synge [ˈsøŋə] *singen.*

[s] ist immer stimmlos wie *s* in *Wasser,* z. B. læse [ˈlɛːsə] *lesen,*
  stor [sdoːʔʀ] *groß.*

[ʀ] ist ein Zäpfchen-*r* wie in *rein,* doch tiefer im Hals ausgesprochen,
  ohne Schwingungen des Zäpfchens, z. B. rose [ˈʀoːsə] *Rose.*

[v] wird wie *w* in *Wasser* ausgesprochen, z. B. vi [vi] *wir.*

[w] etwa wie im englischen *west,* z. B. vogn [vɔwʔn] *Wagen.*

2) *Besonderheiten einiger Konsonanten beim geschriebenen und gespro-
chenen Wort:*

b ist stimmlos, z. B. bade [ˈbaːðə] *baden;* in købmand [ˈkømanʔ]
  Kaufmann fällt es ganz weg. Beachten Sie auch: kobber [ˈkɔŭʔəʀ]
  Kupfer und peber [ˈpeŭəʀ] *Pfeffer.*

c wird vor **e, i, y, æ** und **ø** [s] ausgesprochen, z. B. cigaret [sigaˈʀɛd]
  Zigarette; vor **a, o** und **u** [k] ,z. B. cafeteria [kafəˈteːʔʀïa] *Cafeteria.*

ch wird [sj] gesprochen, z. B. charme [ˈsjaʀmə] *Charme;* chokolade
  [sjogoˈlaːðə] *Schokolade.*

d ist stimmlos im Anlaut, z. B. dansk [danʔsg] *dänisch;* nach einem
  Vokal und zwischen Vokalen wird es [ð] ausgesprochen (siehe oben),

außer bei Lehn- und Fremdwörtern wie z. B. moderne [mo'dɛRnə] *modern;*
d ist meistens stumm bei:

1) **ds**, z. B. spi**ds** [sbes] *Spitze,* Ged**ser** ['gɛsəR] *Ortsname;* auch bei **ds** + einem unbetontem **e** am Ende eines Wortes, z. B. ri**dse** ['Risə] *ritzen;*

2) bei **dt**, z. B. go**dt** [gɔd] *gut;*

3) bei **nd**, z. B. Tysk**land** ['tysglanˀ] *Deutschland;* auch vor einem unbetontem **e**, z. B. sen**de** ['sɛnə] *schicken;* vor **i** und **r** ist **d** deutlich hörbar, z. B. yn**dig** ['øndi] *reizend, süß;* an**dre** ['andRə] *andere;* auch bei: ban**de** ['bandə] *Bande* und vin**due** ['vendu] *Fenster.*

4) bei **ld**, z. B. u**ld** [ulˀ] *Wolle;* vor **i** und **r** wird es aber gesprochen, z. B. sky**ldig** ['sgyldi] *schuldig,* a**ldrig** ['aldRi] *nie;*

5) bei **rd**, z. B. no**rd** [noːˀR] *Nord,* fje**rde** ['fjɛːRə] *vierte;* **aber:** fæ**rdig** ['fɛRdi] *fertig,* ve**rden** ['vɛRdən] *die Welt.* In vielen anderen Fällen, die nur in der Praxis erlernt werden können, wird das **d** bei Wörtern mit **rd** ebenfalls ausgesprochen.

f ist in der Präposition **af** [a] *von* stumm; die Vorsilbe **af-** wird [aŭ] ausgesprochen, z. B. **af**fald ['aŭfalˀ] *Abfall.*

g ist stimmlos im Anlaut, vor **t** und am Wortende, z. B. **g**ive ['giːvə] *geben,* ma**gt** [magd] *Macht,* my**g** [myg] *Mücke;* sonst ist es ein stimmhafter schwacher Reibelaut (liegt zwischen *g* und *j*), z. B. ba**g**er ['baːəR] *Bäcker.*

Beachten Sie auch: væl**g**e ['vɛljə] *wählen* und fla**g** [flaːˀ] *Flagge;*

g ist stumm in den Endungen **-dag** [da] *-tag* und **-ig**, z. B. søn**dag** ['sœnˀda] *Sonntag,* liv**lig** ['liŭli] *lebhaft;* meistens auch nach **i** und **y** und manchmal nach **u**, **o** und **a**, z. B. li**ge** ['liːə] *gerade,* ry**ge** ['Ryː ə] *rauchen,* fu**gl** [fuːˀl] *Vogel,* no**gen** ['nɔːən] *jemand,* da**g** [daːˀ] *Tag.*

Umgangssprachlich werden Wörter, bei denen **lg** und **rg** vor einem unbetontem **e** stehen, oft folgendermaßen ausgesprochen: sæl**ge** ['sɛlə] *verkaufen,* spur**gte** ['sboːRdə] *fragte.*

h ist stumm in **hj** und **hv**, z. B. **h**vid [viðˀ] *weiß* (aber: vid [viðˀ] *weit*), **h**jul [juːˀl] *Rad* (aber: jul [juːˀl] *Weihnachten*).

j ist stumm in ve**jr** [vɛːˀR] *Wetter.*

k ist im Anlaut stark aspiriert (explosiv ausgestoßen), z. B. **k**o [koːˀ] *Kuh.*

p ist im Anlaut ebenfalls stark aspiriert, z. B. **p**ølse ['pølsə] *Wurst;* in Fremdwörtern mit **ps** ist es stumm, z. B. **ps**ykologi [sygolo'giːˀ] *Psychologie.*

t ist im Anlaut stark aspiriert, z. B. **t**i [tiːˀ] *zehn;* es ist stumm beim Pronomen de**t** [de] *es, das.*

p, t, und **k** werden wie stimmloses [b], [d], [g] ausgesprochen, wenn sie als In- oder Auslaut stehen, z. B. **oppe** [ˈɔbə] *oben*, **kop** [kɔb] *Tasse;* ˈ**katte** [ˈkadə] *Katzen*, **glat** [glad] *glatt;* **snakke** [ˈsnɑgə] *reden, plaudern*, **tak** [tɑg] *danke*. Auch nach **s**, z. B. **sp**and [sbanˀ] *Eimer*, **stærk** [sdɛʀg] *stark*, **rask** [ʀɑsg] *gesund*.

sc wird [s] ausgesprochen: **scene** [ˈseːnə] *Bühne*.

v ist meistens stumm in **lv**, z. B. **halv** [halˀ] *halb*, **gulv** [gol] *Fußboden*. Beachten Sie auch den Unterschied: **hav** [haŭ] *Meer*, **havet** [ˈhaːˀvəð] *das Meer;* **lav** [laːˀv] *niedrig*, **lavvande** [ˈlaŭvanə] *Niedrigwasser;* **lov** [lɔŭ] *Gesetz*, **loven** [ˈlɔ̱ːˀvən] *das Gesetz*.

x wird [s] ausgesprochen in Fremdwörtern, z. B. **xylofon** [syloˈfoːˀn] *Xylophon*.

z wie [s] kommt nur in Fremdwörtern vor, z. B. **benzin** [bɛnˈsiːˀn] *Benzin*.

Anmerkungen:

1. **b, d** und **g** kommen stimmlos im Deutschen nur in Dialekten vor (z. B. im Sächsischen). In der deutschen Hochsprache erscheinen diese Laute nur innerhalb eines Wortes im Silbenauslaut, z. B. endlich, Abgabe, weggehen.

2. Gewöhnlich **verkürzt** ein doppelter Konsonant einen davorstehenden Vokal, z. B. **læsse** [ˈlɛsə] *(be)laden*, **aber: læse** [ˈlɛːsə] *lesen*.

5. Stoß(ton)

Ein charakteristisches Merkmal der dänischen Sprache ist der sogenannte **stød** [sdøːˀð] *Stoß(ton)*, der in der Lautschrift durch [ˀ] gekennzeichnet wird. Als physiologisches Phänomen ist der Stoß eine plötzliche Spannung der Stimmbänder (Kehlkopfverschluß) mit kurz darauffolgender Entspannung; d. h., daß der Luftstrom durch den Kehlkopf für den Bruchteil einer Sekunde zurückgehalten wird, und bei der Entspannung der Stimmbänder die Luft mit einem hörbaren kleinen Hauch weiterströmt, was einen zweigipfligen Laut ergibt, vgl. *verreisen* und *verˀeisen*.

Der Stoßton kommt nur in oder nach einem stimmhaften Laut vor (ein Vokal muß lang sein, um einen Stoßton tragen zu können), der in betonter oder halbbetonter Stellung steht. In nicht betonter Stellung geht der Stoßton verloren.

Der Stoßton wird in verschiedenen Teilen Dänemarks unterschiedlich gebraucht, und in großen Teilen des südlichen Dänemarks hört man ihn bei der spezifischen regionalen Färbung der Sprache überhaupt nicht. Da eine abweichende Anwendung sogar bei verschiedenen

Bevölkerungsschichten und Generationen auftreten kann, ist es nicht möglich, für den Gebrauch klare Regeln aufzustellen. Allgemein läßt sich aber sagen, daß der Stoßton bei vielen einsilbigen Wörtern vorkommt, z. B. **hus** [hu:ˀs] *Haus;* **dyb** [dyːˀb] *tief.* Auch beim Imperfekt der starken Verben, z. B. **løb** [løːˀb] *lief;* aber: **løbe** [ˈløːbə] *laufen.* Wenn ein Substantiv im Singular, das einen Stoßton hat, einen Schlußartikel anhängt, dann bleibt der Stoß erhalten, z. B. **bogen** [ˈbɒːˀwən] *das Buch.* Bei Substantiven, die im Singular keinen Stoßton haben, z. B. **søn** [sœn] *Sohn,* wird er bei der bestimmten Form hinzugefügt: **sønnen** [ˈsœnˀən] *der Sohn.* Bei der Pluralendung geht der Stoßton meistens verloren, z. B. **huse** [ˈhuːsə] *Häuser;* **sønner** [ˈsœnəʀ] *Söhne.* Ist ein Wort, das alleinstehend einen Stoßton hat, erstes Wort einer Zusammensetzung, dann fällt der Stoß in diesem Glied meistens weg, z. B. **husmand** [ˈhuːsmanˀ] *Kleinbauer;* in einigen Fällen jedoch nicht, z. B. **rødgrød** [ˈʀøðˀgʀøːˀð] *rote Grütze.* Bisweilen dient der Stoßton zur Unterscheidung in der Bedeutung eines Wortes, z. B.

løber [ˈløːbəʀ] *Läufer*   – **løber** [ˈløːˀbəʀ] *läuft*
tænder [ˈtɛnəʀ] *Feuerzeug* – **tænder** [ˈtɛnˀəʀ] *Zähne*

Beachten Sie auch die Unterschiede bei Wörtern wie:

fugl [fuːˀl] *Vogel*   – **fuld** [fulˀ] *voll*
tal [taːˀl] *sprich* – **tal** [tal] *Zahl*
man [man] *man* – **mand** [manˀ] *Mann*

6. Betonung

Die Betonung (in der Lautschrift [ˈ]) ist den in meisten Fällen wie im Deutschen. In der Regel wird die erste Silbe eines Wortes betont: **gade** [ˈgaːðə] *Straße;* dasselbe gilt auch für Zusammensetzungen: **spisevogn** [ˈsbiːsəvɔwˀn] *Speisewagen.* Ausnahmen bilden einige geographische Namen, z. B. **København** [køːbənˈhaŭˀn] *Kopenhagen;* einige Namen, z. B. **Marianne** [mɑʀiˈanə]; einige Wortgruppen, z. B. **i dag** [i ˈdaːˀ] *heute,* **stå op** [sdɔ̞ ˈɔb] *aufstehen;* Wörter mit der Endung **-inde,** z. B. **sangerinde** [saŋəʀˈenə] *Sängerin;* einige Adjektive auf **-(l)ig** und **-som** mit mehr als zwei Silben, z. B. **ejendommelig** [aĭənˈdɔmˀəli] *eigentümlich,* **tålmodig** [tɔlˈmoːˀði] *geduldig,* **opfindsom** [ɔbˈfenˀsɔmˀ] *erfinderisch;* die Vorsilben **be-, er-, for-** und **ge-,** z. B. **betale** [beˈtaːˀlə] *bezahlen,* **ernære** [ɛʀˈnɛːˀʀə] *ernähren,* **forlænge** [fɔʀˈlɛnˀə] *verlängern,* **gemen** [geˈm̥eːˀn] *gemein, lumpig.*

Aber: als Teil einer Zusammensetzung ist **for-** betont, z. B. **formiddag** [ˈfɔʀmeda] *Vormittag;* auch **u-** und **mis-** sind normal betont, z. B. **uorden** [ˈuɔʀˀdən] *Unordnung,* **mis**tanke [ˈmistaŋə] *Verdacht;* in einigen anderen Fällen (es handelt sich meist um Adjektive) sind die Vorsilben unbetont, z. B. **uartig** [u'ɑʀdi] *ungezogen,* **mis**undelig [mis'on'əli] *neidisch.*

Eine Ausnahme in der Betonung bilden ebenfalls (wie im Deutschen) viele Wörter fremden Ursprungs (besonders aus dem Romanischen), wie z. B. **præsentere** [pʀɛsɛn'teːʔʀə] *vorstellen, bekanntmachen;* **maleri** [maːlə'ʀiːʔ] *Gemälde;* **demokrati** [demokʀɑ'tiːʔ] *Demokratie;* **mosaik** [mosa'ig] *Mosaik;* **station** [sda'sjoːʔn] *Station;* **direktør** [diʀɛg'tøːʔʀ] *Direktor;* **kultur** [kul'tuːʔʀ] *Kultur;* **massør** [ma'søːʔʀ] *Masseur;* **ambulance** [ɑmbu'lɑŋsə] *Krankenwagen.*

Verschieden vom Deutschen sind aber: **karakter** [kɑʀɑg'teːʔʀ] *Charakter, Schulnote;* **kalorie** [ka'loːʔʀiə] *Kalorie;* **alter** ['aldəʀ] *Altar.*

7. Abschleifungen

Wie im Deutschen kann ein Wort, abhängig von seiner Stellung im Satz, betont oder unbetont stehen. Die Betonung beeinflußt die Aussprache der einzelnen Laute, so daß ein unbetontes Wort beispielsweise schwächer oder abgeschliffener klingen kann.

In der dänischen Umgangssprache werden oft Abschleifungen vorgenommen (und die abgeschliffenen Formen vieler Wörter werden sogar in betonter Stellung gebraucht), wie z. B.

jeg ([jɛ] für [jɑɪ̯]) *ich;* **blive** (['bliːə] für ['bliːvə]) *bleiben;* **hvad** ([va] für [vað]) *was;* **kan** ([ka] für [kanʔ]) *kann;* **også** (['ɔsə] für ['ɔu̯sɔ]) *auch;* **og** ([ɔ] für [ɔu̯]) *und;* **bede** ([beːʔ] für ['beːðə]) *bitten;* **give** ([giːʔ] für ['giːvə]) *geben;* **have** ([ha] für ['haːvə]) *haben;* **tage** ([taːʔ] für ['taːə]) *nehmen;* **skulle** ([sgu] für ['sgulə]) *sollen.*

8. Kürze und Länge

Lange Vokale haben das Längezeichen [ː] und treten nur in betonten Silben auf (manchmal kombiniert mit einem Stoßton), z. B. **løbe** ['løːbə] *laufen.* In unbetonteren Positionen werden Vokale kürzer ausgesprochen, z. B. **løbe ud** [løːbə 'uðʔ] *hinauslaufen* (**ud** *hinaus* ist stärker betont als **løbe** *laufen*). Allgemein kann man sagen, daß ein Vokal meistens kurz ist, wenn er vor mehreren Konsonanten steht, und lang vor einfachen Konsonanten, z. B. **råbe** ['ʀɔːbə] *rufen,* **råbte** ['ʀɔbdə] *rief.* Es gibt jedoch viele Ausnahmen, die man nur in der Praxis erlernen kann. Abweichend vom Deutschen haben folgende Wörter einen kurzen Vokal: **domkirke** ['dɔmkiʀgə] *Dom;* **filosof** [filo'sɔf] *Philosoph;* **Grønland** ['gʀœnlanʔ] *Grönland;* **hof** [hɔf] *Hof;* **kloster** ['klɔsdəʀ] *Kloster;* **Rom** [ʀɔmʔ] *Rom;* aber: **chef** [sjɛːʔf] *Chef;* **mord** [moːʔʀ] *Mord.*

9. Das dänische Alphabet

A, a [aːʔ]; B, b [beːʔ]; C, c [seːʔ]; D, d [deːʔ]; E, e [eːʔ]; F, f [ɛf]; G, g [geːʔ]; H, h [hɔːʔ]; I, i [iːʔ]; J, j [jɔð]; K, k [kɔːʔ]; L, l [ɛl]; M, m [ɛm]; N, n [ɛn]; O, o [oːʔ]; P, p [peːʔ]; Q, q [kuːʔ]; R, r [ɛr]; S, s [ɛs]; T, t [teːʔ]; U, u [uːʔ]; V, v [veːʔ]; W, w [ˈdɔbəld veːʔ]; X, x [ɛgs]; Y, y [yːʔ]; Z, z [sɛd]; Æ, æ [ɛːʔ]; O, ø [øːʔ]; Å, å [ɔːʔ].

Anmerkungen:

1. C, c, Q, q, W, w, X, x und Z, z werden nur in Fremdwörtern und Eigennamen gebraucht.
2. Vor der Rechtschreibereform 1948 wurde Å, å = **Aa, aa** geschrieben. Heute findet man das **Aa, aa** nur noch bei einigen Namen (z. B. Søren Kierkegaard) und bei einigen Zeitungsnamen.
3. Beim Nachschlagen im dänisch-deutschen Wörterbuch ist darauf zu achten, daß **æ, ø** und **å** ihren Platz am Ende des Alphabets haben.

10. Groß- und Kleinschreibung

Alle Wörter werden klein geschrieben, außer:

1) *Das erste Wort nach einem Punkt und das erste Wort nach einem Frage- oder Ausrufungszeichen, wenn diese als Punkt fungieren.*

Anmerkung:

Nach einem Doppelpunkt kann das darauffolgende Wort groß geschrieben werden. Zitate und direkte Rede, die Anführungsstriche haben, fangen nach einem Doppelpunkt mit einem groß geschriebenen Wort an.

2) *Eigennamen*

Anmerkung:

Besteht ein Eigenname aus zwei Gliedern, dann fangen gewöhnlich beide Glieder mit einem großen Buchstaben an, z. B. Vester Voldgade [ˈvɛsdər ˈvɔlgaːðə] *Straßenname.* Bei Begriffen wie *Hillerød banegård* [ˈhiləʀøðʔ ˈbaːnəgɔːʔʀ] *der Bahnhof in Hillerød* kann das zweite Glied auch groß geschrieben werden. Besteht ein Eigenname aus mehr als zwei Gliedern, wird meistens das erste und das letzte Glied großgeschrieben: **Det kongelige Teater** [de ˈkɔŋəliːə teˈaːʔdər] *Das Königliche Theater;* man kann aber auch alle bedeutungstragenden Wörter großschreiben: **Kristelig Forening for Unge Mænd** (*Abk.* KFUM) *CVJM.*

3) *Die Personalpronomen* **I** [i] *ihr,* **De** [di] *Sie,* **Dem** [dɛm] *Ihnen,* **Deres** [ˈdɛːʀəs] *Ihr.*

11. Doppelschreibung von Buchstaben

1) Doppelte Vokale kommen im Dänischen selten vor. Beachten Sie: en viis mand [en viːʔs manʔ] *ein weiser Mann;* vise mænd [ˈviːsə mɛnʔ] *weise Männer* und vis [ves] *bestimmt.*

2) Doppelte Konsonanten stehen zwischen zwei Vokalen; der erste Vokal ist kurz und betont, der letzte unbetont: daddel [ˈdaðʔəl] *Dattel.* In einigen Fällen stehen doppelte Konsonanten nach einem langen Vokal, z. B. skægget [ˈsgɛːʔgəð] *der Bart;* væggen [ˈvɛːʔgən] *die Wand;* ægget [ˈɛːʔgəð] *das Ei;* bredde [ˈbʀɛːʔdə] *Breite;* næbbet [ˈnɛːʔbəð] *der Schnabel;* otte [ˈɔːdə] *acht;* sjette [ˈsjɛːdə] *sechste.*

12. Zusammengeschriebene Wörter

Ein zusammengeschriebenes Wort hat meistens eine andere Bedeutung als eine Wortverbindung, die aus den gleichen Wörtern besteht: en ungkarl [en ˈoŋkaːʔl] *ein Junggeselle;* en ung karl [en oŋʔ kaːʔl] *ein junger Bursche.* In der Regel liegen hörbare Unterschiede vor. So unterscheiden sie sich in der Betonung, und ein eventueller Stoßton fällt im ersten Glied weg, wodurch der Vokal verkürzt wird: hvidvin [ˈviðviːʔn] *Weißwein,* aber: hvid vin [viːʔð viːʔn] *weißer Wein.*

13. Worttrennung

Zusammengesetzte und abgeleitete Wörter werden in ihre ursprünglichen Bestandteile zerlegt, wenn diese leicht zu erkennen sind: hvidvinen [ˈviðviːʔnən] *der Weißwein.* Manchmal werden jedoch die Regeln für nichtzusammengesetzte Wörter (siehe unten) gebraucht: mod-ig oder mo-dig [ˈmoːði] *mutig.*
Für nichtzusammengesetzte Wörter gilt: Bei einem Konsonanten, der zwischen zwei Vokalen steht, ist es am geläufigsten, ihn dem letzten Vokal zuzuordnen (a). Jedoch kann ein Wort auch so getrennt werden, daß der „Stamm" des Wortes auf der oberen Zeile steht (b). Die Bedingung dafür ist aber, daß die Endung (auf der nächsten Zeile) mindestens einen Vokal und einen Konsonanten enthält: (a) ha-ver [ˈhaːvəʀ] *Gärten* oder (b) hav-er. Bei zwei Konsonanten zwischen Vokalen ist es am gebräuchlichsten, einen Konsonanten jeweils einer Silbe zuzuordnen: ar-me [ˈaʀmə] *Arme; sk, sp* und *st* brauchen nicht getrennt zu werden: ta-ske [ˈtasgə] *Tasche* oder tas-ke oder task-er [ˈtasgəʀ] *Taschen.* Bei drei oder mehreren Konsonanten zwischen Vokalen trennt man gewöhnlich nach Silben: pol-string [ˈpɔlsdʀeŋ] *Polsterung.*

Zeichensetzung

Die Zeichensetzung entspricht im wesentlichen der deutschen. Vor einem erweiterten Infinitiv oder vor „um zu", „anstatt zu" steht jedoch im Dänischen kein Komma: det er skønt at have ferie [de ɛʀ sgœnˀd ɔ ha ˈfeːˀʀiə] *es ist schön, Urlaub zu haben;* han gik ind for at købe avisen [han gig ˈenˀ fɔʀ ɔ ˈkøːbə aˈviːˀsən] *er ging hinein, um die Zeitung zu kaufen;* de blev liggende i stedet for at stå op [di bleŭ ˈlegənə i ˈsdɛːˀðəd fɔʀ ɔ sdQ ˈɔb] *sie blieben liegen, anstatt aufzustehen.*

Erklärung der grammatischen Fachausdrücke

Adjektiv	Eigenschaftswort: das **rote** Kleid
adjektivisch	als Eigenschaftswort gebraucht
Adverb	Umstandswort: sie singt **laut**
adverbial	als Umstandswort gebraucht
Akkusativ	4. Fall, Wenfall: er pflückt **den** Apfel für **seinen Bruder**
Aktiv	Tätigkeitsform: er **liest** die Zeitung
Akzent	Betonungszeichen
Artikel	Geschlechtswort: **der** Mann, **die** Frau, **das** Kind; **ein** Mann, **eine** Frau, **ein** Kind
Attribut	Beifügung, Eigenschaft: der **alte** Mann hat es nicht leicht
attributiv	als Beifügung gebraucht
Dativ	3. Fall, Wemfall: die Frau kommt aus **dem Garten**
Deklination	Beugung
deklinieren	beugen
Demonstrativpronomen	hinweisendes Fürwort: **dieser, jener**
Deponens	Zeitwort in passiver Form mit aktiver Bedeutung
Diminutiv	Verkleinerungswort: Häus**chen**
Diphthong	Zwielaut: **au, ei, eu, äu**
Femininum	weiblich(en Geschlechts)
flektieren	beugen
Futur	Zukunft(sform): ich **werde fahren**
Genitiv	2. Fall, Wesfall: die Erzeugnisse **des Landes**
Genus	grammatisches Geschlecht
Imperativ	Befehlsform: **geh(e)!**
Imperfekt	einfache Vergangenheitsform, 1. Vergangenheit: ich **fragte**

Indefinitpronomen	unbestimmtes Fürwort: **jemand, etwas**
Indikativ	Wirklichkeitsform: er **geht** nicht sofort
Infinitiv	Nennform, Grundform: **backen, arbeiten**
Interrogativpronomen	Fragefürwort: **wer, wessen, wem, wen**
Inversion	Umstellung, Umkehrung: **oft muß man** sich selber helfen.
intransitives Verb	das Zeitwort hat keine Ergänzung: **grübeln, gehen**
Kasus	Beugefall, Fall: (z. B. Genitiv) **des Mannes**
Komparation	Steigerung: schön, schön**er,** am schön**sten**
Komparativ	1. Steigerungsstufe: **schöner**
Konditional	Bedingungsform: unter Umständen **würden** wir es **versuchen**
Konjugation	Beugung des Zeitwortes: ich **gehe,** du **gehst** ... usw.
konjugieren	ein Zeitwort beugen
Konjunktion	Bindewort: er lachte, **als** er sie sah
Konjunktiv	Möglichkeitsform: Frau Schmidt dachte, ihr Mann **sei** im Büro
Konsonant	Mitlaut: **b, d, s** usw.
Maskulinum	männlich(en Geschlechts)
Modalität	die Art und Weise des Geschehens; z. B. Notwendigkeit, Möglichkeit, Bedingtheit usw.
Modalverb	Hilfsverb, das eine bestimmte Modalität (s. o.) bedingt, z. B. **sollen, dürfen**
Neutrum	sächlich(en Geschlechts)
Nominativ	1. Fall, Werfall: **der Mann** kauft ein Buch
Numerus	Zahl
Objekt	Ergänzung: der Mann öffnet **die Tür**
Partizip	Mittelwort: **gebacken**
Passiv	Leideform: die Tür **wird** von ihm **geschlossen**
Perfekt	1. zusammengesetzte Vergangenheitsform, 2. Vergangenheit: er **hat** das Buch **gelesen**
Personalpronomen	persönliches Fürwort: **er, sie, wir** usw.
Plural	Mehrzahl: (die) **Kirschen**
Plusquamperfekt	2. zusammengesetzte Vergangenheitsform, 3. Vergangenheit: er **hatte** das Buch **gelesen**
Positiv	Grundstufe: **schön** (schöner, am schönsten)
Possessivpronomen	besitzanzeigendes Fürwort: **mein, dein, euer** usw.
Prädikat	Satzaussage: er **liest** die Zeitung
prädikativ	als Aussage gebraucht

Präposition	Verhältniswort: **auf, gegen, mit** usw.
Präsens	Gegenwart: ich **gehe**
Pronomen	Fürwort: **er, sie, es** usw.
reflexiv	rückbezüglich: er wäscht **sich**
Reflexivpronomen	rückbezügliches Fürwort: **mich, dich, sich** usw.
Relativpronomen	bezügliches Fürwort: wo ist das Buch, **das** ich gekauft habe?
Reziprokpronomen	wechselbezügliches Fürwort: **einander, uns, sich**
Singular	Einzahl: (der) **Tisch**
Subjekt	Satzgegenstand: **das Kind** spielt mit der Katze
substantivisch	als Hauptwort gebraucht
Superlativ	Höchststufe bei der Steigerung des Adjektivs, 2. Steigerungsstufe: das **schönste** Haus, **am schönsten**
transitives Verb	Zeitwort, das eine Ergänzung im 4. Fall fordert: das Geheimnis **verraten**, den Schüler **loben**
Verb(um)	Zeitwort: **gehen, kommen**
Vokal	Selbstlaut: **a, e, i, o, u, ä, ö, ü**

Anmerkungen zum Wörterverzeichnis (Vokabellisten)

Die Aussprache der Grundform der einzelnen Wörter, die in den Texten verwendet werden, wird in den Vokabellisten durch die phonetische Umschrift (Lautschrift), die hinter den jeweiligen Wörtern steht, repräsentiert.
Die Substantive sind in der unbestimmten Form Singular (ohne Artikel) verzeichnet, und ihnen folgen überwiegend die Endungen der bestimmten Form Singular und der unbestimmten Form Plural, z. B. **avis** [a'viːˀs] **-en, -er** *Zeitung* (sprich: **avis, avisen, aviser**). Manchmal sind die bestimmten Formen und/oder der Plural ausgeschrieben, z. B. **entré** [aŋ'tʀe] **(entreen, entreer)** *Flur, Diele;* **moster** ['mɔsdəʀ] **-en, mostre** *Tante mütterlicherseits* (sprich: **moster, mosteren, mostre**). Ein Strich (–) bedeutet, daß keine Pluralendung existiert (d. h. Singular = Plural), z. B. **sko** [sgoːˀ] **-en, -** *Schuh* (sprich: **sko, skoen, sko**). Bei Substantiven mit Konsonantverdoppelung steht der betreffende Konsonant in Klammern; auf diese Weise können Sie die Endungen klar erkennen, z. B. **butik** [bu'tig] **-ken, -ker** *Laden* (sprich: **butik, butikken, butikker**). Hat ein Substantiv keinen Plural, dann steht die Abkürzung *o. pl.* für „ohne Plural".
Die Verben sind im Infinitiv verzeichnet, und ihnen folgen überwiegend die Endungen des Präsens, des Imperfekts und des Partizip Perfekts.

Ein senkrechter Strich in der Infinitivform trennt den Stamm des Verbs ab, und Sie können die Endungen klar erkennen, z. B. læs|e ['lɛːsə] -er, -te, -t *lesen* (sprich: **læse, læser, læste, læst**). Manchmal sind alle Formen ausgeschrieben, z. B. **sidde** ['seðə] (sprich: **sidder, sad, siddet**) *sitzen* oder einige Formen erscheinen gemischt, z. B. vær|e ['vɛːʀə] **er, var, -et** *sein* (sprich: **være, er, var, været**); få [fɔːʔ] -r, **fik, -et** *bekommen, erhalten* (sprich: **få, får, fik, fået**).

Beachten Sie auch Angaben wie z. B. køb|e ind ['køːbə 'enʔ] -er, -te, -t *einkaufen* (sprich: **købe ind, køber ind, købte ind, købt ind**).

Benutzte Abkürzungen

Abk.	*Abkürzung*	od.	*oder*	u. ä.	*und ähnliche(s)*
bzw.	*beziehungsweise*	o. pl.	*ohne Plural*	usw.	*und so weiter*
dän.	*dänisch*	pl.	*Plural*	vgl.	*vergleiche*
d. h.	*das heißt*	s.	*siehe*	z. B.	*zum Beispiel*

1. Stunde

Familien Andersen

[fa¹mil²jən ¹anəʀsən]
Die Familie Andersen

Her ser De familien Andersen.
heː²ʀ seː²ʀ di fa¹mil²jən ¹anəʀsən.
Hier sehen Sie die Familie Andersen.

Hele familien læser.
¹heːlə fa¹mil²jən ¹lɛː²səʀ.
Die ganze Familie liest.

Fru Andersen sidder og læser i en bog.
fʀu ¹anəʀsən ¹seð²əʀ ɔ ¹lɛː²səʀ i en bǫː²w.
Frau Andersen (sitzt und) liest ein Buch.

Datteren Jytte læser også en bog.
¹dadəʀən ¹jydə ¹lɛː²səʀ ɔsə en bǫː²w.
Die Tochter Jytte liest auch ein Buch.

Hr. Andersen læser avis.
hɛʀ ¹anəʀsən ¹lɛː²səʀ a¹viː²s.
Herr Andersen liest Zeitung.

Broren Jens sidder på en stol og kigger på en tegneserie.
¹bʀoːʀən jɛns ¹seð²əʀ pǫ en sdoː²l ɔ ¹kigəʀ pǫ en ¹taɪ̆nəseː²ʀĭə.
Jens, der Bruder, sitzt auf einem Stuhl und sieht sich Comic strips an.

Jytte holder et glas med sodavand i hånden.
¹jydə ¹hɔl²əʀ ed glas mɛ ¹soːdavan² i ¹hɔn²ən.
Jytte hält ein Glas mit Sprudel in der Hand.

Uheldigvis taber Jytte glasset på gulvet.
u¹hɛl²diviː²s ¹taːbəʀ ¹jydə ¹glasəð pǫ ¹gol²əð.
Unglücklicherweise läßt Jytte das Glas auf den Boden fallen.

„Pyt med tæppet," siger fru Andersen, „men bogen er også pjaskvåd.

pyd mɛ ˈtɛbəð ˈsiːəʀ fʀu ˈanəʀsən mɛn ˈbọːʔwən ɛʀ ˈɔsə ˈpjasgvọːʔð.

„Mit dem Teppich ist es halb so schlimm", sagt Frau Andersen,
„aber das Buch ist auch klitschnaß.

Det var kedeligt, for nu ved jeg ikke, hvordan overlægens

de vɑʀ ˈkeːðəlid fɔʀ nu veːʔð jɑï ˈegə vɔʀˈdan ˈɔ̈u̯əʀlɛːəns

Wie schade, denn jetzt weiß ich nicht, wie die Küsse des Chefarztes

og sygeplejerskens kys hænger sammen med revolveren."

ɔ ˈsyːəplɑïˈʔəʀsgəns køs ˈhɛṇˀəʀ ˈsɑmˀən mɛ ʀeˈvɔlˀvəʀən.

und der Krankenschwester mit dem Revolver zusammenhängen."

Erläuterungen   **1 B**

1. Substantive im Singular / Der unbestimmte Artikel / Genus

Die dänische Sprache unterscheidet zwei Geschlechter. Das gemein-schaftliche Geschlecht = **fælleskøn** [ˈfɛlˀəskœnˀ] bezeichnet Maskuli-num und Feminium. Für sie lautet die gemeinsame Form des unbe-stimmten Artikels **en**. Beim sächlichen Geschlecht = **intetkøn** [ˈendəð-kœnˀ] heißt sie **et**.
Es muß in der Sprachpraxis erlernt werden, zu welchem Geschlecht das einzelne Substantiv gehört. Die Geschlechtszugehörigkeit deckt sich nicht immer mit der im Deutschen.

2. Der bestimmte Artikel hat zwei Formen. Steht das Substantiv ohne Attribut, so wird beim fælleskøn -(e)n und beim intetkøn -(e)t ange-hängt. Steht aber ein Attribut beim Substantiv, dann muß der be-stimmte Artikel vorangestellt werden (siehe hierzu 5 B: Die „voran-gestellte" Form des bestimmten Artikels).

	der unbestimmte Artikel	die „angehängte" Form des bestimmten Artikels
fælleskøn	**en** stol [sdoːʔl] *ein Stuhl* **en** avis [aˈviːʔs] *eine Zeitung* **en** bog [bọːʔw] *ein Buch*	stolen [ˈsdoːʔlən] *der Stuhl* avisen [aˈviːʔsən] *die Zeitung* bogen [ˈbọːʔwən] *das Buch*
intetkøn	**et** gulv [gol] *ein Fußboden* **et** tæppe [ˈtɛbə] *ein Teppich* **et** glas [glas] *ein Glas*	gulvet [ˈgolˀəð] *der Fußboden* tæppet [ˈtɛbəð] *der Teppich* glasset [ˈglasəð] *das Glas*

24

Anmerkungen:

1. Endet ein fælleskøn-Substantiv auf **-e**, z. B. familie, wird bei der „angehängten" Form des bestimmten Artikels nur ein **-n** hinzugefügt = familien; intetkøn-Substantive auf **-e**, z. B. tæppe, fügen nur **-t** hinzu.

2. In den Fällen, wo ein einfacher Konsonant nach kurzem, betontem Vokal steht, wird der Konsonant beim Hinzufügen einer Endung *(Bestimmtheits- oder Pluralendung)* **verdoppelt:** et glas, glasset.

3. **Der bestimmte Artikel ändert nicht die Betonung des Substantivs,** z. B.: en professor [pʀoˈfɛsɔʀ] *ein Professor*, professoren [proˈfɛsɔʀən] *der Professor*.

4. **Unregelmäßig** sind Fremdwörter auf **-um**, z. B. et museum [muˈsɛːom] *ein Museum*, museet [muˈsɛːəð] *das Museum*.

3. Zusammengesetzte Substantive

richten sich nach dem Geschlecht des letzten Wortes in der Zusammensetzung, z. B. en række [ˈʀɛgə] *eine Reihe;* et hus [huːˀs] *ein Haus;* et rækkehus [ˈʀɛgəhuːˀs] *ein Reihenhaus.*

4. Gleichlautende Substantive verschiedenen Geschlechts

Im Dänischen gibt es wie im Deutschen gleichlautende Substantive mit unterschiedlicher Bedeutung, z. B. **en** bid [biːˀð] *ein Bissen;* **et** bid [bið] *ein Biß;* **en** frø [fʀøːˀ] *ein Frosch;* **et** frø *ein Samenkorn;* **en** øre [ˈøːʀə] *kleinste dänische Geldeinheit (Münze);* **et** øre *ein Ohr.*

5. Präsens

Die normale Präsensendung ist **-er**. Einige Verben enden jedoch nur auf **-r**. Dieselbe Form wird sowohl für Singular wie für Plural in allen drei Personen gebraucht.

Beispiele: Familien læser [ˈlɛːˀsəʀ]. *Die Familie liest.* – Jens sidder på en stol [ˈseðˀəʀ]. *Jens sitzt auf einem Stuhl.* – Fru Andersen står på tæppet [sdɔːˀʀ]. *Frau Andersen steht auf dem Teppich.*

Anmerkung: Das Präsens von **vide** [ˈviːðə] *wissen* ist **ved** [veːˀð]; von **være** [ˈvɛːʀə] *sein* er [ɛʀ].

6. Kasus / Genitiv

Dänische Substantive haben weder einen Dativ noch einen Akkusativ, sondern nur eine **Grundform** (Nominativ) und den **Genitiv.** Nur der

Genitiv hat eine besondere Endung, nämlich -s. Das **Genitiv-s** kann an sämtliche Formen des Substantivs, an Namen und an Titel angehängt werden. Der Genitiv wird immer **vor** das regierende Substantiv gesetzt, das in unbestimmter, artikelloser Form steht.

Beispiele: Jyttes bog [ˈjydəs bɒːʔw] *Jyttes Buch.* – Datterens avis [ˈdadəRəns aˈviːʔs] *die Zeitung der Tochter.* – Fru Andersens stol [fru ˈɑnəRsəns sdoːʔl] *Frau Andersens Stuhl.*

Übungen   1 C

1. Wie müssen diese Substantive in der unbestimmten Form Singular heißen? (Beispiel: bogen / en bog)

familien; avisen; datteren; stolen; gulvet; hånden; tæppet; overlægen; sygeplejersken; revolveren.

2. Setzen Sie den bestimmten Artikel in der „angehängten" Form anstelle des unbestimmten Artikels ein. (Beispiel: Jytte holder et glas i hånden / Jytte holder glasset i hånden)

Hr. Andersen læser i en bog. Jens sidder på en stol. Jens kigger på en tegneserie.

3. Bilden Sie den Genitiv. (Beispiel: Jytte / bog; Jyttes bog)

Jytte / stol; hr. Andersen / avis; overlæge / revolver; sygeplejerske / hånd; datter / tæppe; bror / tegneserie.

Vokabeln   1 D

familie, -n, -r [faˈmilʔjə]	Familie	**hr.** [hɛR] *wird in der*	Herr *(Anrede)*
her [heːʔR]	hier	*Schriftsprache nur ab-*	
se, -r, så, -t [seːʔ]	sehen	*gekürzt verwendet*	
De [di]	Sie	**avis, -en, -er** [aˈviːʔs]	Zeitung
hele [ˈheːlə]	ganz	**bro(de)r, -en, brødre**	Bruder
læs|e, -er, -te, -t [ˈlɛːsə]	lesen	[bRoːʔR]	
fru [fRu]	Frau *(Anrede)*	**på** [pɒ, pɒːʔ]	*hier:* auf; zu, an
og [ɔ, ɔŭ]	und	**stol, -en, -e** [sdoːʔl]	Stuhl
sidde, -r, sad, -t [ˈseðə]	sitzen	**kigg|e på, -er, -ede, -et**	an-, besehen
i [i, iːʔ]	*hier:* in; zu, an,	[ˈkigə pɒ]	
	im	**tegneserie, -n, -r**	Comics, Comic
en [en, eːʔn]	ein, eine	[ˈtɑĭnəseːʔRĭə]	strips
bog, -en, bøger [bɒːʔw]	Buch	**hold|e, -er, -t, -t** [ˈhɔlə]	halten
datter, -en, døtre	Tochter	**et** [ed]	ein, eine
[ˈdadəR]		**glas -set, -** [glas]	Glas
også [ˈɔsɒ]	auch	**med** [mɛ, mɛð]	mit

26

sodavand ['so:davan?]	Sprudel	for [fɔʀ]	denn
hånd, -en, hænder [hɔn?]	Hand	nu [nu]	jetzt, nun
uheldigvis [u'hɛl?divi:?s]	unglücklicher-weise	vide (ved, vidste, vidst) ['vi:ðə]	wissen
tab|e, -er, -te, -t ['ta:bə]	verlieren, fallen lassen	jeg [jə, jaĭ]	ich
		ikke ['egə]	nicht
gulv, -et, -e [gol]	Fußboden	hvordan [vɔʀ'dan]	wie, auf welche Weise
pyt med ... [pyd mɛ]	etwa: halb so schlimm	overlæge, -n, -r ['ɔŭəʀ-lɛ:ə]	Chefarzt
tæppe, -t, -r ['tɛbə]	Teppich		
sig|e, -er, sagde, sagt ['si:ə]	sagen	sygeplejerske, -n, -r ['sy:əplaĭ?əʀsgə]	Kranken-schwester
men [mɛn]	aber	kys, -set, - [køs]	Kuß
vær|e er, var, -et ['vɛ:ʀə]	sein	hænge sammen ['hɛŋə sam?ən]	zusammen-hängen
pjaskvåd ['pjasgvɔ:?ð]	klitschnaß	revolver, -en, -e [ʀɛ'vɔl?vəʀ]	Revolver
det var kedeligt! [de var 'ke:ðəlid]	wie schade!	stå, -r, stod, -et [sdɔ:?]	stehen

2. Stunde

En telefonsamtale
[en te:lə'fo:n'samta:lə]
Ein Telefongespräch

Fru Jensen:
fʀu 'jɛnsən
Frau Jensen:

Erik! Telefonen ringer.
'eʀeg te:lə'fo:?nən 'ʀeŋəʀ.
Erik! Das Telefon klingelt.

Hr. Jensen:
hɛʀ 'jɛnsən
Herr Jensen:

Ja, hallo!
ja ha'lo.
Ja, hallo!

En mandsstemme:
en 'man?sdɛmə
Eine Männerstimme:

Hvem taler jeg med?
vɛm? 'ta:?ləʀ jaĭ mɛð.
Mit wem spreche ich?

Hr. Jensen:

Herr Jensen:

Med Erik Jensen.
mɛ 'eʀeg 'jɛnsən.
Mit Erik Jensen.

Mandsstemmen:
'man?sdɛmən
Die Männerstimme:

Må jeg tale med frøken Larsen?
mɔ jaĭ 'ta:lə mɛ 'fʀø:?gən 'laʀsən.
Kann ich mit Fräulein Larsen sprechen?

27

Hr. Jensen:	De må have fået galt nummer.
	di mo ha ˈfɔːəð gaːˀld ˈnomˀəʀ.
Herr Jensen:	*Sie sind falsch verbunden.*

Pause [ˈpɑŭsə] *Pause*

Manden:	Sig mig engang ..., bor Karen Larsen
ˈmanˀən	siːˀ maĭ enˈgɑŋˀ... boːˀʀ ˈkɑːʀən ˈlɑʀsən
Der Mann:	*Sagen Sie mir mal..., wohnt Karen Larsen*

hos Dem?!
hos ˈdɛm.
bei Ihnen?!

Hr. Jensen:	Nej, desværre.
	nɑĭ desˈvɛʀə.
Herr Jensen:	*Nein, leider.*

Men De kan tale med min kone.
mɛn di ka ˈtaːlə mɛ min ˈkoːnə.
Aber Sie können mit meiner Frau sprechen.

Hun hedder også Karen til fornavn.
hun ˈheðˀəʀ ˈɔsə ˈkɑːʀən te ˈfɔʀnɑŭˀn.
Sie heißt auch Karen mit Vornamen.

Mandsstemmen:	Nu trɒr jeg, at jeg forstår.
	nu tʀoːˀʀ jɑĭ ad jɑĭ fɔʀˈsdɔːˀʀ.
Die Männerstimme:	*Jetzt glaube ich, daß ich verstehe.*

Selv om hun sagde, at hun aldrig ville
sɛlˀ ɔm hun ˈsaːə, ad hun ˈɑldʀi ˈvilə
Obwohl sie sagte, daß sie niemals einen

giftes med en mand, der hedder Erik.
ˈgifdəs mɛ en ˈmanˀ dɛʀ ˈheðˀəʀ ˈeʀeg.
Mann heiraten würde, der Erik heißt.

Erläuterungen **2 B**

1. Zum Gebrauch von *fru, kone, kvinde, frue, frøken.*

Fru Andersen er hr. Andersens kone (hustru).
fʀu ˈanəʀsən ɛʀ hɛʀ ˈanəʀsəns ˈkoːnə (ˈhusdʀu).
Frau Andersen ist Herrn Andersens Frau (Gattin).

Erik Jensen er en mand, Karen Jensen er en kvinde.
ˈeʀeg ˈjɛnsən ɛʀ en manˀ ˈkɑːʀən ˈjɛnsən ɛʀ en ˈkvenə.
Erik Jensen ist ein Mann, Karen Jensen ist eine Frau.

Fru Andersen har en kone til rengøring.
fʀu ˈɑnəʀsən hɑːˀʀ en ˈkoːnə te ˈʀeːngœːˀʀeŋ.
Frau Andersen hat eine Frau fürs Rein(e)machen.

„De taler med Jens, frue!“
di ˈtaːˀləʀ mɛ jɛns ˈfʀuːə.
„Sie sprechen mit Jens, gnädige Frau!“

Jytte taler med frøken Larsen.
ˈjydə ˈtaːˀləʀ mɛ ˈfʀøːˀgən ˈlɑʀsən.
Jytte spricht mit Fräulein Larsen.

„De taler med Erik Jensen, frøken!“
di ˈtaːˀləʀ mɛ ˈeʀeg ˈjɛnsən ˈfʀøːˀgən.
„Sie sprechen mit Erik Jensen, Fräulein!“

Anmerkung: Die Anrede **fru** ist immer mit einem Namen oder Titel verbunden; alleinstehend heißt es **frue.**

2. Zahlwörter / Grundzahlen

0 nul [nol]
1 en, et [eːˀn, ed]
2 to [toːˀ]
3 tre [tʀeːˀ]
4 fire [ˈfiːʀə]
5 fem [fɛmˀ]
6 seks [sɛgs]
7 syv [syŭˀ]
8 otte [ˈǫːdə]
9 ni [niːˀ]
10 ti [tiːˀ]
11 elleve [ˈɛlvə]
12 tolv [tɔlˀ]
13 tretten [ˈtʀɛdən]
14 fjorten [ˈfjoʀdən]
15 femten [ˈfɛmdən]
16 seksten[ˈsɑĭsdən]
17 sytten [ˈsødən]
18 atten [ˈadən]
19 nitten [ˈnedən]
20 tyve [ˈtyːvə]
21 enogtyve [ˈeːˀnɔtyːvə]
22 toogtyve [ˈtoːˀɔtyːvə]
23 treogtyve [ˈtʀeːˀɔtyːvə]
24 fireogtyve [ˈfiːʀəɔtyːvə]
25 femogtyve [ˈfɛmˀɔtyːvə]
26 seksogtyve [ˈsɛgsɔtyːvə]
27 syvogtyve [ˈsyŭɔtyːvə]
28 otteogtyve [ˈǫːdəɔtyːvə]
29 niogtyve [ˈniːˀɔtyːvə]
30 tredive [ˈtʀɛðvə]
31 *usw.* enogtredive [ˈeːˀnɔtʀɛðvə]
40 fyrre(tyve) [ˈfœʀə(tyːvə)]
50 halvtreds(indstyve) [halˈtʀɛs (-ənstyːvə)]
60 tres(indstyve) [ˈtʀɛs(ənstyːvə)]
70 halvfjerds(indstyve) [halˈfjɛʀs(ənstyːvə)]
80 firs(indstyve) [ˈfiːˀʀs(ənstyːvə)]
90 halvfems(indstyve) [halˈfɛmˀs(ənstyːvə)]
100 (et) hundrede [(ed) ˈhunʀəðə]

101 *usw.*	(et) hundrede og en *od.* et [(ed) ˈhunʀəðə ɔ eːˀn (ed)]
200	to hundrede [toːˀ ˈhunʀəðə]
300 *usw.*	tre hundrede [tʀeːˀ ˈhunʀəðə]
1000	(et) tusind(e) [(ed) ˈtuːˀsən(ə)]
2000 *usw.*	to tusind [toːˀ ˈtuːˀsən]
1 000 000	en million [eːˀn miliˈoːˀn]
7 500 000	syv millioner fem hundrede tusind [syŭˀ miliˈoːˀnəʀ fɛmˀ ˈhunʀəðə ˈtuːˀsən]
1 000 000 000	en milliard [eːˀn miliˈɑʀˀd]

Die Doppelformen werden bei den Zehnern von 40 bis 90 gebraucht. Die Ausdrücke sind literarisch und stehen in feierlicher Rede, auch oft vor Substantiven und **tusind**, *z. B.* 40000 kr. = fyrretyvetusind kroner *(Kronen)*.
Die kurzen Formen werden allgemein gebraucht.

Anmerkung:

Infinitiv			Präsens	
have	[ˈhaːvə]	*haben*	har	[hɑːˀʀ]
kunne	[ˈkunə]	*können*	kan	[kanˀ]
ville	[ˈvilə]	*wollen, werden*	vil	[vel]
måtte	[ˈmɔdə]	*dürfen, müssen*	må	[mɔːˀ]

Übungen   **2 C**

1. Welches Wort muß eingesetzt werden? (kone, kvinde, fru, frøken, frue)

a) ... Jensen er hr. Jensens ...
b) Hr. Jensen er en mand, fru Jensen er en ...
c) „Taler jeg med frøken Jensen, ...?"

2. Wie heißen diese Zahlen auf dänisch?

16, 30, 50, 70, 60, 90.

Vokabeln   **2 D**

telefonsamtale, -n, -r [teləˈfoːnˈsɑmtaːlə]	Telefongespräch
telefon, -en, -er [teləˈfoːˀn]	Telefon
ring|e, -er, -ede, -et [ˈʀeŋɔ]	klingeln, läuten
ja [ja]	ja
hallo [haˈˈlo]	hallo

mandsstemme, -n, -r ['man²sdɛmə]	Männer- stimme	kunne (kan, kunne, -t) ['kunə, ku]	können
hvem [vɛm²]	wer	min, mit, mine *pl.* [miː²n, mid, 'miːnə]	mein(e), meine *pl.*
tal|e, -er, -te, -t ['taːlə]	sprechen	kone (hustru), -n, -r; (-en, -er) ['koːnə,	Frau (Gattin)
frøken, -en, frøkner ['fʀøː²gən]	Fräulein	'husdʀu]	
måtte (må, måtte, -t) ['mɔdə]	müssen, dür- fen, können	hun [hun]	sie
have (har, havde, haft) ['haːvə, haː²]	haben	hedde (hedder, hed, heddet) ['heðə]	heißen
få, -r, fik, -et [fɔː²]	bekommen, erhalten	til [te(l)]	mit
galt nummer [gaː²ld 'nom²əʀ]	falsch ver- bunden	fornavn, -et, -e ['fɔʀ- naŭ²n]	Vorname
pause, -n, -r ['paŭsə]	Pause	tro, -r, -ede, -et [troː²]	glauben
mand, -en, mænd [man²]	Mann	at [ɔ, ad]	*hier:* daß; *vor Infinitiv:* zu
sig mig engang ... [siː² maĭ en'gɑŋ²]	sag(en Sie mir) mal ...	forstå, -r, forstod, -et [fɔʀ'sdɔː²]	verstehen
bo, -r, -ede, -et [boː²]	wohnen	selv om [sɛl² ɔm]	obwohl
hos [hos]	bei	sagde (sige) ['saːə ('siːə)]	sagte (sagen)
Dem [dɛm]	Ihnen	aldrig ['aldʀi]	nie(mals)
nej [naĭ²]	nein	ville giftes ['vilə 'gifdəs]	heiraten wollen
desværre [des'vɛʀə]	leider	der [dɛʀ]	der, die, das; die *pl.*

3. Stunde

I supermarkedet [i 'suː²bəʀmɑʀgəðəd] *Im Supermarkt*   **3 A**

I dag er det hr. Andersens tur til at købe ind.

i 'daː² ɛʀ de hɛʀ 'anəʀsəns tuː²ʀ te ɔ 'køːbə 'en².

Heute ist Herr Andersen an der Reihe einzukaufen.

Det er lørdag formiddag.

de ɛʀ 'lœʀda 'fɔʀmedaː².

Es ist Sonnabend vormittag.

Han går ind i en forretning.

han gɔː²ʀ 'en² i en fɔ'ʀɛdneŋ.

Er geht in ein Geschäft.

Det er en selvbetjeningsbutik.

de ɛʀ en 'sɛlbetjɛː²neŋsbu'tig.

Es ist ein Selbstbedienungsladen.

Han har en huskeseddel med.

han hɑʀ en 'husgəsɛð²əl mɛð.

Er hat einen Notizzettel mit.

Har De lyst til at læse den, før hr. Andersen

hɑR di ˈløsd te ɔ ˈlɛːsə dɛnˀ fœːˀR hɛR ˈɑnəRsən

Haben Sie Lust, ihn zu lesen, bevor Herr Andersen

går på værtshus for at slappe af efter dagens dont?

gɔːˀR pɒ ˈvɛRdshuːˀs fɔR ɔ ˈslɑbə ˈaːˀ ˈɛfdəR ˈdaːˀəns dɔnˀd.

in eine Kneipe geht, um sich von des Tages Arbeit zu entspannen?

Her er den: to pakker rugbrød i skiver, et franskbrød,

heːˀR ɛR dɛnˀ toːˀ ˈpɑgəR ˈRubRøːˀð i ˈsgiːvəR ed ˈfRɑnsbRøːˀð

Hier ist er: zwei Päckchen Schwarzbrot in Scheiben, ein Weißbrot,

et pund mel, tò pund stødt melis, kartofler,

ed punˀ meːˀl toːˀ punˀ sdød ˈmeːlis kɑRˈtɔfləR

ein Pfund Mehl, zwei Pfund Streuzucker, Kartoffeln,

to flasker øl, lidt kaffe, en pakke vaskepulver,

toːˀ ˈflasgəR øl led ˈkɑfə en ˈpɑgə ˈvasgəpolˀvəR

zwei Flaschen Bier, ein bißchen Kaffee, eine Packung Waschpulver,

to poser bolsjer, to glas marmelade af en slags,

toːˀ ˈpoːsəR ˈbɔlˀsjəR toːˀ glas mɑRməˈlaːðə a en slɑgs

zwei Tüten Bonbons, zwei Gläser Marmelade irgendeiner Art,

ti æg, en bakke med småkager, og to dåser oksekød.

tiːˀ ɛːˀg en ˈbɑgə mɛ ˈsmɔkaːˀəR ɔ toːˀ ˈdɒːsəR ˈɔgsəkøð.

zehn Eier, einen Karton mit Kleingebäck und zwei Dosen Rindfleisch.

Nu går han ud.

ˈnu gɔR han ˈuðˀ.

Jetzt geht er hinaus.

Han bærer varerne i to papkasser.

han ˈbɛːRəR ˈvɑːRəRnə i toːˀ ˈpɑbkasəR.

Er trägt die Waren in zwei Kartons.

Han snubler ... så for søren ... han falder!

han ˈsnubləR ... sɔ fɔR ˈsøːRən ... han ˈfalˀəR.

Er stolpert ... verflucht ... er fällt!

Mon Andersens får røræg i aften?

mon ˈɑnəRsəns fɔːˀR ˈRøːRɛːˀg i ˈɑfdən.

Ob die Andersens heute abend Rühreier bekommen?

1. Ugens dage hedder [ˈuːəns ˈdaːə ˈheðˀəR] *Die Tage der Woche heißen:*

mandag [ˈmanˀda] *Montag;* **tirsdag** [ˈtiRˀsda] *Dienstag;* **onsdag** [ˈonˀsda] *Mittwoch;* **torsdag** [ˈtɔRˀsda] *Donnerstag;* **fredag** [ˈfRεːˀda] *Freitag;* **lørdag** [ˈlœRda] *Sonnabend;* **søndag** [ˈsœnˀda] *Sonntag.*

2. Pluralbildung

Die Mehrzahlbildung folgt Regeln, die vom Geschlecht unabhängig sind.

1) **Die Substantive bilden die Mehrzahl:**

a) durch Anhängen der Endung **-e** an die Singularform:

et fornavn [ˈfɔRnɑuˀn]	– flere fornavne [ˈfɔRnɑŭnə]	*mehrere Vornamen*
en dag [daːˀ]	– flere dage [ˈdaːə]	*mehrere Tage*

b) durch Anhängen der Endung **-r** an die Singularform:

en pakke [ˈpɑgə]	– flere pakker [ˈpɑgəR]	*mehrere Pakete*
et tæppe [ˈtɛbə]	– flere tæpper [ˈtɛbəR]	*mehrere Teppiche*

c) durch Anhängen der Endung **-er** an die Singularform:

en avis [aˈviːˀs]	– flere aviser [aˈviːˀsəR]	*mehrere Zeitungen*
et ansigt [ˈansegd]	– flere ansigter [ˈansegdəR]	*mehrere Gesichter*

d) ohne sich zu verändern, d. h. **Singular = Plural:**

en **sko** [sgoːˀ]	– flere **sko** [sgoːˀ]	*mehrere Schuhe*
et **glas** [glas]	– flere **glas** [glas]	*mehrere Gläser*

e) indem die Wörter **Umlaute** erhalten

– durch Hinzufügen von **-er** und gleichzeitigem **Umlaut:**

en bog [bɒːˀw]	–flere bøger [ˈbøːˀəR]	*mehrere Bücher*
en nat [nad]	– flere nætter [ˈnɛdəR]	*mehrere Nächte*

– ohne Endung, aber mit **Umlaut:**

en mand [manˀ]	–flere mænd [mɛnˀ]	*mehrere Männer*
et barn [bɑRˀn]	– flere børn [bœRˀn]	*mehrere Kinder*

Merke:

a)	**-e**
b)	**-r**
c)	**-er**
d)	**Singular = Plural**
e)	**Umlaut**

Anmerkungen:

1. Eine Gruppe von Substantiven, die auf unbetontes **-el** oder **-er** enden, verliert das **-e-** bei der Pluralbildung. Gleichzeitig werden Doppelkonsonanten **vereinfacht**:

en cykel [ˈsygəl] – flere cykler [ˈsyglər] *mehrere Fahrräder*
en søster [ˈsøsdər] – flere søstre [ˈsøsdrə] *mehrere Schwestern*
en gaffel [ˈgɑfəl] – flere gafler [ˈgɑflər] *mehrere Gabeln*

2. **Unregelmäßig** sind Fremdwörter auf **-um**; bei Wörtern auf **-or** treten Änderungen in der **Betonung** ein:

et museum [muˈsɛːom], museet [muˈsɛːəð], flere museer [muˈsɛːər] *mehrere Museen;* en professor [proˈfɛsɔr], professoren [proˈfɛsərən], professorer [profɛˈsoːrər].

3. Einige Substantive haben **verschiedene Pluralendungen**. Meistens haben diese dann verschiedene Bedeutungen:

en skat [sgad] – skatte [ˈsgadə] *Schätze*
en skat [sgad] – skatter [ˈsgadər] *Steuern*

4. Einige Substantive kommen im Gegensatz zum Deutschen nur im Singular vor; andere nur im Plural:

en gæld [gɛlˀ] *Schulden;* penge [ˈpɛŋə] *Geld.*

5. Unregelmäßig ist auch der Plural von **øje** [ˈɔĭə] *Auge* = **øjne** [ˈɔĭnə] *Augen.*

Merke:

meistens	formaler und weniger gebräuchlich	
en mor [moːr]	en moder [ˈmoːðər] *eine Mutter*	flere mødre [ˈmøðrə]
en far [fɑːr]	en fader [ˈfɑːðər] *ein Vater*	flere fædre [ˈfɛðrə]
en bror [broːr]	en broder [ˈbroːðər] *ein Bruder*	flere brødre [ˈbrøðrə]

2) **Die bestimmte Pluralform** wird gebildet, indem a) **-ne** bzw. b) **-ene** an die unbestimmte Pluralform angehängt wird:

a)	flere fornavne flere dage	fornavnene [ˈfɔʀnɑŭnənə] dagene [ˈdaːənə]	*die Vornamen* *die Tage*
b)	flere sko flere børn	skoene [ˈsgoːʔənə] børnene [ˈbœʀʔnənə]	*die Schuhe* *die Kinder*

Anmerkungen:

1. Mehrzahlwörter ohne Endung und Mehrzahlwörter ohne Endung, aber mit Umlaut, fügen **-ene** an (sko, børn).

2. Bei Wörtern auf **-er**, bei denen das **-e-** nicht ausgestoßen wird, fällt das Plural-e weg, wenn der bestimmte Artikel angehängt wird:

   en tysker [ˈtysgəʀ] *ein Deutscher*,
   flere tyskere [ˈtysgəʀə] *mehrere Deutsche*,
   tysker**ne** [ˈtysgəʀnə] *die Deutschen*.

3. **Unregelmäßig ist:** et menneske [ˈmɛnəsgə] *ein Mensch*, mennesket [ˈmɛnəsgəð] *der Mensch*, mennesker [ˈmɛnəsgəʀ] *Menschen*, **menneskene** [ˈmɛnəsgənə] *die Menschen*.

3. Verdoppelung der Konsonanten beim Hinzufügen einer Endung

Steht nach kurzem, betontem Vokal ein einfacher Konsonant, dann wird dieser beim Hinzufügen einer Endung verdoppelt, z. B.:

et glas [glas] *ein Glas*, glasset [ˈglasəð] *das Glas*, flere glas [glas] *mehrere Gläser*, glassene [ˈglasənə] *die Gläser;*

et æg [ɛːʔg] *ein Ei*, ægget [ˈɛːʔgəð] *das Ei*, flere æg [ɛːʔg] *mehrere Eier*, æggene [ˈɛːʔgənə] *die Eier.*

Übungen

3 C

1. Kreuzworträtsel

senkrecht	waagerecht
1) Buch	2) Mutter
3) Vater	4) Tag
5) nein	6) ich
7) aber	8) mit

2. Wie heißt der Plural von: familie, kvinde, ansigt, bror, mor, sko?

Vokabeln

supermarked, -et, -er ['suːˀbɑʀmɑʀɡəð] — Supermarkt
i dag [i 'daːˀ] — heute
det er (Jyttes) tur til at (Jytte) ist an
... [de ɛʀ ('jydəs) — der Reihe ...
tuːˀʀ te ɔ]
køb|e ind, -er, -te, -t — einkaufen
['køːbə 'enˀ]
det [de] — es
lørdag, -en, -e ['lœʀda] — Sonnabend
formiddag, -en, -e — Vormittag
['fɔʀmeda:ˀ]
han [han] — er
gå ind, -r, gik, -et — hineingehen
[ɡɒ 'enˀ]
forretning, -en, -er — Geschäft
[fɔ'ʀɛdneŋ]
selvbetjeningsbutik, — Selbstbedie-
-ken, -ker — nungsladen
['sɛlbe'tjɛːˀneŋsbu'tig]
huskeseddel — Notizzettel,
['husɡəsɛðˀəl] — Einkaufs-
zettel
have lyst til ... (har, — Lust haben
havde, haft) [ha 'løsd — zu ...
te]
den [dɛnˀ] — ihn
før [fœːˀʀ] — bevor
gå på værtshus, -r, gik, — in ein Wirts-
-et [ɡɒ pɒ 'vɛʀds- — haus ein-
huːˀs] — kehren
for at [fɔʀ ad] — um zu
slapp|e af, -er, -ede, -et — sich ent-
['slabə 'aːˀ] — spannen
efter ['ɛfdəʀ] — nach
dagens dont ['daːˀəns — des Tages
dɔnˀd] — Arbeit
pakke, -n, -r ['pɑɡə] — Päckchen,
Paket
rugbrød, -et, - ['ʀu- — Schwarzbrot
bʀøːˀð]
skive, -n, -r ['sɡiːvə] — (Brot-)Scheibe
franskbrød, -et, - — Weißbrot
['fʀɑnsbʀøːˀð]

pund, -et, - [punˀ] — Pfund
mel, -et, o. pl. [meːˀl] — Mehl
stødt melis [sdød — Streuzucker
'meːlis]
kartoffel, -en od. kar- — Kartoffel
toflen, kartofler
[kɑʀ'tɔfəl]
flaske, -n, -r ['flasɡə] — Flasche
øl, -let [øl] — Bier
lidt [led] — ein wenig, ein
bißchen
kaffe, -n, o. pl. ['kɑfə] — Kaffee
vaskepulver, -et, -e — Waschpulver
['vasɡəpulʋəʀ]
pose, -n, -r ['poːsə] — Tüte
bolsje, -t, -r ['bɔlˀsjə] — Bonbon
marmelade, -n, -r — Marmelade
['mɑʀməˀlaːðə]
af en slags [a en — irgendeiner Art
slɑɡs]
æg, -get, - [ɛːˀɡ] — Ei
bakke, -n, -r ['bɑɡə] — Tablett; hier:
Karton,
Schachtel
småkage, -n, -r — Kleingebäck
['smɔkaːə]
dåse, -n, -r ['dɔːsə] — Dose
oksekød, -et, o. pl. — Rindfleisch
['ɔɡsəkøð]
ud [uðˀ] — hinaus, heraus
bær|e, -er, bar, båret — tragen
['bɛːʀə]
vare, -n, -r ['vaːʀə] — Ware
papkasse, -n, -r — (Papp-)Karton
['pɑbkasə]
snubl|e, -er, -ede, -et — stolpern
['snublə]
så for søren [sɔ fɔʀ — verflucht!
'søːʀən]
fald|e, -er, -t, -et — hinfallen
['falə]
mon [mon] — ob
røræg ['ʀøːʀɛːˀɡ] — Rühreier
i aften [i 'afdən] — heute Abend

36

4. Stunde

Det er en kold vinteraften.
de ɛʀ en kɔlˀ ˈvenˀdəʀɑfdən.
Es ist ein kalter Winterabend.

Per Olsen sidder i stuen.
peʀ ˈoːˀlsən ˈseðˀəʀ i ˈsduːən.
Per Olsen sitzt im Wohnzimmer.

Værelset er varmt og hyggeligt.
ˈvɛːʀəlsəð ɛʀ vɑʀˀmd ɔ ˈhygəlid.
Das Zimmer ist warm und gemütlich.

Nu lukker han op for radioen for at høre
nu ˈlogəʀ han ˈɔb fɔʀ ˈʀɑːˀdioːˀən fɔʀ ɔ ˈhøːʀə
Jetzt schaltet er das Radio ein, um die Nachrichten

radioavisen og vejrmeldingen.
ˈʀɑːˀdioaˈviːˀsən ɔ ˈvɛːʀmɛlˀeŋən.
und den Wetterbericht zu hören.

Han tygger på en stor rundtenom.
han ˈtygəʀ pɔ en ˈsdoːˀʀ ˈʀonˀdənɔmˀ.
Er kaut an einer großen Brotschnitte.

Så spiser han et stort stykke med ost.
sɔ ˈsbiːˀsəʀ han ed sdoːˀʀd ˈsdøgə mɛ ˈosd.
Dann ißt er ein großes Stück mit Käse.

Pludselig kommer han i tanke om, at der er en god
ˈplusəli ˈkɔmˀəʀ han i ˈtɑŋə ɔmˀ ad dɛʀ ɛʀ en goːˀ
Plötzlich fällt ihm ein, daß in einer Viertelstunde ein guter

film i fjernsynet om et kvarter.
filˀm i ˈfjɛʀnsyːˀnəð ɔm ed kvɑʀˈteːˀʀ.
Film im Fernsehen ist.

Det er en gammel film!
de ɛʀ en ˈgɑməl filˀm.
Es ist ein alter Film!

Endelig viser fjernsynet igen en berømt og interessant film.
ˈɛnəli ˈviːʔsəʀ ˈfjɛʀnsyːʔnəð iˈgɛn en beˈʀœmʔd ɔ entəʀəˈsanʔd filʔm.

Endlich zeigt das Fernsehen wieder einen berühmten und interessanten
Film.

Pludselig banker det på døren.
ˈplusəli ˈbaŋgəʀ de pɔ̞ ˈdøːʔʀən.

Plötzlich klopft es an der Tür.

Per Olsen lukker op. Det er moster Anna. – Davs Per.
pɛʀ ˈoːʔlsən ˈlogəʀ ˈɔb. de ɛʀ ˈmɔsdəʀ ˈana. dɑwʔs pɛʀ.

Per Olsen macht auf. Es ist Tante Anna. – Tag, Per.

Der er en kedelig film i fjernsynet.
dɛʀ ɛʀ en ˈkeːðəli filʔm i ˈfjɛʀnsyːʔnəð.

Es gibt einen langweiligen Film im Fernsehen.

Nu kan jeg endelig tilbringe en dejlig aften
nu ka jɑɪ̯ ˈɛnəli ˈtelbʀeŋʔə en ˈdɑɪ̯li ˈɑfdən

Jetzt kann ich endlich einen schönen Abend

med en hyggelig sludder hos lille Per.
mɛ en ˈhygəli ˈsluðʔəʀ hos ˈlilə pɛʀ.

mit einem gemütlichen Plausch beim kleinen Per verbringen.

Erläuterungen　　　　　　　　　　　　　　　**4 B**

Adjektive / Deklination

1) Das Adjektiv hat drei Formen:

a) die Grundform **ohne Endung**	god [goːʔð] *gut*	stor [sdoːʔʀ] *groß*
b) die Form mit der Endung **-t**	godt [gɔd]	stort [sdoːʔʀd]
c) die Form mit der Endung **-e**	gode [ˈgoːðə]	store [ˈsdoːʀə]

a) Steht ein Adjektiv **vor** einem Substantiv, das in der **unbestimmten Form Singular** steht, dem **gemeinschaftlichen** Geschlecht angehört und vom Adjektiv beschrieben wird, dann wird die **Grundform** gebraucht:

en **stor** elefant [en sdoːʔʀ eləˈfanʔd] *ein großer Elefant.*

Das gleiche gilt, wenn das beschreibende Adjektiv **hinter** einem dem **gemeinschaftlichen** Geschlecht angehörenden Substantiv im **Singular** steht:

en elefant er **stor** [en elə'fanˀd ɛʀ sdoːˀʀ] *ein Elefant ist groß;*
filmen er **gammel** ['filˀmən ɛʀ 'gɑməl]   *der Film ist alt.*

b) Steht das beschreibende Adjektiv **vor** einem Substantiv in der **unbe-stimmten Form Singular** oder **hinter** einem Substantiv im **Singular** und gehört das Substantiv dem **sächlichen** Geschlecht an, dann wird an die Grundform ein **-t** angefügt:

et stort hus [ed sdoːˀʀd huːˀs]   *ein großes Haus;*
et træ er grønt [ed tʀɛːˀ ɛʀ gʀœnˀd]   *ein Baum ist grün;*
huset er stort ['huːˀsəð ɛʀ sdoːˀʀd]   *das Haus ist groß.*

zu c) siehe 5 B.

2) Unregelmäßige Deklination

Einige Adjektive fügen **kein -t** hinzu:

a) Wörter, die auf **-t** enden:

en berømt film [en be'ʀœmˀd filˀm]   *ein berühmter Film;*
et berømt slot [ed be'ʀœmˀd slɔd]   *ein berühmtes Schloß.*

b) Wörter, die auf **-sk** enden:

en dansk kvinde [en danˀsg 'kvenə]   *eine dänische Frau;*
et dansk slot [ed danˀsg slɔd]   *ein dänisches Schloß.*

c) einige Wörter, die auf **-d** enden, z. B.:

en fremmed mand [en 'fʀɛməð manˀ]   *ein fremder Mann;*
et fremmed menneske [ed 'fʀɛməð 'mɛnəsgə] *ein fremder Mensch.*

d) Wörter, die auf **-s** enden:

en fælles ven [en 'fɛlˀəs vɛn]   *ein gemeinsamer Freund;*
et fælles anliggende [ed 'fɛlˀəs 'anlegənə] *ein gemeinsames Anliegen.*

e) Wörter, die auf **-u** und **-y** enden:

snu [snuːˀ] *schlau;* sky [sgyːˀ] *scheu.*

Anmerkung: Einige Adjektive können nur attributiv verwendet werden, z. B.: højre ['hɔĭʀə] *rechts;* venstre ['vɛnsdʀə] *links;* eneste ['eːnəsdə] *einzig.*

Übungen   **4 C**

1. Setzen Sie die korrekte Form des Adjektivs ein:

En ... vinteraften (kold). Stuen er ... (varm). Et ... værelse (varm). En ... film (god). Et ... værelse (stor). Værelset er ... (hyggelig). En ... stue (hyggelig).

2. Setzen Sie „en" oder „et" ein:

Fru Andersen læser ... gammel bog. Jens sidder på ... gammelt tæppe.
Hr. Andersen sidder på ... gammel stol. Erik holder ... grønt glas i
hånden. Han er ... berømt mand (unregelmäßige Deklination!). Der
er ... dansk film i fjernsynet. ... dansk slot.

Vokabeln

4 D

radio, -en, -er [ˈʀɑːʔdio] Hörfunk,
  Radio
TV [teːʔveːʔ] Fernsehen
kold [kɔlʔ] kalt
vinteraften, -en, -er Winterabend
  [ˈvenʔdəʀafdən]
stue, -n, -r [ˈsduːə] Wohnzimmer
værelse, -t, -r [ˈvɛːʀəlsə] Zimmer
varm [vɑʀʔm] warm
hyggelig [ˈhygəli] gemütlich
lukk|e op for ..., -er, ... einschalten
  -ede, -et [ˈlogə ˈɔb fɔʀ]
hør|e, -er, -te, -t [ˈhøːʀə] hören
radioavis, -en Nachrichten
  [ˈʀɑːʔdioaˈviːʔs]
vejrmelding, -en, -er Wetterbericht
  [ˈvɛːʀmɛleŋ]
tygge, -r, -de, -t [ˈtygə] kauen
stor [sdoːʔʀ] groß
rundtenom, -men, Brotschnitte,
  -mer [ˈʀonʔdənɔmʔ] Stulle
så [sɔ] dann
spis|e, -er, -te, -t essen
  [ˈsbiːsə]
stykke, -t, -r [ˈsdøgə] Stück
ost, -en, -e [osd] Käse
pludselig [ˈplusəli] plötzlich
han kommer i tanke om ihm fällt ein
  [han ˈkɔmʔəʀ i ˈtaŋgə
  ɔmʔ]
der er [dɛʀ ɛʀ] es gibt
god [goːʔ(ð)] gut

film, -en, - [filʔm] Film
fjernsyn, -et, o. pl. Fernsehen
  [ˈfjɛʀnsyːʔn]
om [ɔm] in
kvarter, -et, - Viertelstunde
  [kvɑʀˈteːʔʀ]
gammel [ˈgaməl] alt
endelig [ˈɛnəli] endlich
vis|e, -er, -te, -t [ˈviːsə] zeigen
igen [iˈgɛn] wieder
berømt [beˈʀœmʔd] berühmt
interessant [entəʀə- interessant
  ˈsanʔd]
bank|e, -er, -ede, -et klopfen
  [ˈbaŋgə]
dør, -en, -e [døːʔʀ] Tür
lukk|e op, -er, -ede, -et aufmachen,
  [ˈlogə ˈɔb] öffnen
moster, -en, mostre Tante (mütter-
  [ˈmɔsdəʀ] licherseits)
dav(s) [dɑwʔs] umgangssprach-
    liches Begrü-
    ßungswort:
    Tag!
kedelig [ˈkeːðəli] langweilig
tilbring|e, -er, tilbragte, verbringen,
  tilbragt [ˈtelbʀeŋʔə] zubringen
dejlig [ˈdaɪli] schön
aften, -en, -er [ˈafdən] Abend
sludder, -en, o. pl. Plausch
  [ˈsluðʔəʀ]
lille, pl. = små [ˈlilə] klein

5. Stunde

Helges og Kirstens lejlighed

'hɛljəs ɔ 'kiʀsdəns 'laĭlihe:ˀð

Helges und Kirstens Wohnung

Helge og Kirsten bor i en lille lejlighed.
'hɛljə ɔ 'kiʀsdən bo:ˀʀ i en 'lilə 'laĭlihe:ˀð.
Helge und Kirsten wohnen in einer kleinen Wohnung.

Lejligheden er billig, fordi rummene ikke er store.
'laĭlihe:ˀðən ɛʀ 'bili fɔʀ'di:ˀ 'ʀomˀənə 'egə ɛʀ 'sdo:ʀə.
Die Wohnung ist preiswert, weil die Räume nicht groß sind.

Der er et stort værelse, en lang og mørk entré,
dɛʀ ɛʀ ed sdo:ˀʀd 'vɛ:ʀəlsə en laŋˀ ɔ mœʀg aŋ'tʀe
Es gibt ein großes Zimmer, einen langen und dunklen Flur,

et hyggeligt badeværelse og et rummeligt køkken og –
ed 'hygəlid 'ba:ðvɛ:ʀəlsə ɔ ed 'ʀoməlid 'køgən ɔ
ein gemütliches Badezimmer und eine geräumige Küche und –

du godeste, det må jeg ikke glemme, for ellers bliver
du 'go:ðəsdə de mɔ jaĭ 'egə 'glɛmə fɔʀ 'ɛlˀəʀs bli:ʀ
du meine Güte, das darf ich nicht vergessen, denn sonst wird

Kirsten bare sur – en dejlig altan.
'kiʀsdən 'ba:ʀə su:ˀʀ – en daĭli al'ta:ˀn.
Kirsten nur böse – einen schönen Balkon.

For øjeblikket sidder hun i en behagelig lænestol.
fɔʀ 'ŏĭəblegəð 'seðˀəʀ hun i en be'ha:ˀəli 'lɛ:nəsdo:ˀl.
Augenblicklich sitzt sie in einem behaglichen Sessel.

Værelset er meget hyggeligt, fordi begge har en
'vɛ:ʀəlsəð ɛʀ 'maĭəð 'hygəlid fɔʀ'di:ˀ 'bɛgə ha:ˀʀ en
Das Zimmer ist sehr gemütlich, weil beide einen

god smag: de smukke reoler, de gamle billeder,
go:ˀ sma:ˀ di 'smogə ʀeˀo:ˀləʀ di 'gamlə 'beləðəʀ
guten Geschmack haben: die hübschen Borde, die alten Bilder,

den nye lampe, de gule gardiner, det grønne tæppe...
dɛn 'ny:ə 'lambə di 'gu:lə gaʀ'di:ˀnəʀ de 'gʀœnə 'tɛbə...
die neue Lampe, die gelben Gardinen, der grüne Teppich...

Der er nogen der kan!
dɛʀ ɛʀ ˈnɔ̞ːən dɛʀ kanˀ.

Einige bringen es zu was! (hier ironisch nett gemeint)

Erläuterungen   **5 B**

1. Die „vorangestellte" Form des bestimmten Artikels

Steht ein Adjektiv vor einem Substantiv, dann wird die bestimmte Form nicht mit Hilfe der Endungen -(e)n bzw. -(e)t (*siehe 1 B*) gebildet, sondern mit der „vorangestellten" Form des bestimmten Artikels. Sie lautet:

	Singular	Plural
fælleskøn	**den** [dɛnˀ]	**de** [di]
intetkøn	**det** [de]	

Beispiele:

fælleskøn/Singular	**den** store lejlighed [dɛn ˈsdoːʀə ˈlɑilihe:ˀð]
	die große Wohnung
fælleskøn/Plural	**de** store lejligheder [di ˈsdoːʀə ˈlɑilihe:ðəʀ]
	die großen Wohnungen
intetkøn/Singular	**det** store billede [de ˈsdoːʀə ˈbeləðə]
	das große Bild
intetkøn/Plural	**de** store billeder [di ˈsdoːʀə ˈbeləðəʀ]
	die großen Bilder

2. Adjektive / Deklination *(Fortsetzung von 4 B)*

1) Die Pluralformen des Adjektivs enden gewöhnlich auf -e:

a) Substantiv in unbestimmter Form / fælleskøn:
   store lejligheder [ˈsdoːʀə ˈlɑilihe:ðəʀ] *große Wohnungen;*
   elefanter er store [eləˈfanˀdəʀ ɛʀ ˈsdoːʀə] *Elefanten sind groß.*

b) Substantiv in unbestimmter Form / intetkøn:
   store rum [ˈsdoːʀə ʀomˀ] *große Räume;*
   træer er grønne [ˈtʀɛ:ˀəʀ ɛʀ ˈgʀœnə] *Bäume sind grün.*

c) Substantiv in bestimmter ‚angehängter' Form / intetkøn:
   husene er store [ˈhuːsənə ɛʀ ˈsdoːʀə] *die Häuser sind groß.*

d) Substantiv in bestimmter ‚angehängter' Form / fælleskøn:
    elefanterne er store [elə'fan'dəRnə εR 'sdoːR] *die Elefanten sind*
    groß.

e) Substantiv in bestimmter ‚vorangestellter' Form / intetkøn:
    de store huse [di 'sdoːRə 'huːsə] *die großen Häuser.*

f) Substantiv in bestimmter ‚vorangestellter' Form / fælleskøn:
    de store elefanter [di 'sdoːRə elə'fan'dəR] *die großen Elefanten.*

g) nach dem Demonstrativpronomen *disse*, z. B.:
    disse store rum ['disə 'sdoːRə Rom'] *diese großen Räume;*
    disse store lejligheder ['disə 'sdoːRə 'laɪlihe:ðəR] *diese großen Woh-*
    nungen.

h) nach den Possessivpronomen, z. B.:
    mine store billeder ['miːnə 'sdoːRə 'beləðəR] *meine großen Bilder.*

i) nach dem Genitiv:
    Jyttes store billeder ['jydəs 'sdoːRə 'beləðəR] *Jyttes große Bilder.*

2) Gebrauch der e-Form im Singular:

a) nach dem bestimmten Artikel in ‚vorangestellter' Form:
    den store lejlighed [dεn 'sdoːRə 'laɪlihe:'ð] *die große Wohnung;*
    det store billede [de 'sdoːRə 'beləðə] *das große Bild.*

b) nach dem Demonstrativpronomen *denne* und *dette*:
    denne store lejlighed ['dεnə 'sdoːRə 'laɪlihe:'ð] *diese große Woh-*
    nung;
    dette store billede ['dεdə 'sdoːRə 'beləðə] *dieses große Bild.*

c) nach den Possessivpronomen, z. B.:
    min store lejlighed [miː'n 'sdoːRə 'laɪlihe:'ð] *meine große Wohnung.*

d) nach dem Genitiv:
    Jyttes store billede ['jydəs 'sdoːRə 'beləðə] *Jyttes großes Bild.*

e) nach einer Anrede *(auch im Schriftverkehr)*:
    kære frue! ['kεːRə 'fRuːə] *liebe gnädige Frau!*

3) Änderungen bei der Pluralbildung

a) Adjektive auf unbetontes -et ändern das -t in -d-:

et dannet menneske [ed 'danəð 'mεnəsgə] *ein gebildeter Mensch*	
en dannet kvinde [en 'danəð 'kvenə] *eine gebildete Frau*	
dannede mennesker ['danəðə 'mεnəsgəR] *gebildete Menschen*	
dannede kvinder ['danəðə 'kvenəR] *gebildete Frauen*	

b) Ein einfacher Konsonant nach kurzem Vokal wird bei der Plural-
bildung **verdoppelt**:

> en smuk kvinde [en smog ˈkvenə] *eine hübsche Frau*
> et smukt billede [ed smogd ˈbeləðə] *ein hübsches Bild*
>
> smukke kvinder [ˈsmogə ˈkvenəʀ] *hübsche Frauen*
> smukke billeder [ˈsmogə ˈbeləðəʀ] *hübsche Bilder*

c) Vor **-l, -n, -r** fällt bei der Pluralbildung das unbetonte **-e-** weg:

> en gammel mand [en ˈgɑməl manˀ] *ein alter Mann*
> et gammelt menneske [ed ˈgɑməld ˈmɛnəsgə] *ein alter Mensch*
>
> **gamle** mænd [ˈgɑmlə mɛnˀ] *alte Männer*
> **gamle** mennesker [ˈgɑmlə ˈmɛnəsgəʀ] *alte Menschen*

mager [ˈmaːˀəʀ] *mager* - **magre;** moden [ˈmoːˀðən] *reif* – **modne.**

Enden Adjektive auf einen **unbetonten** Vokal, dann nehmen sie weder
-t noch **-e** an, z. B. ægte [ˈɛgdə] *echt;* bange [ˈbɑŋə] *bange;* stille
[ˈsdelə] *still.*

> en ægte diamant [en ˈɛgdə diaˈmanˀd] *ein echter Diamant*
> et ægte tæppe [ed ˈɛgdə ˈtɛbə] *ein echter Teppich*
>
> **ægte** diamanter [ˈɛgdə diaˈmanˀdəʀ] *echte Diamanten*
> **ægte** tæpper [ˈɛgdə ˈtɛbəʀ] *echte Teppiche*

Enden Adjektive auf einen **betonten** Vokal, so haben sie **keine e-Endung,**
z. B.: blå [blɔ̪ːˀ] *blau;* grå [gʀɔ̪ːˀ] *grau;* rå [ʀɔ̪ːˀ] *roh.*

> en blå kjole [en blɔ̪ːˀ ˈkjoːlə] *ein blaues Kleid*
> et blåt øje [ed blɔd ˈɔĭə] *ein blaues Auge*
>
> **blå** kjoler [blɔ̪ːˀ ˈkjoːləʀ] *blaue Kleider*
> **blå** øjne [blɔ̪ːˀ ˈɔĭnə] *blaue Augen*

Anmerkungen: 1. Doppelformen findet man bei:
ny/nye *neu;* fri/frie *frei.*

2. Beachten Sie, daß der Plural von **lille** *klein* – **små**
[smɔ̪ːˀ] heißt.

Übungen **5 C**

1. Setzen Sie „den, det, de" ein:

... grønne tæppe; ... behagelige stol; ... gule gardiner; ... hyggelige
værelse ; ... nye lamper; ... smukke billeder.

2. Setzen Sie die korrekte Adjektiv-Form ein:

(hyggelig)	... værelser;	(smuk)	de ... billeder;
(stor)	... lejligheder;	(ny)	den ... lampe;
(stor)	elefanter er ...;	(gul)	det ... billede;
(grøn)	træer er ...;	(god)	Jyttes ... smag;
(stor)	Værelserne er ...;	(gammel)	fru Andersens ... køkken.

**3. Setzen Sie die Ausdrücke in die bestimmte Form mit
„vorangestelltem" Artikel:**

Et hyggeligt værelse. En stor elefant. Grønne træer.

4. Wie heißen die Ausdrücke im Singular?

Beispiel: De store familier / Den store familie.
De grønne bøger. De smukke glas. De mørke tæpper. De smukke
sygeplejersker. De smukke kvinder. De gamle billeder.

5. Setzen Sie die korrekte Form von „stor" ein:

en ... familie; et ... glas; en ... hånd; et ... tæppe; en ... revolver.

Vokabeln **5 D**

Helge [ˈhɛljə]	*männlicher Vorname*	**køkken, -et, -er** [ˈkøgən]	Küche
lejlighed, -en, -er [ˈlaɪliheːˀð]	Wohnung	**du godeste!** [du ˈgoːðəsdə]	du meine Güte!
billig [ˈbili]	preiswert	**glemme (glemmer, glemte, glemt)** [ˈglɛmə]	vergessen
fordi [fɔrˈdiːˀ]	weil		
rum, -met, - [Romˀ]	Raum	**ellers** [ˈɛlˀərs]	sonst
lang [lɑŋˀ]	lang	**bliv|e, -er, blev, blevet** [ˈbliːvə, ˈbliːə]	*hier:* werden; bleiben
mørk [mœrg]	dunkel	**bare** [ˈbɑːrə]	nur, bloß
entré (entreen, entreer) [ɑŋˈtre]	Flur, Diele	**sur** [suːˀr]	böse, sauer
badeværelse, -t, -r [ˈbaːðəvɛːrəlsə]	Badezimmer	**altan, -en, -er** [alˈtaːˀn]	Balkon
rummelig [ˈroməli]	geräumig	**for øjeblikket** [fɔr ˈɔɪəblegəð]	augenblicklich, momentan

45

behagelig [be'ha:ˀəli]	behaglich	**billede, -t, -r** ['beləðə]	Bild
lænestol, -en, -e	Sessel	**ny** [ny:ˀ]	neu
['lɛːnəsdo:ˀl]		**lampe, -n, -r** ['lɑmbə]	Lampe
meget ['mɑïəð]	*hier:* sehr; viel	**gul** [gu:ˀl]	gelb
begge ['bɛgə]	beide	**gardin, -et, -er**	Gardine
smag, -en, *o. pl.* [sma:ˀ]	Geschmack	[gɑʀ'di:ˀn]	
reol, -en, -er [ʀe'o:ˀl]	Bord, Regal	**der er nogen der kan!**	einige bringen
smuk [smog]	geschmackvoll,	[dɛʀ ɛʀ 'nɔːən dɛʀ	es zu was!
	hübsch	kanˀ]	

6. Stunde

Oles livret   6 A

Helges og Kirstens gamle ven Ole har en større lejlighed end
Kirsten og Helge, men Kirstens og Helges er billigere, selv om
det bliver værre og værre med huslejen.
På tegningen ser De en dejlig daglig- og spisestue, et mindre
køkken og det mindste rum – badeværelset. I stuen står de
smukkeste ting: En dejlig kommode, et stort og gammelt
skrivebord og et stort spisebord til mange personer.
I køkkenet er der mange interessante ting efter Oles mening,
for Oles største hobby er madlavning. Her er Oles yndlingsret:
Omelet med spinat og tomater
Pisk omelet af 2 æg, lidt vand, salt og peber. Bag omeletten
på tør pande. Anret med spinat og nogle stegte tomater (280
kalorier).

I. **opgang**
II. **entré**
III. **dagligstue,**
    spisestue,
    soveværelse
1. seng
2. skrivebord
3. skrivebordsstol
4. lænestol
5. sofabord
6. kommode
7. klædeskab
8. spisebord

9. stol
IV. **badeværelse**
10. badekar
11. wc
12. håndvask
V. **køkken**
13. køkkenvask
14. køkkenbord
15. komfur
16. køleskab
17. køkkenskab
VI. **køkkentrappe**

1. Adjektive / Komparation

Anmerkung:

død [dø:ˀð] *tot*, fælles [ˈfɛlˀəs] *gemeinsam* und stakkels [ˈsdɑgəls] *arm, bedauernswert* lassen sich nicht steigern.

	Positiv	Komparativ	Superlativ
1)	Grundform	-ere	-est
2)	Grundform	-ere	-st
3)	Grundform	mere ...	mest ...
4)	Grundform	-mere	-mest
5)	Grundform	Umlautbildung	
6)	Grundform	Bildung von einem anderen Stamm	

1) Meistens fügen die Adjektive im Komparativ **-ere** hinzu, im Superlativ **-est**: høj [hɔiˀ] *hoch*, højere [ˈhɔiəʀə] *höher*, højest [ˈhɔiˀəsd] *am höchsten.*

Anmerkung:
Beim Menschen ist **høj** = *groß:* En høj mand.

2) Adjektive mit der Endung **-ig** und **-som** fügen im Superlativ nur **-st** hinzu, z. B.: billig [ˈbili] *preiswert*, billigere [ˈbiliəʀə], billigst [ˈbilisd]; morsom [ˈmɔʀsɔmˀ] *lustig, interessant*, morsommere [ˈmɔʀsɔmˀəʀə], morsomst [ˈmɔʀsɔmˀsd].

3) Einige Adjektive, die auf **-d, -en, -et** und **-s** enden, sowie mehrsilbige auf **-sk** und **-isk** und die Partizipien, die als Adjektive stehen, werden mit den vorangesetzten Wörtern **mere** [ˈme:ʀə] *mehr* und **mest** [me:ˀsd] *am meisten* gesteigert:

fremmed [ˈfʀɛməð] *fremd*	**mere** fremmed	**mest** fremmed
sulten [ˈsuldən] *hungrig*	**mere** sulten	**mest** sulten
broget [ˈbʀɔ:wəð] *bunt*	**mere** broget	**mest** broget
gammeldags [ˈgaməlda:ˀs] *altmodisch*	**mere** gammeldags	**mest** gammeldags
komisk [ˈko:ˀmisg] *komisch*	**mere** komisk	**mest** komisk

4) Das Adjektiv **nær** fügt im Komparativ **-mere** und im Superlativ **-mest** hinzu: nær [nɛ:ˀʀ] *nah*, nærmere [ˈnɛʀməʀə], nærmest [ˈnɛʀməsd].

5) Einige Adjektive erhalten im Komparativ und Superlativ *Umlaute*, z. B.:

stor [sdo:ˀʀ] *groß*	større [ˈsdœʀə]	størst [sdœʀsd]
lang [laŋˀ] *lang*	længere [ˈlɛŋəʀə]	længst [lɛŋˀsd]
ung [oŋˀ] *jung*	yngre [ˈøŋʀə]	yngst [øŋˀsd]
få [fɔ:ˀ] *wenige*	færre [ˈfɛʀə]	færrest [ˈfɛʀəsd]

6) Einige Adjektive bilden ihren Komparativ und Superlativ von einem fremden Stamm:

megen/meget [ˈmaïən, maïəð] *viel*	mere [ˈme:ʀə]	mest [me:ˀsd]
gammel [ˈgaməl] *alt*	ældre [ˈɛldʀə]	ældst [ɛlˀsd]
lille [ˈlilə] *klein*	mindre [ˈmendʀə]	mindst [menˀsd]
god [go:ˀð] *gut*	bedre [ˈbeðʀə]	bedst [besd]
mange [ˈmaŋə] *viele*	flere [ˈfle:ʀə]	flest [fle:ˀsd]
ond/slem [onˀ, slɛmˀ] *böse/schlimm*	værre [ˈvɛʀə]	værst [vɛʀsd]

Der Komparativ wird nicht flektiert:

en **ældre** dame [en ˈɛldʀə ˈda:mə] *eine ältere Dame;* den **ældre** dame [dɛnˀ ˈɛldʀə ˈda:mə] *die ältere Dame;* de **ældre** damer [di ˈɛldʀə ˈda:məʀ] *die älteren Damen;* et **ældre** hus [ed ˈɛldʀə hu:ˀs] *ein älteres Haus.*

Der Superlativ endet, steht er attributiv, mit einem -e; prädikativ behält er die Ursprungsform:

den mindste dreng [dɛn ˈmenˀsdə dʀɛŋˀ] *der kleinste Junge;* de mindste drenge [di ˈmenˀsdə ˈdʀɛŋə] *die kleinsten Jungen;* Jytte er mindst [ˈjydə ɛʀ menˀsd] *Jytte ist am kleinsten;* de grønne huse er mindst [di ˈgʀœnə ˈhu:sə ɛʀ menˀsd] *die grünen Häuser sind am kleinsten.*

Vergleich

Beim Zweiervergleich wird im Deutschen der Komparativ zur Bezeichnung des höchsten Grades gebraucht; im Dänischen der **Superlativ:**

Jytte er **den mindste** af de to piger [ˈjydə ɛʀ dɛn ˈmenˀsdə a di to:ˀ ˈpi:əʀ]. Jytte ist die kleinere von den zwei Mädchen.

Aber:

Hun er yngre end sin ven [hun ɛʀ ˈøŋʀə en sin ˈvɛn]. *Sie ist jünger als ihr Freund.*

Hun er lige så gammel som jeg [hun ɛʀ ˈliːə sɔ ˈgɑməl sɔm ˈjɑĭ]. *Sie ist ebenso alt wie ich.*

Anmerkung:

Was in 5 B über die **Konsonantenverdoppelung** wie über das **Weglassen** von **-e-** gesagt wurde, gilt entsprechend für die Komparation von Adjektiven:

smuk [smog] *schön,* smukkere [ˈsmogəʀə], smukkest [ˈsmogəsd]; mager [ˈmaːˀəʀ] *mager,* magrere [ˈmaːʀəʀə], magrest [ˈmaːʀəsd].

2. Verben / Imperativ

Der Imperativ ist gleich dem Stamm eines Verbs. Er hat im Gegensatz zum Deutschen nur **eine** Form ohne jede Endung, z. B.:

se [seːˀ] *sieh(e), seht, sehen Sie!;* læs [lɛːˀs] *lies, lest, lesen Sie!* Oder siehe im Text: **pisk** [pisg] *schlage, schlagt, schlagen Sie!;* **bag** [baːˀ] *backe, backt, backen Sie!;* **anret** [ˈanʀɛd] *richte an, richtet an, richten Sie an!*

Übungen   **6 C**

1. Wie müssen die Ausdrücke im Singular heißen:

store billeder	et ... billede
store familier	en ... familie
kolde vinteraftener	en ... vinteraften
varme stuer	en ... stue
varme værelser	et ... værelse
gode venner	en ... ven
gode film	en ... film
store værelser	et ... værelse
hyggelige værelser	et ... værelse

2. Setze das korrekte Adjektiv (Singular) ein:

Elefanter er store	En elefant er ...
Vinteraftener er kolde	En ... vinteraften.

3. Setze das korrekte Adjektiv (Plural) ein:

et mørkt tæppe	... tæpper
en behagelig lænestol	... lænestole
en billig lejlighed	... lejligheder
et stort rum	... rum
et hyggeligt badeværelse	... badeværelser
et rummeligt køkken	... køkkener
en gammel reol	... reoler
en ny lampe	... lamper

4. Wie heißt das Adjektiv in Verbindung mit dem Genitiv?

(stor) familie Andersens ... lejlighed; (hyggelig) Jyttes ... værelse; (mørk) Helges og Kirstens ... entré.

Vokabeln

6 D

Ole ['oːlə]   *männlicher Vorname*
livret, -ten, -ter ['liũʀɛd] Leibgericht
ven, -nen, -ner [vɛn] Freund
end [en] als
det bliver [de bliʀ] es wird
slem [slɛmˀ] schlimm, übel
husleje, -n, -r ['huːslɑĩə] Miete
tegning, -en, -er ['taĩnɛŋ] Zeichnung
dagligstue, -n, -r   Wohnzimmer
['dɑwlisduːə]
spisestue, -n, -r   Eßzimmer
['sbiːsəsduːə]
ting, -en, - [teŋˀ] Ding, Sache
kommode, -n, -r   Kommode
[ko'moːðə]
skrivebord, -et, -e   Schreibtisch
['sgʀiːvəboːˀʀ]
mange ['maŋə] viele
person, -en, -er [pɛʀ'soːˀn] Person
mening, -en, -er ['meːnəŋ] Meinung
hobby, -en, -er ['hɔbi] Hobby
madlavning, -en, *o. pl.*   Kochen,
['maðlaˀvneŋ]   Essenmachen
yndlingsret, -ten, -ter   Lieblingsessen
['ønleŋsʀɛd]
omelet, -ten, -ter   Omelett
[ɔməˈlɛd]
spinat, -en, *o. pl.*   Spinat
[sbiˈnaːˀd]
tomat, -en, -er [toˈmaːˀd] Tomate
pisk|e, -er, -ede, -et   schlagen
['pisgə]
vand, -et, *o. pl.* [vanˀ] Wasser
salt, -et, *o. pl.* [salˀd] Salz

peber, -et, *o. pl.* ['peŭəʀ] Pfeffer
bag|e, -er, -te, -t ['baːə] backen
tør [tœːˀʀ] trocken
pande, -n, -r ['panə] Pfanne
anrett|e, -er, -ede, -et   anrichten
['anʀɛdə]
stegt ['sdɛgd] gebraten
kalorie, -n, -r [kaˈloːˀʀiə] Kalorie
opgang, -en, -e ['ɔbgɑŋˀ] Treppenhaus
soveværelse, -t, -r   Schlafzimmer
['sɔŭəvɛːʀəlsə]
seng, -en, -e [sɛŋˀ] Bett
skrivebordsstol, -en, -e   Schreib-
['sgʀiːvəboːʀsdoːˀl]   tischstuhl
sofabord, -et, -e   Wohnzimmer-
['soːfaboːˀʀ]   tisch
klædeskab, -et, -e   Kleiderschrank
['klɛːðəsgaːˀb]
badekar, -ret, -   Badewanne
['baːðəkɑʀ]
wc, -ˈet, -ˈer [veːˀseːˀ] Toilette
håndvask, -en, -e   Handwasch-
['hɔnvasg]   becken
køkkenvask, -en, -e   Abwasch-
['køgənvasg]   becken, Spüle
køkkenbord, -et, -e   Küchentisch
['køgənboːˀʀ]
komfur, -et, -er   Herd
[kɔmˈfuːˀʀ]
køleskab, -et, -e   Kühlschrank
['køːləsgaːˀb]
køkkenskab, -et, -e   Küchen-
['køgənsgaːˀb]   schrank
køkkentrappe, -n, -r   Küchentreppe
['køgəntʀɑbə]

7. Stunde

Årstiderne og vejret

Den 1. januar er årets første dag. Januar måned er én af årets koldeste måneder. Det sner af og til, og temperaturen går sommetider ned under nul grader. Om vinteren er dagene korte, luften er kold, og vejret er enten klart eller tåget. Heldigvis kommer foråret snart, og vejret bliver varmere og varmere. Vejret er varmest i juli og august. August måned har ofte lige så fint vejr som juli. Det er den eneste årstid med høje vandtemperaturer. Når solen skinner og himlen er blå, er havet meget roligt. Om efteråret er det tit meget oprørt. På denne årstid trækker det tit op til torden, og sommetider regner eller blæser det hele dagen. Vinteren begynder i november måned og varer til marts. Dagene bliver kortere og koldere og koldere. Men det er da altid en trøst, at det atter bliver forår.

Erläuterungen 7 B

1. Die Jahreszeiten:

forår [ˈfɔʀɔːˀʀ]; sommer [ˈsɔmɘʀ];
efterår [ˈɛfdɘʀɔːˀʀ]; vinter [ˈvenˀdɘʀ].

2. Et år har 12 måneder [ed ɔːˀʀ hɑːˀʀ tɔlˀ ˈmɔːnɘðɘʀ] *Ein Jahr hat* 12 *Monate:*

januar [ˈjanuɑːˀʀ]; februar [ˈfebʀuɑːˀʀ]; marts [mɑʀds];
april [aˈpʀiːˀl]; maj [mɑĭˀ]; juni [ˈjuːˀni];
juli [ˈjuːˀli]; august [ɑŭˈgosd]; september [sebˈtɛmˀbɘʀ];
oktober [ogˈtoːˀbɘʀ]; november [noˈvɛmˀbɘʀ]; december [deˈsɛmˀbɘʀ]

3. Adjektive / Vergleich

Beim Vergleich im Positiv wird **lige så ... som** *ebenso ... wie* gebraucht:
Kirsten ist **lige så** gammel **som** Helge [ˈkiʀsdɘn ɛʀ ˈliːɘ sɔ ˈgɑmɘl sɔm ˈhɛljɘ]. *Kirsten ist ebenso alt wie Helge.*

Beim Vergleich im Komparativ – **end** [en] *als:*

Ole er ældre **end** Helge ['oːlə ɛʀ 'ɛldʀə en 'hɛljə]. *Ole ist älter als Helge.*

In deutschen Ausdrücken mit *immer* + *Komparativ* stehen im Dänischen **zwei gleiche Komparative:**

Jytte bliver **kønnere** og **kønnere** ['jydə bliʀ 'kœnəʀə ɔ 'kœnəʀə]. *Jytte wird immer hübscher.*

4. Zahlwörter / Ordnungszahlen

1. første ['fœʀsdə]	14.	fjortende ['fjoʀdənə]	
2. anden ['anən]	15.	femtende ['fɛmdənə]	
3. tredje ['tʀɛðjə]	16.	sekstende ['sɑɪsdənə]	
4. fjerde ['fjɛːʀə]	17.	syttende ['sødənə]	
5. femte ['fɛmdə]	18.	attende ['adənə]	
6. sjette ['sjɛːdə]	19.	nittende ['nedənə]	
7. syvende ['syŭʔənə]	20.	tyvende ['tyːvənə]	
8. ottende ['ɔdənə]	21.	enogtyvende ['eːʔnɔtyːvənə]	
9. niende ['niːʔənə]	22. *usw.*	toogtyvende ['toːʔɔtyːvənə]	
10. tiende ['tiːʔənə]	30.	tredivte ['tʀɛðfdə]	
11. ellevte ['ɛlfdə]	31.	enogtredivte ['eːʔnɔtʀɛðfdə]	
12. tolvte ['tɔldə]	32. *usw.*	toogtredivte ['toːʔɔtʀɛðfdə]	
13. trettende ['tʀɛdənə]	40.	fyrretyvende ['fœʀətyːvənə]	

41.		enogfyrretyvende ['eːʔnɔfœʀətyːvənə]
42. *usw.*		toogfyrretyvende ['toːʔɔfœʀətyːvənə]
50.		halvtredsindstyvende [hal'tʀɛsəns'tyːvənə]
51.		enoghalvtredsindstyvende ['eːʔnɔhal'tʀɛsəns'tyːvənə]
52. *usw.*		tooghalvtredsindstyvende ['toːʔɔhal'tʀɛsəns'tyːvənə]
60.		tresindstyvende ['tʀɛsənstyːvənə]
61.		enogtresindstyvende ['eːʔnɔtʀɛsənstyːvənə]
62. *usw.*		toogtresindstyvende ['toːʔɔtʀɛsənstyːvənə]
70.		halvfjerdsindstyvende [hal'fjɛʀsənstyːvənə]
71.		enoghalvfjerdsindstyvende ['eːʔnɔhal'fjɛʀsəns'tyːvənə]
72. *usw.*		tooghalvfjerdsindstyvende ['toːʔɔhal'fjɛʀsəns'tyːvənə]
80. *usw.*		firsindstyvende ['fiːʔʀsənstyːvənə]
90. *usw.*		halvfemsindstyvende [hal'fɛmʔsənstyːvənə]
100.		hundrede ['hunʀəðə]
101. *usw.*		hundrede og første ['hunʀəðə ɔ 'fœʀsdə]
200.		to hundrede [toːʔ 'hunʀəðə]
300. *usw.*		tre hundrede [tʀɛːʔ 'hunʀəðə]
1000.		tusinde ['tuːʔsənə]
2000.		to tusinde [toːʔ 'tuːʔsənə]
100000.		hundrede tusinde ['hunʀəðə 'tuːʔsənə]

5. Allgemeines über Zahlen

1) **Jahreszahlen** werden folgendermaßen ausgesprochen:
1977 nitten hundrede syvoghalvfjerds ['nedən'hunrəðə'syŭ²ɔhal'fjɛʀs].

2) **Datum**

søndag d. 5. august ['sœn²da dɛn 'fɛmdə aŭ'gosd] *Sonntag, der 5.*
August;

d. 5. 8. 1946 [dɛn 'fɛmdə i 'ɔdənə 'nedən'hunʀəðə'sɛgsɔfœʀə]
Jeg skal op til eksamen i maj (måned) [jaĭ sga 'ɔb te ɛg'saːmən i maĭ²
('mǫːnəð)]. *Ich mache mein Examen im Mai.*

Kong Frederik den Niende (od. IX; 9.) døde 1972
[kɔŋ 'fʀɛð²əʀeg dɛn 'niː²ənə 'døːðə 'nedən'hunʀəðətoː²ɔhal'fjɛʀs]
König Frederik IX. starb 1972.

3) **Brøker** ['bʀøː²gəʀ] *Brüche:*

1/2 [en 'hal²] en halv
1 1/2 = én (og) en halv [eː²n (ɔ) en 'hal²] *od.* halvanden [hal'anən]
2 1/2 ['toː² en 'hal²] to en halv
1/3 [en 'tʀɛðjədeː²l] en tredjedel
2/3 [toː² 'tʀɛðjədeː²l(ə)] to tredjedel(e)
1 1/3 [eː²n en 'tʀɛðjədeː²l] én en tredjedel
1/4 = en fjerdedel [en 'fjɛːʀədeː²l] *od.* en kvart [en 'kvaʀd]
3 3/4 = tre tre fjerdedel(e) [tʀɛː² tʀɛ 'fjɛːʀədeː²l(ə)] *od.* tre tre kvart
[tʀɛː² tʀɛ 'kvaʀd]
8 7/9 ['ǫːdə syŭ 'niː²ənədeː²l(ə)] otte syv niendedel(e)
0,5 [nol 'kɔma fɛm²] nul komma fem
3,25 = tre komma to fem [tʀɛː² 'kɔma 'toː² 'fɛm²] *od.* tre komma
femogtyve [tʀɛː² 'kɔma 'fɛm²ɔtyːə]

---

4) **Verschiedenes**

a) In der Geschäfts-, Bank- und Postsprache werden die gemein-
skandinavischen Zahlen verwendet, z. B.:

10 ti [tiː²]	**70** syvti ['syŭti]
20 toti ['toti]	**80** otti ['ǫːti]
30 treti ['tʀeti]	**90** niti ['niti]
40 firti ['fiːʀti]	**21** toti en [toti 'eː²n]
50 femti ['fɛmti]	**22** toti to [toti 'toː²]
60 seksti ['sɛgsti]	

b) Das Zahlwort **en** [eː²n] oder **et** [ed] wird je nach Geschlechtszuge-
hörigkeit des Substantivs verwendet: **en** avis, to aviser ...; **et** tæppe,
to tæpper ...

53

c) Um Verwechslungen mit dem unbestimmten Artikel und dem unbestimmten Pronomen zu vermeiden, wird oft **én** oder **ét** geschrieben. Das gleiche gilt, wenn das Zahlwort betont werden soll, oder wenn es sich von zwei oder mehreren Zahlwörtern abheben soll: Jytte står på **ét** ben [ˈjydə sdɔːˀʀ pɒ ˈed ˈbeːˀn]. *Jytte steht (nur!) auf einem Bein.*

Anmerkung:

Das unbestimmte Pronomen **en** [eːˀn] wird meistens auch **én** geschrieben, da es ebenfalls betont wird; so auch betonte Wörter wie **dér** [deːˀʀ] *dort.* Einige Wörter französischen Ursprungs, z. B. **kupé** *Zugabteil,* müssen in der Grundform einen **Akzent** haben. Die bestimmte Form mit dem „angehängten" Artikel und der Plural haben aber keinen Akzent: kupeen, kupeer.

d) Nach der „vorangestellten" Form des bestimmten Artikels oder nach einem anderen Bestimmungswort wird **ene** gebraucht:

den **ene** arm [dɛn ˈeːnə ɑʀˀm] *der eine Arm;* mit **ene** ben [mid ˈeːnə beːˀn] *mein eines Bein = eines meiner Beine.*

e) Beim Zählen und Rechnen mit Zahlen wird ausschließlich die **en**-Form gebraucht:

en, to, tre …; **en** og **en** er to.

Aber *(der Geschlechtszugehörigkeit entsprechend):*

et tæppe plus to tæpper er tre tæpper [ed ˈtɛbə plus ˈtoːˀ ˈtɛbəʀ ɛʀ tʀeːˀ ˈtɛbəʀ] *ein Teppich plus zwei Teppiche sind drei Teppiche.*

f) Bei zusammengesetzten Zahlen, bei denen die 1 als **erstes** Wort genannt wird, heißt es immer **en-**: **en**ogtyve bøger.

g) Die **et**-Form wird in folgenden Ausdrücken gebraucht:

Klokken er **ét** [ˈklɔgən ɛʀ ˈed]. *Es ist ein Uhr.*

nr. 1 [ˈnomˀəʀ ˈed] *Nr. 1*

h) Die **et**-Form wird ebenfalls verwendet, wenn die 1 als **letztes** Wort eines zusammengesetzten Zahlwortes genannt wird: side 101 [ˈsiːðə ˈhunʀəðə ɔ ˈed] *Seite 101.*

i) **for det første, andet, tredje** [fɔʀ de ˈfœʀsdə, ˈanəð, ˈtʀɛðjə] *erstens, zweitens, drittens:*

For det første er Jytte 19 år, for det andet hedder hun Andersen, og for det tredje har hun en bror [fɔʀ de ˈfœʀsdə ɛʀ ˈjydə ˈnedən ɔːˀʀ, fɔʀ de ˈanəð ˈheðˀəʀ hun ˈanəʀsən, ɔ fɔʀ de ˈtʀɛðjə hɑːˀʀ hun en ˈbʀoːʀ].

Erstens ist Jytte 19 Jahre, zweitens heißt sie Andersen, und drittens hat sie einen Bruder.

j) **et dusin** [ed duˈsiːʔn] *ein Dutzend;* **en snes** [en sneːʔs] *20.*

Umgangssprachlich heißt **en snes** *ungefähr zwanzig:*

Hun har en snes venner i København [hun hɑːʔʀ en ˈsneːʔs ˈvɛnəʀ i køːbənˈhɑŭʔn].
Sie hat an die zwanzig Freunde in Kopenhagen.

Jeg skal op til eksamen om en halv snes dage
[jɑĭ sga ˈɔb te ɛgˈsaːmən ɔm en ˈhalʔ sneːʔs ˈdaːə].
Ich mache in etwa zehn Tagen meine Prüfung.

k) **et par** [ed pɑʀ] *ein Paar, ein paar:*

Fru Andersen køber et par sko [fʀu ˈɑnəʀsən ˈkøːbəʀ ed pɑʀ sgoːʔ].
Frau Andersen kauft ein Paar Schuhe.

Jeg skal op til eksamen om et par dage [jɑĭ sga ˈɔb te ɛgˈsaːmən ɔm ed pɑʀ ˈdaːə]. *Ich mache in ein paar Tagen meine Prüfung.*

Kirsten er et par og tyve år [ˈkiʀsdən ɛʀ ed pɑʀ ɔ ˈtyːvə ɔːʔʀ].
Kirsten ist Anfang zwanzig.

Der er et par mennesker i butikken [dɛ ɛʀ ed pɑʀ ˈmɛnəsgəʀ i buˈtigən]. *Es sind zwei-drei Leute im Laden.*

l) **den næste, den næstsidste, den sidste** [dɛn ˈnɛsdə, ˈnɛsdsisdə, ˈsisdə]
nächste, vorletzte, letzte:

Helge, Jens og Ole løber om kap [ˈhɛljə jɛns ɔ ˈoːlə ˈløːʔbəʀ ɔm ˈkɑb].
Helge, Jens und Ole laufen um die Wette.

Ole vinder [ˈoːlə ˈvenʔəʀ]. *Ole gewinnt.*

Han er den første [han ɛʀ dɛn ˈfœʀsdə]. *Er ist der erste.*

Jens er den næste [jɛns ɛʀ dɛn ˈnɛsdə]. *Jens ist der nächste.*

Han er samtidig den næstsidste [han ɛʀ ˈsɑmtiːʔði dɛn ˈnɛsdsisdə].
Er ist gleichzeitig der zweitletzte (vorletzte).

Helge er den sidste [ˈhɛljə ɛʀ dɛn ˈsisdə]. *Helge ist der letzte.*

m) **den eneste** [dɛn ˈeːnəsdə] *einzig:*

Han er den eneste uden eksamen [han ɛʀ dɛn ˈeːnəsdə ˈuːðən ɛgˈsaːmən]. *Er ist der einzige ohne Examen.*

n) **én gang, to gange, engang** [eːʔn gɑŋʔ, toːʔ gɑŋə, enˈgɑŋʔ] *einmal, zweimal, einmal:*

Jeg tager hjem én gang (to gange) om året [jɑĭ tɑʀ ˈjɛmʔ eːʔn gɑŋʔ (toːʔ ˈgɑŋə) ɔm ˈɔːʔʀəð]. *Ich fahre einmal (zweimal) im Jahr nach Hause.*

Der var engang en dronning [dɛʀ ˈvɑʀ enˈgɑŋʔ en ˈdʀɔneŋ].
Es war einmal eine Königin.

Sig mig engang ... [siːʔ mɑĭ enˈgɑŋʔ]. *Sag mir mal ...*

o) enkelt, dobbelt, et par gange, første gang, anden gang

['ɛŋˀgəld, 'dɔbəld, ed pɑR 'gɑŋə, 'fœRsdə gɑŋˀ, 'anən gɑŋˀ]

einzig/einzeln, doppelt, ein paar Male, das erste Mal, das zweite Mal:

Jens tabte en enkelt gang [jɛns 'tɑbdə en 'ɛŋˀgəld gɑŋˀ]. *Jens verlor ein einziges Mal.*

Fru Andersen ville købe en enkelt sko [fRu 'anəRsən 'vilə 'kø:bə en 'ɛŋˀgəld sgo:ˀ]. *Frau Andersen wollte einen einzelnen Schuh kaufen.*

Ole tabte dobbelt så mange gange ['o:lə 'tɑbdə 'dɔbəld sɔ 'mɑŋə 'gɑŋə]. *Ole verlor doppelt so viele Male.*

Et enkeltværelse [ed 'ɛŋˀgəldvɛːRəlsə]. *Ein Einzelzimmer.*

Et dobbeltværelse [ed 'dɔbəldvɛːRəlsə]. *Ein Doppelzimmer.*

Ole, Helge og Jens løb om kap et par gange ['o:lə, 'hɛljə ɔ jɛns lø:ˀb ɔm 'kɑb ed pɑR 'gɑŋə]. *Ole, Helge und Jens liefen ein paar Male um die Wette.*

Helge vandt første gang ['hɛljə vanˀd 'fœRsdə gɑŋˀ]. *Helge gewann das erste Mal.*

Jens vandt anden gang [jɛns vanˀd 'anən gɑŋˀ]. *Jens gewann das zweite Mal.*

Aber: Jens vandt en anden gang [jɛns vanˀd en 'anən gɑŋˀ]. *Jens gewann ein anderes Mal.*

Maßbezeichnungen

(en)	mm	millimeter ['milime:ˀdəR]	(en)	hl	hektoliter ['hɛgtolidəR]
(en)	cm	centimeter ['sɛntime:ˀdəR]	(en)	cm²	kvadratcentimeter [kva'dRɑːˀd'sɛntime:ˀdəR]
(en)	m	meter ['me:ˀdəR]	(en)	m²	kvadratmeter [kva'dRɑːˀdme:ˀdəR]
(en)	km	kilometer ['kilome:ˀdəR]	(en)	km²	kvadratkilometer [kva'dRɑːˀdkilome:ˀdəR]
(en)	dl	deciliter ['de:silidəR]	(et)	mg	milligram ['miligRɑmˀ]
(en)	l	liter ['lidəR]	(et)	g	gram [gRɑmˀ]
(en)	m³	kubikmeter [ku'bigme:ˀdəR]	(et)	kg	kilo(gram) ['kilogRɑmˀ]

Bei Substantiven, die ein Gewicht, ein Maß, eine Anzahl oder einen Wert angeben und bei Bruchzahlen steht der **Singular:** 25 øre; 3,5 meter; 2¹/₂ krone ['to:ˀ en 'halˀ 'kRo:nə].

Aber: 2 kroner [to:ˀ ˈkʀoːnəʀ] 2 *Kronen (dän. Münze);* 2 snese æg [to:ˀ ˈsneːsə ɛːˀg]; 10° (grader) [tiːˀ ˈgʀɑːðəʀ] *10°.*

Anmerkung: Beachten Sie, daß das Präsens von **skulle** [ˈsgulə] *sollen, werden;* **skal** [sgal] heißt.

Übungen 7 C

1. Setzen Sie die korrekte Ordnungszahl ein:

(5.) Maj måned er årets ... måned. (3.) Helge er Kirstens ... ven. (1.) Det er Helges og Kirstens ... lejlighed.

2. Setzen Sie die Komparativform des Adjektivs ein (Vergleich):

(god) Kirstens og Helges smag er ... end Oles. *(ung)* Jens er ... end Jytte. *(lille)* Fru Andersen er ... end hr. Andersen. *(stor)* Oles lejlighed er ... end Helges og Kirstens. *(billig)* Oles lejlighed er ... end Helges og Kirstens. *(ung)* Manden er ... end kvinden. *(lille)* Badeværelset er ... end køkkenet.

3. Setzen Sie die Adjektive in den Superlativ:

(billig) De små lejligheder er ... *(gammel)* Fru Andersens ... datter læser i en bog. *(lille)* Jyttes værelse er ...

4. Wie muß es heißen?

en billig lejlighed:	hr. Jensens ... lejlighed
et grønt tæppe:	fru Andersens ... tæppe
et smukt billede:	familiens ... billede

Vokabeln 7 D

under ['onʔəʀ]	unter	himmel, -en *od.* himlen,	Himmel
nul [nol]	null	*o. pl.* ['hemməl]	
grad, -en, -er [gʀɑːʔð]	Grad	blå [blɔːʔ]	blau
om vinteren [ɔm	im Winter	hav, -et, -e [haŭ]	Meer
'venʔdəʀən]		rolig ['ʀoːli]	ruhig
dag, -en, -e [daːʔ]	Tag	om efteråret	im Herbst
kort [kɔʀd]	kurz	[ɔm 'ɛfdəʀɔːʔʀəð]	
luft, -en, *o. pl.* [lofd]	Luft	tit [tid]	oft, häufig
enten ... eller	entweder ...	oprørt ['ɔbʀøːʔʀd]	stürmisch,
['ɛndən ... 'ɛlʔəʀ]	oder		wütend
klar [klɑːʔʀ]	*Wetter:* heiter	denne ['dɛnə]	dieser, diese,
tåget ['tɔːwəð]	neblig		dieses
heldigvis ['hɛldiviːʔs]	glücklicher-	det trækker op til torden	ein Gewitter ist
	weise	[de 'tʀɛgəʀ 'ɔb te	im Anzug
komme (kommer, kom,	kommen	'tɔʀdən]	
kommet) ['kɔmə]		det regner (regnede,	es regnet
forår, -et, - ['fɔʀɔːʔʀ]	Frühling	regnet) [de 'ʀaɪnəʀ]	
snart [snɑːʔʀd]	bald	det blæser [de 'blɛːʔsəʀ]	es weht
august måned	der Monat	vinter, -en *od.* vintren,	Winter
[aŭ'gosd 'moːnəð]	August	vintre ['venʔdəʀ]	
ofte ['ɔfdə]	oft(mals),	begynd|e, -er, -te, -t	beginnen,
	häufig	[be'gønʔə]	anfangen
lige så ... som	ebenso ... wie	november måned	der Monat
['liːə sɔ ... sɔm]		[no'vɛmʔbəʀ 'moːnəð]	November
fin [fiːʔn]	schön, gut	var|e, -er, -ede, -et	dauern
eneste ['eːnəsdə]	einzig	['vɑːʀə]	
vandtemperatur, -en,	Wasser-	til [te, tel]	*hier:* bis; zu,
-er ['vantɛmbəʀɑ-	temperatur		nach, an, für
'tuːʔʀ]		marts [mɑʀds]	März
når [nɔːʔʀ]	wenn	da [da]	doch
sol, -en, *o. pl.* [soːʔl]	Sonne	altid ['al'tiːʔð]	immer, stets
skinn|e, -er, -ede, -et	scheinen	trøst, -en, *o. pl.* [tʀøsd]	Trost
['sgenə]		atter ['adəʀ]	wieder(um)

8. Stunde

En samtale   **8 A**

Handlingen foregår i et lille parkanlæg i nærheden af Køben-havns Universitet.

København er, som De ved, Danmarks hovedstad.

To unge mænd sidder ved siden af hinanden på en bænk og slikker solskin.

Vejret er meget varmt. Mændene kommer i snak med hinanden.

1. mand: Pyh ...!
2. mand: Ja, det er næsten ikke til at holde ud. Jeg sveder også.
1. mand: Har du en cigaret?
2. mand: Ja. Værsgo.
1. mand: Tusind tak.
2. mand: Jeg be'r.

1. mand: Jeg har heller ingen tændstikker.
2. mand: Det har jeg heller ikke, men jeg har en lightər.
1. mand: Tak skal du have.
2. mand: Er du udlænding?
1. mand: Ja, jeg er tysker.
2. mand: Hvad behager? Hvorfra?
1. mand: Fra Tyskland.
2. mand: Studerer du også i København?
1. mand: Ja. Jeg læser dansk.
2. student: Kan du lide at være i Danmark?
1. student: Ja, jeg synes godt om det.
2. student: Er du fra Hamborg?
1. student: Nej, fra Berlin.
2. student: Tager du tit hjem?
1. student: To gange om året.
2. student: Så er du lige så sjældent hjemme som jeg. Jeg er
   fra Århus.
1. student: Hvornår skal du op til eksamen?
2. student: I løbet af 1977.
1. student: Syv, ni, tretten!
2. student: Ja, syv, ni, tretten!
1. student: Så er du hurtigere færdig end jeg.
2. student: Nå, men jeg skal desværre hjem nu. Men jeg sidder
   her igen i morgen ved totiden.
1. student: Den er god. Så kommer jeg også. På gensyn.
2. student: Den er fin. Farvel så længe.

Erläuterungen   **8 B**

Anmerkung:

In Skandinavien hat innerhalb der letzten Jahre eine Tendenzwende in
der Form der **Anrede** stattgefunden. Anstelle der formalen Anrede **De**
[di] *Sie* wird in allen Bereichen des öffentlichen Lebens sehr häufig
die Anrede **du** [du] *du* gebraucht. So duzen ein Großteil der Schüler
ihre Lehrer, Studenten ihre Dozenten und Angestellte ihre Chefs.
Auch in Kaufhäusern und Geschäften wird zwischen Kunden und
Verkäufern sehr häufig geduzt. Ebenfalls auf dem Mediensektor ist das
„De" dem „du" sehr oft gewichen. So beispielsweise bei Interviews
u. ä. oder in Leserbriefen, in denen Autoren *(Journalisten, Schrift-
steller, Politiker)* persönlich angesprochen werden.
Die Anwendung des „De" hat sich deshalb fast ausschließlich auf
formale Angelegenheiten reduziert.

Zur Anwendung von „farvel" [fɑʀˈvɛl] **und „på gensyn"** [pɒ ˈgɛnsy:ʔn]:
Das am häufigsten gebrauchte Abschiedswort ist **farvel** „fahre wohl".
Es wird wie das deutsche *Auf Wiedersehen!* angewendet; **på gensyn** im
Sinne von *Auf ein Wiedersehen!* Wörtlich übersetzt heißt **på gensyn**
auf Wiedersehen!

1. Farvel! *Auf Wiedersehen!*
2. På gensyn! *Auf (ein) Wiedersehen!*
3. Farvel og på gensyn! *Auf Wiedersehen. Es würde mich freuen dich
   (Sie) wiederzutreffen;* bzw. *Auf Wiedersehen – bis dann* (oder *bis
   bald)!*

1. Möglichkeiten des Grüßens, Begrüßens und Verabschiedens:

Aussage	Antwort
Godmorgen [goˈmɔːʀn]. *Guten Morgen.*	**Godmorgen.**
Goddag [goˈdaːʔ]. *Guten Tag.*	**Goddag.**
Davs Jytte [dɑwʔs ˈjydə]. *Tag, Jytte!*	**Davs.**
Hej Jytte [haï ˈjydə]. *Hallo, Jytte!*	**Hej.**
Davs med dig [dɑwʔs mɛ daï]. *Tag, du!*	**Davs.**
Hvordan har du (De) det [vɔʀˈdan hɑːʔʀ du (di) de]? *Wie geht es dir (Ihnen)?*	**Tak, godt** [tɑg gɔd].
Davs Kirsten, og velkommen [dɑwʔs ˈkiʀsdən ɔ ˈvɛlkɔmʔən]. *Tag, Kirsten! Willkommen!*	**Davs. Tak skal du have** [dɑwʔs tɑg sga du hɑːʔ]. *Tag! Danke.*
Godaften og velkommen [goˈafdən ɔ ˈvɛlkɔmʔən]. *Guten Abend und willkommen!*	**Tak skal du (De, I) have** [tɑg sga du (di, i) hɑːʔ]. *Vielen Dank.* **Og tak fordi du (De, I) ville se os** [ɔ tɑg fɔʀˈdiːʔ du (di, i) ˈvilə seːʔ ɔs]. *Und danke für die Einladung.* *(eigentlich: Vielen Dank weil du (Sie, ihr) uns sehen wolltest.)*

Aussage	Antwort
Velkommen til Århus ['vɛlkɔmˀən te 'ɔʀhuːˀs]. *Willkommen in Århus!*	**Tak** [tɑg]. *Danke.*
Farvel [fɑʀ'vɛl]. *Auf Wiedersehen!*	**Farvel.**
Godnat [go'nad]. *Gute Nacht!*	**Godnat.**
Kom godt hjem [kɔm 'gɔd jɛmˀ]. *Komm(en Sie) gut nach Hause*	**Ja, tak** [ja tɑg]. *Ja, danke.* oder: **Tak i lige måde** [tɑg i 'liːə 'mɔːðə]. *Danke, gleichfalls.*
God weekend [goːˀ 'viːgɛnd]. *Schönes Wochenende!*	**Tak i lige måde** [tɑg i 'liːə 'mɔːðə]. *Danke, ebenfalls.*
Sov godt [sɔŭˀ gɔd]. *Schlaf(en Sie) gut!*	**Tak i lige måde.**
God rejse [goːˀ 'ʀɑĭsə]. *Gute Reise!*	**Tak.**
Har du (De) haft en god rejse [hɑʀ du (di) hɑfd en goːˀ 'ʀɑĭsə]? *Hast du (haben Sie) eine gute Fahrt gehabt?*	**Jo, tak** ['joːˀ tɑg]. *Ja, doch.*
På gensyn. *Auf Wiedersehen!*	**Ja, på gensyn.**
Hav det godt [haːˀ de gɔd]. *Alles Gute!*	**Tak i lige måde.**
Hils hjemme [hilˀs 'jɛmə]. *Grüß(en Sie) zu Hause.*	**Ja, tak.**
Held og lykke [hɛlˀ ɔ 'løgə]. *Viel Glück!*	**Tak.**
God fornøjelse [goːˀ fɔʀ'nɔĭˀəlsə]. *Viel Vergnügen!*	**Ja, tak.**

Aussage	Antwort
Mor dig (Dem, jer) godt [moː^ʔʀ dɑĭ (dɛm, jɛʀ) gɔd]. *Viel Spaß! (Amüsier dich gut.)*	**Ja, tak.**

2. Dankesformeln:

Aussage	Antwort
Værsgo, her har du en cigaret [ˈvɛʀsgoː^ʔ, heː^ʔʀ hɑː^ʔʀ du en sigɑˈʀɛd]. *Bitte, hier hast du eine Zigarette. oder:* **Må jeg byde Dem (på) en cigaret** [mɒ jɑĭ ˈbyːðə dɛm (pɒ̯) en sigɑˈʀɛd]? *Darf ich Ihnen eine Zigarette anbieten?*	**Tak.** *od.* **Mange tak** [ˈmɑŋə tag]. *Vielen Dank.* *od.* **Tusind tak** [ˈtuː^ʔsən tag]. *Tausend Dank.* *od.* **Nej tak** [nɑĭ^ʔ tag]. *Nein, danke. od.* **Nej, ellers tak** [nɑĭ^ʔ ˈɛl^ʔəʀs tag]. *Nein, danke (aber trotzdem vielen Dank).*
Tak for cigaretten [tag fɔʀ sigɑˈʀɛdən]. *Vielen Dank für die Zigarette.* **Tak for lån** [tag fɔʀ lɒ̯ː^ʔn]. *Mit bestem Dank zurück.*	**Værsgo** [ˈvɛʀsgoː^ʔ]. *Bitte. od.* **(Jeg) be'r** [(jɑĭ) ˈbeː^ʔʀ]. *Bitte sehr, gern geschehen. od.* **Ingen årsag** [ˈeŋən ˈɔːʀsaː^ʔ]. *Keine Ursache. od.* **Ikke noget at takke for** [ˈegə ˈnɒ̯ːəð ɔ ˈtagə fɔʀ]. *Nichts zu danken. od.* **Det er i orden** [de ɛʀ i ˈɔʀ^ʔdən]. *In Ordnung. od.* **Det er godt** [de ɛʀ gɔd]. *Ist gut.*
Jeg vasker lige dine sokker [jɑĭ ˈvasgəʀ ˈliːə ˈdiːnə ˈsɔgəʀ]. *Ich wasche eben deine Socken.*	**Tak for det** [tag fɔʀ ˈde]. *Vielen Dank auch.*

Anmerkung:

Das kleine Wort **tak** wird im Dänischen weit häufiger als *danke* im Deutschen gebraucht. So wird beispielsweise den Gastgebern nach einem netten Abend mit **tak for i aften** gedankt. Ruft man als Dank am nächsten Tag an oder trifft man sich (auch zufällig) wieder, dann wird **tak for i aftes** gesagt. Vergeht eine weitere Zeit **tak for sidst**. Das gleiche gilt auch bei anderen gemeinschaftlichen Vorhaben; dabei muß einer der Beteiligten nicht unbedingt Gastgeber gewesen sein. Gegebenenfalls wird auch mit **tak for i dag** für einen gemeinsam verbrachten Tag oder für eine gemeinsam verbrachte Zeit tagsüber gedankt.

Auch nach dem Essen (Kaffeetrinken) bedanken sich die Familienmitglieder und Gäste bei der Dame des Hauses und / oder beim Gastgeber.

Trifft man Leute beim Essen an, sagt man **velbekomme.**

Aussage	Antwort
Tak for i dag (sidst, i går, i aften, i aftes) [tɑg fɔʀ i ˈdaːˀ (sisd, i gɔːˀʀ, i ˈɑfdən, i ˈɑfdəs)]. *Vielen Dank für den heutigen Tag („das letzte Mal", den gestrigen Tag, den heutigen Abend, den gestrigen Abend).*	**(Ja,) tak for i dag.** *od.* **Tak selv** [tɑg ˈsɛlˀ]. *Danke, ebenfalls. od.* **Selv tak** [ˈsɛlˀ tɑg]. *Danke, ebenfalls. od.* **Tak i lige måde** [tɑg i ˈliːə ˈm̥ɔːðə].
Tak for mad (kaffe) [tɑg fɔʀ ˈmað (ˈkɑfə)]. *Danke fürs Essen (den Kaffee).*	**Velbekomme** [ˈvɛlbeˈkɔmˀə]. *Wohl bekomm's.*
Velbekomme.	**Tak.** *(sagt der, der ißt)*
Jeg vasker dine sokker i morgen [jɑĭ ˈvasgəʀ ˈdiːnə ˈsɔgəʀ i ˈmɔːʀn]. *Ich wasche morgen deine Socken.*	**Tak skal du have** [tɑg sga du haːˀ]. *etwa: Vielen Dank!*
Tak for hjælpen (opmærksomheden, venligheden) [tɑg fɔʀ ˈjɛlˀbən (ɔbˈmɛʀgsɔmheːˀðən, ˈvɛnliheːˀðən)]. *Danke für die Hilfe (Aufmerksamkeit, Freundlichkeit).*	**(Jeg) be'r.** *od.* **Ingen åɪsag.** *od.* **Ikke noget at takke for** [ˈegə ˈnɔ̥ːəð ɔ ˈtɑgə fɔʀ]. *Nichts zu danken.*

63

3. Verben / Infinitiv

1) Fügt man dem Stamm eines Verbs (Imperativ) ein unbetontes -e hinzu, dann erhält man die Infinitivform. Das Kennwort des Infinitivs ist **at** [ad, ɔ] *zu:* **at** høre [ad ˈhøːʀə] *hören;* **at** sige [ad ˈsiːə] *sagen.*

2) Da **at** in der Umgangssprache wie **og** *und* ausgesprochen wird, kommt es oft zu Verwechslungen. Dies muß unbedingt vermieden werden:

Glem ikke **at** sige det til Kirsten **og** Helge
[glɛmˀ ˈegə ɔ ˈsiːə de te ˈkiʀsdən ɔ ˈhɛljə].
Vergiß nicht, es Helge und Kirsten zu sagen.

3) Einsilbige Verben mit **betontem Vokal** fügen **kein -e** hinzu, d. h. **Imperativ = Infinitiv: bo** [boːˀ] *wohnen;* **dø** [døːˀ] *sterben;* **få** [fɔ̰ːˀ] *bekommen, erhalten.*

Anmerkung:

Bei kurzem betontem Vokal vor dem Stammkonsonanten wird der **Konsonant** im Infinitiv **verdoppelt:**

Imperativ	**Infinitiv**
snak [snɑg]	snakke [ˈsnɑgə] *plaudern, reden.*

Übungen   **8 C**

1. Bei welchen Wortpaaren handelt es sich um Gegensätze?

a) gammel	1) varm
b) højre	2) stor
c) kold	3) ung
d) lille	4) sidste
e) første	5) venstre

2. Setzen Sie das entsprechende dänische Adjektiv ein (Grundform ohne Endung).

Sie erhalten dann aus den Buchstaben der dickumrandeten Kästchen *(von 1–9)* den Namen der dänischen Fahne.

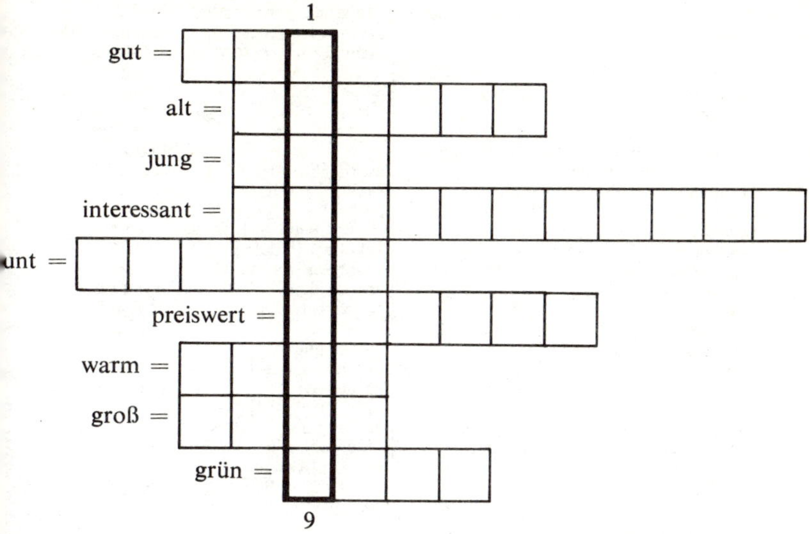
1
gut =
alt =
jung =
interessant =
unt =
preiswert =
warm =
groß =
grün =
9

Vokabeln

8D

samtale, -n, -r ['samta:lə]	Gespräch
handling, -en, -er ['hanleŋ]	Handlung
... foregår ['fɔ:ʀəgɔ:ˀʀ]	ereignet sich, findet statt
parkanlæg, -get, - ['pɑʀganlɛ:ˀg]	Parkanlage
i nærheden [i 'nɛ:ʀhe:ˀðən]	in der Nähe
Københavns Universitet [kø:bən'haŭˀns univɛʀsi'te:ˀd]	Kopenhagener Universität
København [kø:bən'haŭˀn]	Kopenhagen
som [sɔm]	wie
Danmark ['danmɑʀg]	Dänemark
hovedstad, -en, hovedstæder ['ho:ðəsdað]	Hauptstadt
ved siden af [veð 'si:ðən a:ˀ]	neben
hinanden [hin'anən]	einander
bænk, -en, -e [bɛŋˀg]	(Sitz-)Bank
slikk|e solskin, -er, -ede, -et ['slegə 'so:lsgenˀ]	sich sonnen
komme i snak med ... (kommer, kom, kommet) ['kɔmə i snɑg mɛ]	ein Gespräch anfangen mit ...
pyh ... [py:]	puh ...
næsten ['nɛsdən]	fast, beinahe

det er ikke til at holde ud [de ɛʀ 'egə te ɔ 'hɔlə 'u:ˀð]	es ist nicht auszuhalten
sved|e, -er, -te, -t ['sve:ðə]	schwitzen
du [du]	du
cigaret, -ten, -ter [sigɑ'ʀɛd]	Zigarette
værsgo ['vɛʀsgo:ˀ]	bitte
tusind ['tu:ˀsən]	tausend
tak [tɑg]	danke (schön)
(jeg) be'r [(jaĭ) 'be:ˀʀ]	bitte sehr, gern geschehen
heller ingen ['hɛlˀəʀ 'eŋən]	auch kein
tændstik, -ken, -ker ['tɛnsdeg]	Streichholz
heller ikke ['hɛlˀəʀ 'egə]	auch nicht
lighter, -en, -e ['lɑĭdəʀ]	Feuerzeug
tak skal du (De) have [tɑg sga du (di) 'ha:ˀ]	ich danke dir (Ihnen)
udlænding, -en, -e ['uðlɛnˀeŋ]	Ausländer
tysker, -en, -e ['tysgəʀ]	Deutsche(r)
hvad behager? [vɑbe'hɑ:ˀʀ]	(wie) bitte?
hvorfra ['vɔ:ˀʀfʀɑ:ˀ]	woher, von wo
fra [fʀɑ]	von, aus

Tyskland ['tysglan?]	Deutschland
studer|e, -er, -ede, -et [sdu'de:?Rə]	studieren
læs|e, -er, -te, -t ['lɛːsə]	hier: studieren
kunne lide (kan, kunne, kunnet) ['kunə liː?]	mögen
jeg (du, han usw.)	ich (du, er usw.) mag
synes godt om [jɑĭ (du, han) 'syːnəs gɔd ɔm?]	
Hamborg ['hɑmbɔː?ʀ]	Hamburg
Berlin [bɛʀ'liː?n]	Berlin
tage hjem (tager, tog, taget) [ta 'jɛm?]	nach Hause gehen/fahren
x gange om året ['gɑŋə ɔm 'ɔː?ʀəð]	x-mal im Jahr
sjælden(t) ['sjɛlənd]	selten
hjemme ['jɛmə]	zu Haus(e)
Århus ['ɔʀhuː?s]	zweitgrößte dän. Stadt; an der Ostküste Jütlands
hvornår skal du op til eksamen? [vɔʀ'nɔː?ʀ sga du 'ɔb te ɛg'saːmən]	wann machst du dein Examen?

i løbet af [i 'løː?bəð a]	im Laufe von
syv, ni, tretten [syŭ?, niː?, 'tʀɛdən]	abergläubischer Ausdruck (die magischen Zahlen); etwa: toi, toi, toi; od. auf Holz klopfen
hurtig ['hoʀdi]	schnell
færdig ['fɛʀdi]	fertig
nå [nɔ]	na
skulle hjem (skal, skulle, skullet) ['sgulə jɛm?]	nach Hause müssen
i morgen [i 'mɔːʀn]	morgen
ved totiden [veð 'totiː?ðən]	um zwei herum, etwa um 2 Uhr
den er god [dɛn? ɛʀ goː?]	in Ordnung, gut
på gensyn [pɒ 'gɛnsyː?n]	auf Wiedersehen
den er fin [dɛn ɛʀ fiː?n]	in Ordnung, fein
farvel så længe [fɑʀ'vɛl sɔ 'lɛŋə]	bis dann

9. Stunde

Jens er syg 9 A

Fru Andersen er lige ved at lave morgenmad.

fru Andersen: Jens, stå nu op, klokken er mange!

Jens *(han stønner)*: Åh, mor ... jeg har skrækkelig ondt i halsen. *(han hoster)*

fru Andersen *(hun går ind til ham)*: Ja, du lyder også meget hæs, min dreng.

Jens: Jeg har også hovedpine, og jeg har kastet op i nat.

fru Andersen: Lad mig se på dig. Det er nok en alvorlig influenza. Stakkels dig. Vi må nok hellere ringe til doktor Hansen. Har du andre smerter?

Jens: Åh, mor ... jeg er så dårlig!

fru Andersen: Du har sikkert også feber, min dreng. *(hun råber)* Jytte, er du ved at stå op?

Jytte *(hun råber)*: Ja, mor. Jeg kommer om et øjeblik.

fru Andersen *(hun råber)*: Tag lige termometeret med ned.

Jytte *(hun råber)*: Hvad er der sket?

fru Andersen *(hun råber)*: Jens er syg.

Jytte *(hun råber)*: Hvad fejler han?

fru Andersen *(hun råber):* Skynd dig nu lidt, min pige.
Jytte *(hun råber):* Jeg kan ikke finde det.
fru Andersen *(hun råber):* Det ligger på hylden i badeværelset.
Og tag også pillerne med ned.
Jytte *(hun råber):* Dem kan jeg heller ikke finde.
fru Andersen *(hun råber):* De ligger i fars skuffe. Og varmedun-
ken ... den ligger også i badeværelset.
hr. Andersen: Hvad leder I efter? Kan jeg hjælpe jer med noget?
Jytte: Din søn er syg. Han har brug for dine piller.
hr. Andersen: Så må vi nok hellere skynde os med at finde dem.
(lidt senere)
fru Andersen: Nå, endelig. Tak.
(et par minutter senere) Jeg tænkte det nok!
Jens: Hvor høj er temperaturen?
fru Andersen: 38,8. Nu ringer jeg altså til lægen.
(lidt senere) Ja, hallo, er det doktor Hansen?
lægen: Ja. Hvad kan jeg hjælpe Dem med?
fru Andersen: Det er fru Andersen. H. C. Andersens Vej 21.
Min søn er syg. Influenza!
lægen: Har han feber?
fru Andersen: Ja. 38,8.
lægen: Godt, jeg kommer i løbet af formiddagen.
fru Andersen: Tak for det.
lægen: Farvel.
fru Andersen: Farvel.

Erläuterungen   **9 B**

Personalpronomen

	Singular			
	Nominativ		Objektiv	
1. Person	**jeg** [jɑĭ]	*ich*	**mig** [mɑĭ]	*mir, mich*
2. Person	**du** [du]	*du*	**dig** [dɑĭ]	*dir, dich*
(höflich)	**De** [di]	*Sie*	**Dem** [dɛm]	*Ihnen, Sie*
3. Person	**han** [han]	*er*	**ham** [hɑm]	*ihm, ihn*
	hun [hun]	*sie*	**hende** ['henə]	*ihr, sie*
	den [dɛnˀ]	*es, er, sie*	**den** [dɛnˀ]	*ihm, ihr*
	det [de]	*es, er, sie*	**det** [de]	*ihm, ihr*

	Plural	
	Nominativ	Objektiv
1. Person	**vi** [vi] *wir*	**os** [ɔs] *uns*
2. Person (höflich)	**I** [i] *ihr* **De** [di] *Sie*	**jer** [jɛR] *euch* **Dem** [dɛm] *Ihnen*
3. Person	**de** [di] *sie*	**dem** [dɛm] *ihnen*

Anmerkung: Der Objektkasus (Objektiv) entspricht im allgemeinen dem deutschen Dativ und Akkusativ.

1) **Nominativ**

Die Nominativform wird nur verwendet, wenn das Pronomen **Subjekt** ist; **han** *er* wird bei männlichen und **hun** *sie* bei weiblichen Personen gebraucht; **den** und **det** für Tiere und Gegenstände; **den** bei Substantiven mit dem Schlußartikel -en (hunden *der Hund*) und **det** bei Substantiven mit dem Schlußartikel -et (termometeret *das Thermometer*). **De** ist, wie Sie wissen, die höfliche Anredeform und wird groß geschrieben; **de** ist, klein geschrieben, Plural.

Beispiele:

Jeg er lærer [jɑĭ ɛR ˈlɛːRəR].
Ich bin Lehrer.

Du er en klog pige [du ɛR en klǫːˀw ˈpiːə].
Du bist ein kluges Mädchen.

Er **De** fra Berlin [ɛR di fRɑ bɛRˈliːˀn]?
Sind Sie aus Berlin?

Han er journalist [han ɛR sjuRnaˈlisd].
Er ist Journalist.

Hun er fra Tyskland [hun ɛR fRɑ ˈtysglanˀ].
Sie ist aus Deutschland.

Hunden ... **den** hedder Bamse [ˈhunˀən ... dɛnˀ ˈheðˀəR ˈbɑmsə].
Der Hund ... er heißt Teddy.

Den er ude i haven [dɛn ɛR ˈuːðə i ˈhaːvən].
Er ist draußen im Garten (der Hund).

Termometeret ligger i badeværelset
[tɛRm̥oˈmeːˀdRəð ˈlegəR i ˈbaːðəvɛːRəlsəð].
Das Thermometer liegt im Badezimmer.

Det ligger i badeværelset [de ˈlegəR i ˈbaːðəvɛːRəlsəð].
Es liegt im Badezimmer (das Thermometer).

Vi rejser til Hamborg i morgen [vi ˈʀɑĭˀsəʀ te ˈhɑmbɔːˀʀ i ˈmɔːʀn].
Wir reisen morgen nach Hamburg.

Rejser **I** i morgen [ˈʀɑĭˀsəʀ ˈi i ˈmɔːʀn]?
Fahrt ihr morgen (ab)?

Rejser **De** i morgen (Singular und Plural) [ˈʀɑĭˀsəʀ di i ˈmɔːʀn]?
Fahren Sie morgen (ab)?

Rejser **de** i morgen [ˈʀɑĭˀsəʀ di i ˈmɔːʀn]?
Fahren sie morgen (ab)?

Drengene rejser i morgen – **de** rejser i morgen
[ˈdʀɛŋənə ˈʀɑĭˀsəʀ i ˈmɔːʀn – di ˈʀɑĭˀsəʀ i ˈmɔːʀn].
Die Jungen fahren morgen (ab) – sie fahren morgen (ab).

Pigerne er ude i haven – **de** er ude i haven
[ˈpiːəʀnə ɛʀ ˈuːðə i ˈhaːvən – di ɛʀ ˈuːðə i ˈhaːvən].
Die Mädchen sind draußen im Garten – sie sind draußen im Garten.

Katten og hunden er ude i haven – **de** er ude i haven
[ˈkɑdən ɔ ˈhunˀən ɛʀ ˈuːðə i ˈhaːvən – di ɛʀ ˈuːðə i ˈhaːvən].
Die Katze und der Hund sind draußen im Garten – sie sind draußen im Garten.

Termometeret og varmedunken ligger på en hylde [ˈhylə] – **de**
ligger på en hylde.
Das Thermometer und die Wärmflasche liegen auf einem Bord – sie liegen auf einem Bord.

2) **Objektiv**

Bei der Objektivform steht das Pronomen als **Objekt** (auch hinter Präpositionen).

Beispiele:

Er det til **mig** (dig, ham, hende, os, jer, dem, Dem)?
Ist das für mich (dich, ihn, sie, uns, euch, sie, Sie)?

Hun taler med **mig** (dig, ham, hende, os, jer, dem, Dem).
Sie spricht mit mir (dir, ihm, ihr, uns, euch, ihnen, Ihnen).

Wird wie im Deutschen das Personalpronomen **betont,** dann steht im Dänischen (vom Deutschen abweichend) der Objektkasus.

Beispiel: Det er **mig!** [de ɛʀ ˈmɑĭ] *Ich bin es!*

Außerdem: Ham (hende) med den gule knallert [hɑm (ˈhenə) mɛ dɛn ˈguːlə ˈknalˀəʀd]. *Der (die) mit dem gelben Moped.* **Ham** (hende) kender jeg ikke [hɑm (ˈhenə) ˈkɛnəʀ jɑĭ ˈegə]. *Den (die) kenne ich nicht.* Stakkels. **mig** (dig, ham, hende, os, jer, Dem, dem) [ˈsdɑgəls

maï (daï, ham, ˈhɛ́nə, ɔs, jɛʀ, dɛm)]. *Ich (du, der, die, wir, ihr, Sie,*
die) Ärmste(r).

Anmerkung: Beim **Vergleich** kann der Nominativ oder der Objektiv
gebraucht werden.

Beispiel: Han er højere end **hende** [han ɛʀ ˈhɔïəʀə en ˈhenə].
Oder: Han er højere end **hun** [han ɛʀ ˈhɔïəʀə en hun].
Er ist größer als sie.

Aber: Hun har flere venner end **ham** [hun haʀ ˈfleːʀə ˈvɛnəʀ
en ˈham]. *Sie hat mehrere Freunde außer ihm.*
Hun har flere venner end **han**. *Sie hat mehr Freunde
als er.*

Übungen **9 C**

Setzen Sie das richtige Personalpronomen ein:

1) **Beispiel:** Hr. Andersen **(han)** går ind i en forretning.

(en mand) ... går ind i en butik *(Laden)*. *(Per Olsen)* ... sidder i
stuen. *(fru Hansen)* ... lukker op for radioen. *(en hund)* ... ligger
på sengen. *(Helge og Kirsten)* ... bor i en lille lejlighed. *(Jytte)* ...
sidder i en behagelig lænestol. *(et værelse)* ... er meget hyggeligt.
(en varmedunk) ... ligger også i badeværelset.

2) **Beispiele:** Drengen **(han)** bor i Berlin. Er det til Jens og Jytte **(dem)**?

Fru Jensen hedder Karen til fornavn. Ole har en stor lejlighed.
Hunden er syg. Termometeret ligger i badeværelset. Døtrene elsker
katte (elske *lieben*). Fru Andersen elsker hr. Andersen. Jytte elsker
katten. Jens elsker hunden. Damen hader hunde (hade *hassen*).
Børnene elsker småkager. Jytte, Jens og jeg er mennesker. Er det til
Jytte og mig? Er det til Jytte og Jens? Er det til Jytte? Er det til dr.
Hansen?

Vokabeln **9 D**

syg [syːˀ]	krank	**stå op** (-r, stod, -et)	aufstehen
hun er lige ved at ...	sie ist gerade	[sdɔ ˈɔb]	
[hun ɛʀ ˈliːə veð ɔ]	dabei ... zu ...	**klokken er mange**	es ist spät
lav|e, -er, -ede, -et	machen	[ˈklɔgən ɛʀ ˈmaŋə]	
[ˈlaːvə]		**stønn**|e, -er, -ede, -et	stöhnen
morgenmad, -en, *o. pl.*	Frühstück	[ˈsdønə]	
[ˈmɔːʀnmað]		**åh** [ɔː]	ach, oh

mor [moːR]	Mutter, Mutti
have ondt i halsen	Hals-
(har, havde, haft)	schmerzen
[ha ˈonˀd i ˈhalˀsən]	haben
skrækkelig [ˈsgRɛgəli]	schrecklich
host|**e, -er, -ede, -et**	husten
[ˈhoːsdə]	
lyde hæs (lyder, lød,	sich heiser
lydt) [ˈlyːðə hɛːˀs]	anhören
dreng, -en, -e [dRɛŋˀ]	Junge
hovedpine [ˈhoːðəpiːnə]	Kopfschmer-
	zen
kast|**e op, -er, -ede, -et**	sich übergeben
[ˈkasdə ˈɔb]	
i nat [i nad]	letzte/kom-
	mende Nacht
lad mig se på dig	laß mich dich
[la maɪ ˈseːˀ pɒ daɪ]	ansehen
nok [nɔg]	wohl
alvorlig [alˈvɔRˀli]	ernst
influenza [ɛnfluˈɛnsa]	Grippe
stakkels dig	du Ärmster
[ˈsdagəls daɪ]	
vi [vi]	wir
hellere [ˈhɛləRə]	besser, lieber
ring|**e til, -er, -ede, -et**	anrufen
[ˈRɛŋə te]	
doktor, -en, -er; *Abk.* **dr.**	Doktor
[ˈdɔgdəR]	
andre [ˈandRə]	andere
smerte, -n, -r [ˈsmɛRdə]	Schmerz
jeg er så dårlig	mir ist so
[jaɪ ɛR sɔ ˈdɔːRli]	schlecht
sikkert [ˈsegəRd]	sicherlich,
	bestimmt
feber, -en, *o. pl.*	Fieber
[ˈfeːˀbəR]	
råb|**e, -er, -te, -t** [ˈRɒːbə]	rufen
jeg kommer om et øjeblik	ich komme
[jaɪ ˈkɔmˀəR ɔm ed	gleich
ˈɔɪəbleg]	
tag|**e, -er, tog, -et** [ta,	nehmen
taːˀ]	
lige [ˈliːə]	eben
termometer, -et, termo-	Thermometer
metre [tɛRmoˈmeːˀdəR]	
ned [neːˀð]	hinunter,
	herunter
hvad er der sket?	was ist pas-
[va ɛR dɛR ˈsgeːˀd]	siert?
hvad fejler han?	was hat er
[va ˈfaɪˀləR han]	
skynd dig nu lidt	beeile dich ein
[sgønˀ daɪ nu led]	bißchen

pige, -n, -r [ˈpiːə]	Mädchen
find|**e, -er, fandt, fundet**	finden, ausfin-
[ˈfenə]	dig machen
ligge (ligger, lå, ligget)	liegen
[ˈlegə]	
hylde, -n, -r [ˈhylə]	Bord
pille, -n, -r [ˈpelə]	Pille
dem [dɛm]	die, jene
far, -en, fædre	Vater, Vati
[faːR]	
skuffe, -n, -r [ˈsgofə]	Schublade
varmedunk, -en, -e	Wärmflasche
[ˈvaRmədɔnˀg]	
hvad [vað]	*hier:* was; wie
lede efter noget (leder,	etwas suchen
ledte, ledt) [ˈleːðə	
ˈɛfdəR ˈnɒːˀð]	
I [i]	ihr
hjælp|**e, -er, hjalp,**	helfen
hjulpet [ˈjɛlbə]	
jer [jɛR]	euch
noget [ˈnɒːˀð]	etwas
din [diːˀn]	dein, deine
søn, -nen, -ner [sœn]	Sohn
have brug for (har,	benötigen
havde, haft) [ha ˈbRuːˀ	
fɔR]	
dine *pl.* [ˈdiːnə]	deine *pl.*
så må vi nok hellere	dann müssen
skynde os [sɔ mɒ̩ˀ vi	wir uns wohl
nɒg ˈhɛləRə ˈsgønə	lieber beeilen
ɔs]	
med [mɛð]	damit
dem [dɛm]	sie
lidt senere [led ˈseːnəRə]	ein bißchen
	später
et par minutter senere	ein paar
[ed paR miˀnudəR	Minuten
ˈseːnəRə]	später
jeg tænkte det nok	hab ich es mir
[jaɪ ˈtɛŋgdə de nɒg]	doch gedacht
hvor [vɔːˀR]	*hier:* wie; wo
altså [ˈalˀsɔ]	also, demnach
læge, -n, -r [ˈlɛːə]	Arzt
hvad kan jeg hjælpe	womit kann
Dem med? [va ka jaɪ	ich Ihnen
ˈjɛlbə dɛm mɛð]	helfen?
H. C. Andersens Vej	H. C. Ander-
[hoːˀ seːˀ ˈanəRsəns	sen-Weg
vaɪˀ]	
godt [gɔd]	gut
i løbet af formiddagen	im Laufe des
[i ˈløːˀbəð a	Vormittags
ˈfɔRmedaːˀən]	

10. Stunde

Jytte er på besøg hos Lars. Lars er Jyttes ven.

Lars: Klokken er mange. Du må nok hellere gå.

Jytte: Ja, det er nok bedre. Klokken er kvart i ni.

Lars: Så går mit ur for hurtigt. Mit ur er præcis to minutter over ni.

Jytte: Hvad behager? Hvor meget over?

Lars: Lidt over ni.

Jytte: Så går mit ur nok for langsomt. Jeg har ellers trukket det op i morges.

Lars: Nå, så går mit ur nok for stærkt. – Har du stillet det nøjagtigt?

Jytte: Det tror jeg nok. Men jeg kan lige gå ind i stuen og kigge på din mors bornholmerur. *(Hun går ind i stuen)*

Lars *(han råber):* Det vinder eller taber fem minutter i døgnet. Det kan jeg ikke huske.

Jytte: Sikke noget. Uret er gået i stå. Men jeg må nok hellere gå alligevel. Ellers kommer jeg bare for sent hjem. Jeg skal nemlig møde på kontoret klokken halv otte i morgen.

Lars: Ja. Så mødes vi i morgen ved syvtiden, ikke?

Jytte: Nej, hellere en timestid senere.

Lars: Godt. Så mødes vi en time senere.

Jytte: Farvel, Lars. Og tak for i aften.

Lars: Selv tak. Farvel.

på gaden

Jytte: Undskyld, hvad er klokken?

en herre: Desværre, jeg har ikke noget ur. Men rådhusuret slår lige ni.

Jytte: Sikke et held, så går mit ur omtrent rigtigt. Jeg skal bare stille det et par minutter frem. Mit ur er lidt i ni.

1. Klokken er ... [ˈklɔgən ɛʀ] *Es ist ... Uhr*

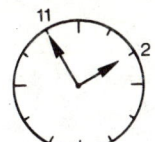
... fem minutter i
to.

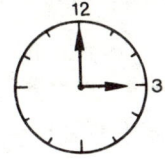
... tre.

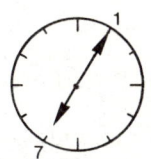
... fem minutter over
syv.

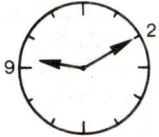
... ti minutter over
ni.

... et kvarter over
otte.
... kvart over otte.

... tyve minutter over
fire.
... ti minutter i halv
fem.

... fem minutter i
halv fem.

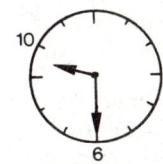
... halv ti.

... fem minutter over
halv elleve.

... tyve minutter i
tre.

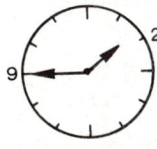
... kvart i to.
... et kvarter i to.

... ti minutter i tre.

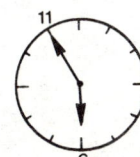
... fem minutter i seks.

... lidt i ni.

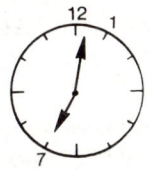
... lidt over syv.

73

Hvad er klokken [vað ɛʀ ˈklɔgən]*? Wie spät ist es?*
Den er halv ti [dɛnˀ ɛʀ halˀ tiːˀ]. *Es ist halb zehn.*
Den er fem minutter i to [dɛnˀ ɛʀ fɛmˀ miˈnudəʀ i toːˀ]. *Es ist fünf Minuten vor zwei.*
Den er kvart i fem [dɛnˀ ɛʀ ˈkvɑʀd i fɛmˀ]. *Es ist Viertel vor fünf.*
Den er kvart over seks [dɛnˀ ɛʀ kvɑʀd ˈɔŭˀəʀ sɛgs]. *Es ist Viertel nach sechs.*
Kvart over fire [kvɑʀd ˈɔŭˀəʀ ˈfiːʀə]. *Viertel nach vier.*

In Fahrplänen, Radio- und Fernsehprogrammen u. ä. sind die Uhrzeiten nach dem 24-Stunden-Turnus angegeben:

kl. 9.25 = ni femogtyve	= fem minutter i halv ti
kl. 3.05 = tre nul fem	= fem minutter over tre
kl. 7.33 = syv treogtredive	= tre minutter over halv otte
kl. 15.15 = femten femten	= (et) kvart(er) over tre
kl. 6.00 = seks nul nul	= seks
kl. 8.55 = otte femoghalvtreds	= fem minutter i ni
kl. 9.30 = ni tredive	= halv ti

2. Die Grundrechenarten

10 + 5 = 15

ti **og/plus** fem er (lig med) femten
[tiːˀ ɔ (plus) fɛmˀ ɛʀ (liːˀ mɛð) ˈfɛmdən].
zehn und/plus fünf ist (gleich) fünfzehn.

Læg ti og ti sammen [lɛg ˈtiːˀ ɔ ˈtiːˀ ˈsamˀən].
Lege zehn und zehn zusammen.

10 — 5 = 5

ti **minus** fem er (lig med) fem
[tiːˀ ˈmiːnus fɛmˀ ɛʀ (liːˀ mɛð) fɛmˀ].
zehn minus fünf ist (gleich) fünf.

Træk ti fra tyve [tʀɛg ˈtiːˀ fʀɑ ˈtyːvə]. *Ziehe zehn von zwanzig ab.*

Hvad er tyve minus ti [vað ɛʀ ˈtyːvə ˈmiːnus tiːˀ]?
Was ist zwanzig minus zehn?

Ti fra tyve er [tiːˀ fʀɑ ˈtyːvə ɛʀ]? *Zehn von zwanzig ist?*

10 : 5 = 2

ti **divideret med** (*od.* **delt med**) fem er (lig med) to
[tiːˀ diviˈdeːˀʀəð mɛð (deːˀld mɛð) fɛmˀ ɛʀ (liːˀ mɛð) toːˀ].
zehn dividiert (od. geteilt) durch fünf ist (gleich) zwei.

74

Hvad er tyve divideret med ti [vað ɛʀ ˈtyːvə diviˈdeːʔʀəð mɛð tiːʔ]?
Was ist zwanzig (geteilt) durch zehn?

Halvdelen af 100 er [ˈhaldeːʔlən a ˈhunʀəðə ɛʀ]?
Die Hälfte von 100 ist?

1/5 af ti er to [en ˈfɛmdədeːʔl a tiːʔ ɛʀ toːʔ]. 1/5 *von zehn ist zwei.*

10 · 2 = 20

ti **gange** (*od.* **multipliceret med**) to er (lig med) tyve
[tiːʔ ˈgɑŋə (multipliˈseːʔʀəð mɛð toːʔ ɛʀ (liːʔ mɛð) ˈtyːvə].
zehn mal zwei (od. multipliziert mit) ist (gleich) zwanzig.

Hvad er tre gange tre [vað ɛʀ tʀeːʔ gɑŋə tʀeːʔ]? *Was ist drei mal drei?*

Hvad er det dobbelte af to [vað ɛʀ de ˈdɔbəldə a toːʔ]?
Was ist das Doppelte von zwei?

Übungen **10 C**

1. *Wie heißt der weibliche Gegensatz?*

mand; herre; far; søn; dreng

2. *Welche Wörter gehören zusammen?*

a) bog	1) hovedstad
b) cigaret	2) peber
c) København	3) side
d) salt	4) højre
e) venstre	5) tændstik

3. *Einige Rechenaufgaben:*

Læg 40 og 10 sammen. Hvad er 30 divideret med 10? Hvad er 3 gange 11? Træk 10 fra 100. Hvad er 70 minus 10? Halvdelen af 100 er? Hvad er 70 plus 10? 10 fra 90 er? 1/3 af 15? Hvad er det dobbelte af 10?

4. *Læs højt* [lɛːʔs hɔiʔd]. *Lies laut:*

55, 66, 77, 88, 99.

5. Hvad er klokken?

  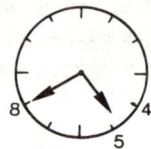 

Vokabeln

hvad er klokken? [vaδ ɛʀ ˈklɔgən]	wie spät ist es?
være på besøg (er, var, været) [ˈvɛːʀə pǫ beˈsøːʔ]	zu Besuch sein
det er nok bedre [de ɛʀ nɔg ˈbɛðʀə]	es wird wohl besser sein
klokken er kvart i ni [ˈklɔgən ɛʀ ˈkvɑʀd i niːʔ]	es ist Viertel vor neun
mit [mid]	mein, meine
ur, -et, -e [uːʔʀ]	Uhr
for hurtigt [fɔʀ ˈhoʀdid]	zu schnell
præcis [pʀɛˈsiːʔs]	genau
minut, -tet, -ter [miˈnud]	Minute
over [ˈɔŭʔəʀ]	nach
hvor meget over? [vɔʀ ˈmɑïəδ ˈɔŭʔəʀ]	wie viel nach?
for langsomt [fɔʀ ˈlaŋsɔmʔd]	*hier:* nachgehen
trække uret op (trækker, trak, trukket) [tʀɛgə ˈuːʔʀəδ ˈɔb]	die Uhr aufziehen
i morges [i ˈmɔːʀs]	heute morgen
for stærkt [fɔʀ ˈsdɛʀgd]	*hier:* vorgehen
still|e uret nøjagtigt, -er, -ede, -et [ˈsdelə ˈuːʔʀəδ nɔïˈagdid]	die Uhr genau stellen
det tror jeg nok [de tʀoːʔʀ jɑï nɔg]	ich glaube schon
kigg|e på uret, -er, -ede, -et [ˈkigə pǫ ˈuːʔʀəδ]	auf die Uhr schauen
din mors bornholmerur [din moːʀs bɔʀnˈhɔlməʀuːʔʀ]	die Standuhr deiner Mutter
uret vinder [ˈuːʔʀəδ ˈvenʔəʀ]	die Uhr geht vor (*wörtl.* gewinnt)
uret taber [ˈuːʔʀəδ ˈtaːbəʀ]	die Uhr geht nach (*wörtl.* verliert)
i [i]	*hier:* innerhalb von; in
døgn, -et, - [dɔïʔn]	24 Stunden
det kan jeg ikke huske [de ka jɑï ˈegə ˈhusgə]	daran kann ich mich nicht erinnern
sikke noget [ˈsegə ˈnǫːəδ]	so was
alligevel [aˈliəvɛl]	trotzdem
uret er gået i stå [ˈuːʔʀəδ ɛʀ ˈgoːʔəδ i sdǫːʔ]	die Uhr steht/ ist stehenge- blieben
komme for sent hjem (kommer, kom, kommet) [ˈkɔmə fɔʀ seːʔnd jɛmʔ]	zu spät nach Hause kommen
nemlig [ˈnɛmli]	nämlich
møde, -er, -te, -t [ˈmøːδə]	erscheinen
på [pǫ]	im
kontor, -et, -er [konˈtoːʔʀ]	Büro
halv [halʔ]	halb
så mødes vi [sǫˈmøːδəs vi]	dann treffen wir uns
ved syvtiden [veδ ˈsyüti:ʔδən]	um 7 herum, gegen 7
ikke? [ˈegə]	nicht?
en timestid [en ˈtiːməstiːʔδ]	ungefähr eine Stunde
time, -n, -r [ˈtiːmə]	Stunde
senere [ˈseːnəʀə]	später
gade, -n, -r [ˈgaːðə]	Straße
undskyld [ˈonsgylʔ]	entschuldige(n Sie) bitte
herre, -n, -r [ˈhɛʀə]	Herr
ikke noget [ˈegə ˈnǫːəδ]	keine
rådhusur [ˈʀɔδhuːsuːʔʀ]	Rathausuhr
slå, -r, slog, -et [slǫːʔ]	schlagen
sikke et held [ˈsegə ed hɛlʔ]	welch ein Glück
omtrent [ɔmˈtʀɛnʔd]	ungefähr
rigtig [ˈʀegdi]	richtig, genau
frem [fʀɛmʔ]	vor

11. Stunde

Kirsten og Helge pakker kuffert 11 A

I overmorgen rejser Kirsten og Helge til Nordsjælland.
De skal besøge Helges moster.

Kirsten: Helge! Hent lige vores kuffert ned fra loftet.
Helge: Ja. Så kan jeg også tage min store taske med ned.
Kirsten *(hun tager hans blå trøje ud af en skuffe)*: Godt.
  Skal jeg også vaske din blå strikkede trøje?
Helge: Ja, helst. – Og hvor er mine brune bukser?
Kirsten *(hun finder hans bukser i skabet)*: Her er de. – Men
  hvor er min gamle regnfrakke og min sweater?
Helge: Din regnfrakke skal nok også være oppe på loftet.
Kirsten *(hun finder sin sweater)*: Min sweater er her. Men vær
  sød også at tage regnfrakken med ned.
Helge: Sig mig engang, hvor er mine solbriller?
Kirsten: De ligger på din reol.
Helge *(han lægger sine solbriller på sit skrivebord)*: Nå ja. Tak.
  Hvad skal vi ellers have med?
Kirsten *(hun kigger på deres liste)*: Jeg kigger lige på vores
  liste. – Hvad med dine brune sko og din hue?
Helge: Jeg tager mine træsko og mine sorte sko med. – Huen
  har jeg også brug for.
Kirsten *(hun lægger hans hue på en stol)*: Hvor mange af dine
  skjorter skal med?
Helge: Kun et par stykker. Og ét slips.
Kirsten *(hun tager sin bluse ud af skabet)*: Men så tager jeg
  også min silkekjole med. – Og så selvfølgelig min nye bluse
  og den spraglede nederdel. – Hvad met dit jakkesæt?
Helge *(han snubler over hendes støvler)*: For søren! Nej, det
  er nok med et par bukser og en hvid skjorte.

Erläuterungen 11 B

1. Possessivpronomen

	Substantiv	*Singular*	*Plural*
1. Person	fælleskøn	**min** [miːˀn]	**vores** [ˈvɔːʀəs]
	intetkøn	**mit** [mid]	
	Plural	**mine** [ˈmiːnə]	

77

	Substantiv	Singular		Plural
2. Person	fælleskøn	**din** [diːʔn]		**jeres** ['jɛːʀəs]
	intetkøn	**dit** [did]		
	Plural	**dine** ['diːnə]		
höflich	fælleskøn			
	intetkøn	**Deres** ['dɛːʀəs]		**Deres**
	Plural			
3. Person	fælleskøn	**hans** [hans]	**sin** [siːʔn]	**deres**
	intetkøn		**sit** [sid]	
	Plural		**sine** ['siːnə]	
	fælleskøn	**hendes** ['henəs]	**sin**	
	intetkøn		**sine**	
	Plural		**sine**	
	fælleskøn	**dens** [dɛnʔs]	**sin**	
	intetkøn		**sit**	
	Plural		**sine**	
	fælleskøn	**dets** [dɛdʔs]	**sin**	
	intetkøn		**sit**	
	Plural		**sine**	

1) Die Possessivpronomen der 1. und 2. Person Singular werden abhängig vom Substantiv, an das sie sich anlehnen (nach Geschlecht und Numerus), flektiert:

en kone	min kone ['koːnə]	*meine Frau*
et hus	mit hus [huːʔs]	*mein Haus*
Plural	mine børn [bœʀʔn]	*meine Kinder*

en kone	din kone	*deine Frau*
et hus	dit hus	*dein Haus*
Plural	dine børn	*deine Kinder*

In der 3. Person trifft dies nur für **sin, sit, sine** zu. Die Genitivformen **hans, hendes, dens, dets** (Singular) und **vores, jeres, deres** (Plural) werden nicht flektiert:

hans kone	*seine Frau*	hendes mand	*ihr Mann*
hans hus	*sein Haus*	hendes hus	*ihr Haus*
hans børn	*seine Kinder*	hendes børn	*ihre Kinder*

reolens farve:	dens farve [ˈfɑːʀvə]	*seine Farbe*
hundens legetøj:	dens legetøj [ˈlɑïətɔï]	*sein Spielzeug*
kattens killinger:	dens killinger [ˈkileŋˀəʀ]	*ihre Kätzchen*
havets temperatur:	dets temperatur [tɛmbəʀɑˈtuːˀʀ]	
barnets legetøj:	dets legetøj	
billedets farver:	dets farver	

vores have [ˈhɑːvə]	*unser Garten*	jeres have	*euer Garten*
vores hus	*unser Haus*	jeres hus	*euer Haus*
vores børn	*unsere Kinder*	jeres børn	*eure Kinder*

deres have	*ihr Garten*
deres hus	*ihr Haus*
deres børn	*ihre Kinder*

Anmerkung:

Beim Gebrauch von Schimpfwörtern in der 2. Person Singular stehen die Possessivpronomen **din** und **dit**:

dit store fæ [did ˈsdoːʀə fɛːˀ]	*du großes Rindvieh;*
din gris [diːˀn gʀiːˀs]	*du Schwein;*
aber: jeg fjols [jɑï fjɔlˀs]	*ich Dummrian (Idiot).*

2) **Zum Gebrauch von sin, sit, sine:**

sin, sit, sine muß in der 3. Person anstelle der Personalpronomen im Genitiv *(hans, hendes, dens, dets)* stehen, wenn das Possessivpronomen sich auf das **Subjekt** desselben Satzes bezieht:

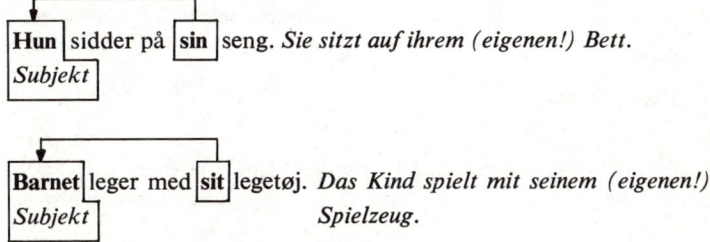

Hun sidder på **sin** seng. *Sie sitzt auf ihrem (eigenen!) Bett.*
Subjekt

Barnet leger med **sit** legetøj. *Das Kind spielt mit seinem (eigenen!) Spielzeug.*
Subjekt

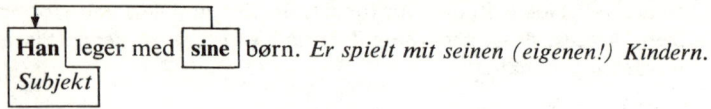

Han leger med **sine** børn. *Er spielt mit seinen (eigenen!) Kindern.*
Subjekt

aber:

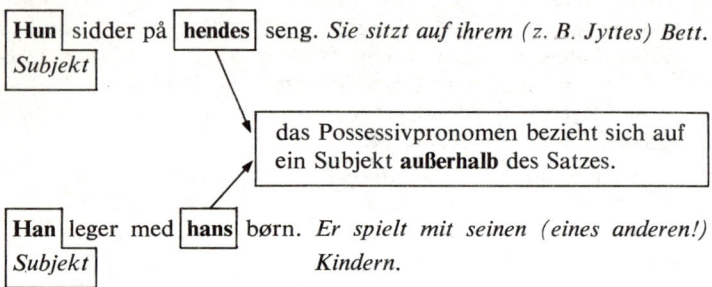

Hun sidder på **hendes** seng. *Sie sitzt auf ihrem (z. B. Jyttes) Bett.*
Subjekt

> das Possessivpronomen bezieht sich auf ein Subjekt **außerhalb** des Satzes.

Han leger med **hans** børn. *Er spielt mit seinen (eines anderen!)*
Subjekt   *Kindern.*

Demnach besteht ein Unterschied zwischen:

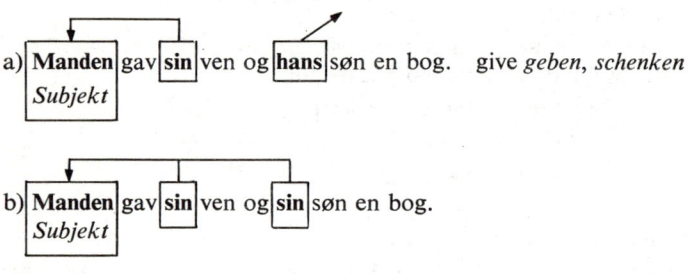

a) **Manden** gav **sin** ven og **hans** søn en bog.   give *geben, schenken*
   Subjekt

b) **Manden** gav **sin** ven og **sin** søn en bog.
   Subjekt

In Sätzen wie: **Hendes** kjole er rød. *(Ihr Kleid ist rot.)* kann *sin*
                Subjekt   nicht stehen, weil das Pronomen
                                       sich nicht auf das Subjekt des
                                       Satzes beziehen kann, da es
                                       selbst **ein Teil des Subjekts** ist.

Merke deshalb:

a) Damen og **hendes søn** gik sammen hjem. *Die Dame und ihr Sohn*
      Subjekt   *gingen zusammen nach*
                                       Hause.

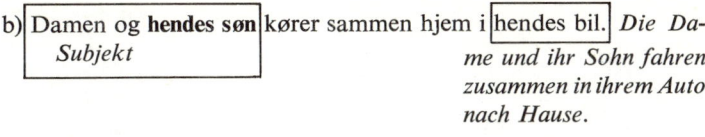

b) **Damen og hendes søn** kører sammen hjem i hendes bil. *Die Da-*
Subjekt *me und ihr Sohn fahren*
zusammen in ihrem Auto
nach Hause.

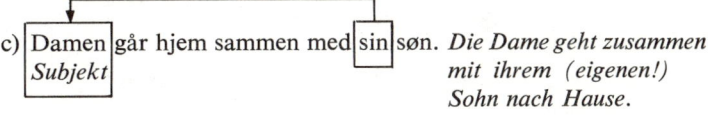

c) Damen går hjem sammen med sin søn. *Die Dame geht zusammen*
Subjekt *mit ihrem (eigenen!)*
Sohn nach Hause.

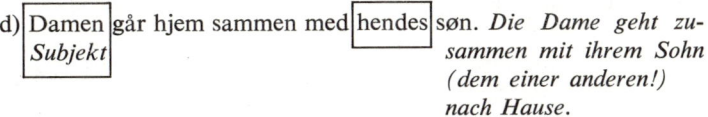

d) Damen går hjem sammen med hendes søn. *Die Dame geht zu-*
Subjekt *sammen mit ihrem Sohn*
(dem einer anderen!)
nach Hause.

Im ersten Beispiel kann sich das Pronomen im Genitiv nicht auf das Subjekt beziehen, da es selbst ein Teil des Subjekts ist; daher muß es **hendes** heißen. Allerdings wird hier nur aus dem Kontext klar, ob es sich um den eigenen Sohn oder um den einer anderen handelt. Auch im zweiten Satz müssen die Pronomen im Genitiv gebraucht werden. **Sin** kann hier nicht stehen, weil das erste Pronomen ein Teilsubjekt ist und das zweite Pronomen sich nicht auf das Subjekt = *damen og hendes søn* beziehen kann. Man muß also Personalpronomen im Genitiv gebrauchen. Auch hier ist der Satz isoliert nicht eindeutig; man weiß nicht, wessen Sohn gemeint ist. Die zwei letzten Beispiele sind eindeutig: Im dritten Beispiel bezieht sich **sin** auf *damen*, und im vierten Beispiel bezieht sich **hendes** auf ein Subjekt außerhalb des Satzes; es handelt sich um den Sohn einer **anderen** Dame, und es muß daher **hendes** heißen.

Merke also: **sin, sit, sine** kann es nur heißen, wenn sich das Possessivpronomen auf das Subjekt desselben Satzes bezieht. Ist dies nicht der Fall, muß ein entsprechendes Personalpronomen im Genitiv gebraucht werden.

Sin, sit, sine sind sowohl possessiv wie auch reflexiv.

2. Präsens / Gebrauch

Das Präsens wird grundsätzlich wie im Deutschen gebraucht:
Helge **snubler** over Kirstens støvler.

Oft beinhaltet es eine **zukünftige Absicht** oder ein **zukünftiges Geschehen**:

Jeg **kommer** snart hjem [jɑĭ 'kɔm'əʀ snɑːʔʀd jɛm'].

Ich komme bald nach Hause.

Es kann auch für das **Futur** stehen; vor allem, wenn eine Zeitbestimmung im Satz vorkommt:

De rejser i overmorgen [di 'ʀɑĭʔsəʀ i 'ɔŭʔəʀmɔːʀn].
Sie reisen übermorgen ab. (Präsens)

Dc skal rejse i overmorgen [di sga 'ʀuĭsə i 'ɔŭʔəʀmɔːʀn].
Sie werden übermorgen abreisen. (Futur)

Merke: Das dänische Verb bleibt in Person und Zahl unverändert.

Übungen   **11 C**

1. Setzen Sie „hans, hendes, dens, dets'' und „deres'' ein:

Beispiel: Mandens (**hans**) bog.

Fru Andersens avis. Datterens stol. Hr. Andersens sodavand. Lægens revolver. Hundens legetøj. Havets temperatur. Barnets legetøj. Billedets farve. Hr. og fru Andersens badeværelse. Helges og Kirstens ven.

2. Setzen Sie „sin, sit, sine, hans'' und „hendes'' ein:

Hun ligger på ... seng *(ihrem eigenen)*. Hun sidder på ... stol *(Jyttes)*. Helge snubler over ... støvler *(seine eigenen)*. Han snubler over ... støvler *(Kirstens)*. Han lægger sine solbriller på ... skrivebord *(seinen eigenen)*. Kirsten lægger ... hue på en stol *(Helges)*. Lægen og ... kone rejser til Tyskland *(Teilsubjekt)*. Fru Andersen henter ... kuffert ned fra loftet *(ihren eigenen)*.

Vokabeln   **11 D**

pakk|e kuffert, -er, -ede, -et [pɑgə 'kofəʀd]	Koffer packen
i overmorgen [i 'ɔŭʔəʀmɔːʀn]	übermorgen
rejs|e, -er, -te, -t ['ʀɑĭsə]	(ver)reisen
Nordsjælland ['noːʀsjɛlan']	*der nördliche Teil Seelands*
skulle (skal, skulle, skullet) ['sgulə]	*hier:* werden, wollen; sollen, müssen
besøg|e, -er, -te, -t [be'søːʔə]	besuchen
hent|e ned, -er, -ede, -et ['hɛndə neːʔð]	herunterholen
kuffert, -en, -er ['kofəʀd]	Koffer
loft, -et, -er [lɔfd]	Dachboden
tage ned (tager, tog, taget) [ta 'neːʔð]	herunternehmen
taske, -n, -r ['tasgə]	Tasche
vask|e, -er, -ede, -t ['vasgə]	waschen
din strikkede trøje [din 'sdʀegəðə 'tʀɔĭə]	deine Strickjacke
brun [bʀuːʔn]	braun

bukser, pl. ['bogsəR]	Hosen	havde, haft) [ha bRuː?	benötigen
helst [hɛl?sd]	am liebsten	fɔR]	
skab, -et, -e [sgaː?b]	Schrank	hvor mange [vɔR 'maŋə]	wie viele
regnfrakke, -n, -r	Regenmantel	skjorte, -n, -r	Oberhemd
['RaïnfRɑgə]		['sgjɔRdə]	
sweater, -en, -e ['svɛdəR]	Wollpullover	kun et par stykker	nur ein paar
oppe ['ɔbə]	oben	[kon ed pɑR 'sdøgəR]	
vær sød at ...	sei so nett ...	slips, -et, - [slebs]	Krawatte
[vɛR 'søː?ð ɔ]		bluse, -n, -r ['bluːsə]	Bluse
sig mig engang ...	sag mir mal ...	silkekjole, -n, -r	Seidenkleid
[siː? maï en'gɑŋ?]		['selgəkjoːlə]	
solbriller, pl. ['soːlbReləR]	Sonnenbrille	selvfølgelig ['sɛlføljəli]	selbstverständ-
lægge (lægger, lagde,	legen		lich
lagt) ['lɛgə]		spraglet ['sbRɑwləð]	bunt
nå ja [nɔː ja]	ach ja	nederdel, -en, -e	Rock
ellers ['ɛl?əRs]	sonst noch	['neːðəRdeː?l]	
liste, -n, -r ['lesdə]	Liste	jakkesæt, -tet, -	Anzug
sko, -en, - [sgoː?]	Schuh	['jɑgəsɛd]	
hue, -n, -r ['huːə]	Mütze	over ['ɔu?əR]	über
træsko, -en, - ['tRɛsgo]	Holzschuh	støvle, -n, -r ['sdøülə]	Stiefel
sort [sɔRd]	schwarz	nok [nɔg]	genug
have brug for (har,	brauchen,	hvid [við?]	weiß

12. Stunde

En invitation 12 A

En morgen, da Pia lige var ved at vaske op, hørte hun postbudet komme op ad trappen, og det varede ikke længe, før hun hørte ham putte noget gennem brevsprækken. Det var et brev til hende – og hun skyndte sig at samle brevet op, og hun åbnede det i en fart.

„Nej, sikken en god idé," mumlede hun og strålede af glæde. Det var en invitation til en damefrokost. Sikke en overraskelse:

„... og jeg håber, at du kan kigge ind, og at vi kan få en rigtig hyggelig sludder med hinanden. Der serveres lidt mad og en lille drink. Børn, mænd og hunde ikke tilladt. Kærlig hilsen, Eva."

Vittigheder fra bogen „På café med Storm P."

–Tjener, kan jeg få den bøf pakket ind?
–Hvorledes mener herren?
–Jo, jeg vil forære den til oldnordisk museum. Den er fra stenalderen!

–

–Kan man få halve portioner her?
–Ork ja – her smider vi aldrig noget væk.

–

–Hør tjener – den høne er jo ikke andet end skind og ben!
–Ville herren måske ha' den med fjer –?

Erläuterungen   **12 B**

1. Schwache Verben / Imperfekt

Die schwachen Verben lassen sich in drei Klassen einteilen:

1) Der größte Teil fügt im Imperfekt **-ede** an den Stamm (Imperativ):

Präsens	Imperfekt		Imperativ
elsker	elsk**ede** ['ɛlsgəðə]	*liebte*	elsk
svarer	svar**ede** ['svɑːRəðə]	*antwortete*	svar

Anmerkung:
Nach kurzem Vokal wird der Stammkonsonant im Imperfekt wie im Infintiv und im Präsens **verdoppelt**: Hun spillede klaver [hun 'sbeləðə klɑ've:ʔR]. *Sie spielte Klavier.* (Infinitiv = spil).

2) Viele fügen im Imperfekt **-te** an den Stamm:

Präsens	Imperfekt		Imperativ
kører	kør**te** ['køːRdə]	*fuhr*	kør
betaler	beta**lte** [be'taːʔldə]	*bezahlte*	betal

3) Einige weisen Reste alter Konjugationen auf und sind unregelmäßig:

Präsens	Imperfekt		Imperativ
bringer	bragte ['bRɑgdə]	*brachte*	bring
dør [døːʔR]	døde ['døːʔðə]	*starb*	dø

2. Imperfekt / Gebrauch

Das Imperfekt ist wie das Präsens in Person und Zahl gleich: Jeg, du ... vi, I **svarede.**

84

Häufig verwendet man im Dänischen das Imperfekt, wo man im Deutschen das Perfekt gebraucht:

Jeg besøgte dem i går [jɑĭ beˈsøgdə dɛm i ˈgɔːʔʀ]. (Imperfekt)
Ich habe sie gestern besucht. (Perfekt)

Außerdem gebraucht man das Imperfekt abweichend vom Deutschen oft in urteilenden Ausrufen über etwas Gegenwärtiges:

Det var rart! [de vɑʀ ˈʀɑːʔʀd] *Das ist (aber) nett (schön, fein)!*
Det var kedeligt! *Wie schade!*

Anmerkung:

Infinitiv = være; Präsens = er; Imperfekt = var [vɑʀ] *war;*
Infinitiv = have; Präsens = har; Imperfekt = havde [ˈhaːðə] *hatte.*

3. Reflexivpronomen

Das Reflexivpronomen sig [sɑĭ] entspricht meistens dem deutschen *sich.*

Beispiele:

han	keder [ˈkeːðəʀ]			at kede sig	*sich langweilen*
hun	hygger [ˈhygəʀ]			at hygge sig	*es sich gemüt-*
					lich machen
den	sætter [ˈsɛdəʀ]		sig	at sætte sig	*sich setzen*
det	skynder [ˈsgønəʀ]			at skynde sig	*sich beeilen*
de	glæder [ˈglɛːðəʀ]			at glæde sig	*sich freuen*

aber:	jeg	skynder		**mig**	*ich beeile mich*
	du	gˈæder		**dig**	*du freust dich*
	De	hygger		**Dem**	*Sie machen es sich gemütlich*
	vi	sætter		**os**	*wir setzen uns*
	I	keder		**jer**	*Ihr langweilt euch*

Merke: de keder **dem** = *sie langweilen sie*

4. Reziprokes Pronomen

Im Gegensatz zum deutschen reziproken Pronomen *einander*, das dem dänischen **hinanden** entspricht, hat *hinanden* auch einen **Genitiv:**

Vi hører hinandens grammofonplader [vi ˈhøːʀəʀ hinˈanəns gʀɑmoˈfoːʔnplaːðəʀ]. *Wir hören seine/ihre und meine (od. gegenseitig unsere) Schallplatten.*

Aber: De hjælper **hinanden** [di ˈjɛlʔbəʀ hinˈanən]. *Sie helfen einander.*

5. Demonstrativpronomen

1) **den, det, de** *der, die, das; die* unterscheiden sich wie im Deutschen nur durch die stärkere Betonung von der „vorangestellten" Form des bestimmten Artikels (5 B):

- Kan jeg få **den** *(betont)* bøf pakket ind? [ka jɑĭ fɔːˀ ˈdɛnˀ bøf ˈpɑgəð enˀ]
- *Kann ich das Beefsteak eingepackt bekommen?*
- **Den** høne er jo ikke andet end skind og ben!
  [dɛnˀ ˈhøːnə ɛʀ jo ˈegə ˈanəð en ˈsgenˀ ɔ ˈbeːˀn]
- *Das Huhn besteht ja nur aus Haut und Knochen!*

Det brev var vel nok langt! [ˈde bʀɛŭˀ vɑʀ vɛl ˈnɔg lɑŋˀd]
Der Brief war aber lang!

De mennesker dér! [ˈdi ˈmɛnəsgəʀ deːˀʀ] *Die Leute da!*

Anmerkung:

In der Umgangssprache fügt man oft ein **her** [heːˀʀ] *hier* oder **der** [deːˀʀ] *da* zu diesen Pronomen hinzu:

- Kan jeg få den **her** *(od.* **der**) bøf pakket ind?

2) **denne** [ˈdɛnə]; **dette** [ˈdɛdə]; **disse** [ˈdisə]:

denne steht vor Substantiven, die dem gemeinschaftlichen Geschlecht angehören; **dette** vor Substantiven des sächlichen Geschlechts und **disse** für den Plural. Statt **denne, dette** und **disse** *dieser, diese, dieses; diese* gebraucht man in der Umgangssprache meistens **den, det** und **de**. Dies ist der Fall bei den Witzen von Storm P. auf der Textseite. Es könnte aber auch heißen:

- Kan jeg få **denne** *(dieses)* bøf pakket ind?
- **Denne** høne er jo ikke andet end skind og ben!
Dette *(dieser)* brev var vel nok langt!
Disse *(diese)* mennesker der!

3) Umgangssprachlich hört man oft z. B.:

    a) bei fælleskøn-Substantiven: **Sikken en** god idé [ˈsegən en goːˀ iˈdeːˀ] *od.* **Sikken** god idé [ˈsegən goːˀ iˈdeːˀ]. *Was für eine / so eine gute Idee.* **Sikke en** idiot [ˈsegə en idiˈoːˀd]. *So ein / was für ein Idiot.*

    b) bei intetkøn-Substantiven: **Sikken et** vejr [ˈsegən ed vɛːˀʀ] *od.* **Sikket** vejr [ˈsegəð vɛːˀʀ]. *Was für ein / so ein Wetter.*

c) bei Substantiven im Plural: **Sikke (nogle)** børn [ˈsegə (ˈnɔːən) bœrˀn]. *Was für Kinder.*

Anmerkung: nogle kommt nur in der Schriftsprache vor; ausgesprochen wird es [ˈnɔːən].

Übungen **12 C**

1. Setzen Sie die Imperfektform des Verbs (mit der Endung -ede) anstelle des Präsens ein:

Beispiel: Telefonen ringer / Telefonen ringede (*Imperativ/Stamm* = ring).

Det banker på døren. Læreren lukker døren op. Solen skinner af og til. Han hoster. Vi kigger på billedet. Helge henter kufferten ned fra loftet. Fru Andersen snubler over hendes støvler. Kirsten og Helge pakker kuffert. Fru Andersen svarer ikke. Filmen varer halvanden time.

2. Setzen Sie die Imperfektform des Verbs (mit der Endung -te) anstelle des Präsens ein:

Beispiel: Fru Andersen læser avis / Fru Andersen læste avis (*Imperativ* = læs).

Jytte taber glasset på gulvet. Jeg taler med frøken Larsen. Han spiser en småkage. Fjernsynet viser en berømt film. De kører hjem (køre = *fahren*). Vi hører grammofonplader. De køber en ny radio. Pigerne bager franskbrød. Han begynder at spille klaver.

Vokabeln **12 D**

invitation, -en, -er [envitaˈsjoːˀn]	Einladung	**det varede ikke længe** [de ˈvaːRəðə ˈegə ˈlɛŋə]	es dauerte nicht lange
en morgen [en mɔːRn]	eines Morgens	**før** [fœːˀR]	ehe, bevor, bis
da [da]	als	**puttǀe, -er, -ede, -et** [ˈpuðə]	stecken
Pia var ved at ... [ˈpia vɑR ˈveð ɔ]	Pia war dabei ...	**gennem** [ˈgɛnˀəm]	durch
vaskǀe op, -er, -ede, -et [ˈvasgə ˈɔb]	abwaschen	**brevsprække, -n, -r** [ˈbRɛúsbRɛgə]	Briefschlitz
hørǀe, -er, -te, -t [ˈhøːRə]	hören	**brev, -et, -e** [bRɛúˀ]	Brief
postbud, -et, -e [ˈpɔsdbuð]	Postbote	**skynde sig (skynder, skyndte, skyndt)** [ˈsgønə saǐ]	sich beeilen
komme op ad trappen [ˈkɔmə ˈɔb að ˈtRɑbən]	die Treppe heraufkommen	**samlǀe op, -er, -ede, -et** [ˈsɑmlə ˈɔb]	aufsammeln

åbn|e, -er, -ede, -et — öffnen
[ˈɔːbnə]
i en fart [i en fɑːʔrd] — schnell, eilig
sikken [ˈsegən] — was für eine,
so, welch
idé (ideen, ideer) [iˈdeːʔ] — Idee
muml|e, -er, -ede, -et — murmeln
[ˈmomlə]
strål|e af glæde, -er, — vor Freude
-ede, -et [ˈsdrɒːlə a — strahlen
ˈglɛːðə]
damefrokost, -en, -er — Damenfrüh-
[ˈdaːməfrokɔsd] — stück
overraskelse, -n, -r — Überraschung
[ˈɔũərɑsgəlsə]
håb|e, -er, -ede, -et — hoffen
[ˈhɒːbə]
kunne (kan, kunne, — können
kunnet) [ˈkunə]
kigg|e ind, -er, -ede, -et — vorbeischauen,
[ˈkigə ˈenʔ] — hereinschauen
jeg håber, at vi kan få — ich hoffe, daß
en sludder [jɑĩ hɒːbər, — wir einen
ad vi ka ˈfɒːʔ en — Plausch ha-
ˈsluðʔər] — ben können
rigtig [ˈregdi] — recht, richtig
der serveres ... — es wird ...
[der serˈveːʔrəs] — serviert
mad, -en, o. pl. [mað] — Essen
drink, -en, drinks — Getränk,
[dreŋg] — Drink
barn, -et, børn [bɑrʔn] — Kind
hund, -en, -e [hunʔ] — Hund
tilladt [ˈtelad] — zugelassen,
erlaubt
kærlig hilsen — herzlichen
[ˈkɛrli ˈhilsən] — Gruß
Eva [ˈeːva] — weiblicher
Vorname
vittighed, -en, -er — Witz
[ˈvidiheːʔð]
på [pɒ] — im
café (cafeen, cafeer) — Café
[kaˈfeːʔ]

Storm P. [sdɔrm ˈpeːʔ] — Robert Storm
Petersen, dän.
Humorist und
Zeichner
tjener! [ˈtjɛːnər] — Herr Ober!
den [dɛnʔ] — das
bøf, -fen, -fer [bøf] — Beefsteak
pakket ind [ˈpɑgəð ˈenʔ] — eingepackt
hvorledes mener herren? — wie meinen
[vɔrˈleːðəs ˈmeːʔnər — der Herr?
ˈhɛrən]
jo [joːʔ] — ja, doch, gewiß
ville (vil, ville, villet) — werden, wollen
[ˈvilə]
forær|e, -er, -ede, -et — verschenken
[fɔrˈɛːʔrə]
den [dɛnʔ] — es
oldnordisk [ˈɔlnɔrdisg] — altnordisch
museum (museet, — Museum
museer) [muˈsɛːom]
stenalder, -en, o. pl. — Steinzeit
[ˈsdeːnalʔər]
man [man] — man
halve portioner — halbe
[ˈhalvə pɔrˈsjoːʔnər] — Portionen
ork ja! [ɔːrg jɑ] — klar!
smide noget væk — etwas weg-
(smider, smed, smidt) — schmeißen
[ˈsmiːðə ˈnɒːəð vɛg]
hør tjener! [høːʔr — hören Sie,
ˈtjɛːnər] — Herr Ober!
høne, -n [ˈhøːnə] — Huhn
(høns = Hühner; høner = Hennen)
ikke andet end — nichts als
[ˈegə ˈanəð en]
skind og ben — Haut und
[sgenʔ ɔ beːʔn] — Knochen
ville [ˈvilə] — hier: möchten
herre, -n, -r [ˈhɛrə] — Herr
måske [mɒˈsgeːʔ] — vielleicht
ha', Abk., korrekt: have — haben
[haːʔ]
fjer, -en, - [fjeːʔr] — Feder

13. Stunde

Historien om hr. Svendsen   13 A

Hr. Svendsens vækkeur ringer kvart over seks hver morgen. Så står han op og går ind i badeværelset for at vaske sig. For det meste tager han brusebad, men når han er lidt sent på den, så vasker han sig bare i lidt koldt vand. Bagefter reder han sit hår omhyggeligt, for han lægger meget vægt på sit ydre. Desuden

er han skrækkelig forelsket i frøken Birch (hun arbejder på samme kontor) — og det er nok også derfor han gør det.
Så spiser han morgenmad og hører radio. Han plejer at drikke to kopper kaffe, og for det meste spiser han et blødkogt æg og tre rundstykker med ost og marmelade. Hans motto er: ,,For uden mad og drikke duer helten ikke" — og det er der jo nok noget om.
En halv time senere tager han med bus til sit arbejde på posthuset, for han er ansat ved postvæsenet.
Klokken tolv spiser han så frokost. Han har altid en madpakke med, og han plejer at drikke et glas mælk til maden. Når han opdager, at frøken Birch også sidder i kantinen, sætter han sig i nærheden af hendes bord, og så iagttager han hele tiden, hvad hun gør.
Hr. Svendsen arbejder til klokken halv seks. Så tager han hjem igen og spiser til middag. Engang imellem går han i biografen eller teatret. Men for det meste sidder han hjemme og ser fjernsyn, eller han beskæftiger sig med sin frimærkesamling. Men han kan dog allerbedst lide at tænke på frøken Birch.

Erläuterungen   **13 B**

1. Partizip Perfekt / schwache Verben

1) Das Partizip Perfekt wird bei der Klasse der schwachen Verben, die im Imperfekt auf -**ede** enden, durch Hinzufügen der Endung -**et** an den Stamm gebildet:

Stamm/ Imperativ	Infinitiv	Präsens	Imperfekt	Partizip Perfekt
elsk svar	elsk-e svar-e	elsk-er svar-er	elsk-ede svar-ede	elsk-**et** [ˈɛlsgəð] *geliebt* svar-**et** [ˈsvɑːʀəð] *geantwortet*

Anmerkung: Wie im Infinitiv, Präsens und Imperfekt wird der Stammkonsonant nach kurzem Vokal **verdoppelt**: spille, spiller, spillede, spillet *gespielt;* Imperativ = spil.

2) Bei der zweiten Klasse mit der Imperfektendung -**te** wird ein -**t** an den Stamm gehängt:

Imperativ	Infinitiv	Präsens	Imperfekt	Partizip Perfekt
kør	kør-e	kør-er	kør-te	kør-t [køːˀʀd] *gefahren*
betal	betal-e	betal-er	betal-te	betal-t [beˈtaːˀld] *bezahlt*

3) Bei den schwachen Verben, die Reste alter Konjugationen aufweisen, müssen die einzelnen Formen auswendig gelernt werden. Sie haben teilweise einen Vokalwechsel, und das Partizip Perfekt hat die Endung -t (außer **død**).

Imperativ	Infinitiv	Präsens	Imperfekt	Partizip Perfekt
bring	bring-e	bring-er	brag-te	brag-t [bʀɑgd] *gebracht*
dø	dø	dø-r	dø-de	dø-d [døːˀð] *gestorben*

2. Starke Verben / Imperfekt / Partizip Perfekt

Die starken Verben bilden das Imperfekt ohne Endung, und der überwiegende Teil ist in der Vergangenheitsform einsilbig. Größtenteils unterliegen die starken Verben einem Vokalwechsel. Das Partizip Perfekt ist ganz unregelmäßig, die Form muß daher auswendig gelernt werden.

Imperativ	Infinitiv	Präsens	Imperfekt	Partizip Perfekt
drik	drikke	drikker	drak	drukket [ˈdʀogəð] *getrunken*
frys	fryse	fryser	frøs	frosset [ˈfʀɔsəð] *gefroren*
få	få	får	fik	fået [ˈfɒːəð] *bekommen*

Anmerkung: Beachten Sie das Konjugationsmuster der unregelmäßigen Verben (starke Verben und die Verben, die Reste alter Konjugationen aufweisen) im Anhang.

3. Partizip Perfekt / Gebrauch

Das Partizip Perfekt steht entweder **adjektivisch** (nach Zahl und Form gebeugt), z. B.:

En **betalt** [beˈtaːˀld] regning. *Eine bezahlte Rechnung.* Den **betalte** regning. *Die bezahlte Rechnung.* **Betalte** regninger. *Bezahlte Rechnungen.*

– Oder es steht unflektiert in Verbindung mit einem **Hilfsverb,** z. B.:

Regningen **blev betalt** [bleŭˀ beˈtaːˀld]. *Die Rechnung wurde bezahlt.*
Regningerne **blev betalt**. *Die Rechnungen wurden bezahlt.* Jeg **har betalt**
regningen. *Ich habe die Rechnung bezahlt.*

– Auch bei Konstruktionen in Verbindung mit **få** [fǫːˀ] *bekommen*,
die im Dänischen recht häufig vorkommen, z. B.:
Vi **har fået** bilen godt **solgt** [vi haʀ ˈfǫːəð ˈbiːˀlən gɔd sɔlˀd]. *Wir haben
das Auto gut/günstig verkauft (bekommen).* Den dag **fik** jeg mine lektier
læst i en fart [dɛnˀ daːˀ feg jaĭ ˈmiːnə ˈlɛgsjəʀ ˈlɛːˀsd i en fɑːˀʀd]. *An
dem Tag habe ich meine Hausaufgaben ganz schnell gemacht.* **Fik** du **set**
Bergmans „Scener fra et ægteskab"? [feg du ˈseːˀd ˈbɛʀwmanˀs ˈseːnəʀ
fʀɑ et ˈɛgdəsgaːˀb]. *Hast du Bergmans „Szenen einer Ehe" gesehen?*

4. Spørgsmål og svar [ˈsbœʀsmǫːˀl ɔ svɑːˀʀ]
Fragen und Antworten

Spørgsmål:	Svar:
Er det din bog? [ɛʀ de ˈdiːˀn bǫːˀw] *Ist es/das dein Buch?*	1. Ja, det er min bog. *Ja, das ist mein Buch.* 2. Ja, det er det. *Ja, das ist es.* 3. Ja, det er. *Ja, ist es.* 4. Nej, det er ikke min bog. *Nein, es ist nicht mein Buch.* 5. Nej, det er det ikke. *Nein, das ist es nicht.* 6. Nej, det er Jyttes (bog). *Nein, das ist Jyttes (Buch).*
Er det en skole? [ɛʀ ˈde en ˈsgoːlə] *Ist das eine Schule?*	1. Ja, det er en skole. 2. Ja, det er det. 3. Ja, det er. 4. Nej, det er ikke en skole. 5. Nej, det er det ikke. 6. Nej, det er et bibliotek [biblioˈteːˀk] *Bibliothek.*
Er det jeres bil? [ɛʀ de ˈjɛːʀəs biːˀl] *Ist das euer Auto?*	1. Ja, det er vores bil. 2. Ja, det er det. 3. Ja, det er. 4. Nej, det er det ikke. 5. Nej, det er ikke vores bil. 6. Nej, det er Jyttes (bil).

5. Zeitangaben

Anmerkung: Die Endung -s gibt immer an, daß sich die Zeitangabe auf die **Vergangenheit** bezieht.

1) Allgemeine Zeitangaben:

om morgenen [ɔm ˈmɔʀnən]	*morgens*
om formiddagen [ɔm ˈfɔʀmedaːʔən]	*vormittags*
om dagen [ɔm ˈdaːʔn]	*tagsüber, am Tage*
om eftermiddagen [ɔm ˈɛfdəʀmedaːʔən]	*nachmittags*
om aftenen [ɔm ˈɑfdənən]	*abends*
om natten [ɔm ˈnadən]	*in der Nacht, nachts*
om søndagen [ɔm ˈsœnʔdaːʔən]	*am Sonntag, sonntags*
i weekenden [i ˈviːgɛnʔdən]	*übers/zum Wochenende*
i tre dage [i tʀeːʔ ˈdaːə]	*drei Tage hindurch*
en gang om dagen [eːʔn gɑŋʔ ɔm ˈdaːʔən]	*einmal am Tag*

2) Zeitangaben, die sich auf die Vergangenheit, Gegenwart oder Zukunft beziehen:

sidste år [ˈsisdə ɔːʔʀ]	*letztes Jahr*
sidste måned [ˈsisdə ˈm̥ɔːnəð]	*letzten Monat*
sidste uge [ˈsisdə ˈuːə]	*letzte Woche*
i fjor [i fjoːʔʀ]	*letztes Jahr*
i tirsdags for fjorten dage siden	*Dienstag vor zwei Wochen*
[i ˈtiʀʔsdaːʔs fɔʀ ˈfjoʀdən ˈdaːə ˈsiːðən]	
i forgårs [i ˈfɔʀgɔːʔʀs]	*vorgestern*
i går morges [i gɔːʔʀ ˈmɔːʀəs]	*gestern morgen*
i går formiddags [i gɔːʔʀ ˈfɔʀmedaːʔs]	*gestern vormittag*
i går middags [i gɔːʔʀ ˈmedaːʔs]	*gestern mittag*
i går eftermiddags [i gɔːʔʀ ˈɛfdəʀmedaːʔs]	*gestern nachmittag*
i (går) aftes [i (gɔːʔʀ) ˈɑfdəs]	*gestern abend*
i går [i gɔːʔʀ]	*gestern*
i morges [i ˈmɔːʀəs] *(Vergangenheit)*	*heute morgen*
i dag [i daːʔ]	*heute*
i formiddags [i ˈfɔʀmedaːʔs]	*heute vormittag*
(Vergangenheit)	
i formiddag [i ˈfɔʀmedaːʔ]	*heute vormittag*
i middags [i ˈmedaːʔs] *(Vergangenheit)*	*heute mittag*
i eftermiddags [i ˈɛfdəʀmedaːʔs]	*heute nachmittag*
(Vergangenheit)	
i eftermiddag [i ˈɛfdəʀmedaːʔ]	*heute nachmittag*
i aften [i ˈɑfdən]	*heute abend*
i morgen [i mɔːʀn]	*morgen*

i overmorgen [i ˈɔŭˀəRmɔːRn]   *übermorgen*
i dag otte dage [i ˈdaːˀ ˈǫːdə ˈdaːə]   *heute in acht Tagen*
nu til morgen [nu te ˈmɔːRn]   *heute morgen*
næste uge [ˈnɛsdə ˈuːə]   *nächste Woche*
næste måned [ˈnɛsdə ˈmǫːnəð]   *nächsten Monat*
næste år [ˈnɛsdə ɔːˀR]   *nächstes Jahr*
om en uge [ɔm en ˈuːə]   *in einer Woche*
på mandag [pǫ ˈmanˀda]   *kommenden Montag*
til middag [ˈte ˈmeda]   *heute mittag*

Übungen   **13 C**

Spørgsmål og svar

Stellen Sie sich vor, Sie hätten ein kleines Sommerhäuschen in Dänemark und wären mit einem dänischen Freund auf dem Weg zum Häuschen. Ihr Freund sieht ein Sommerhäuschen und fragt Sie:
„Er det dit sommerhus?" [ɛR de ˈdid ˈsɔməRhuːˀs) „*Ist das dein Sommerhäuschen?*"

Was antworten Sie ihm a) wenn das Sommerhäuschen Ihnen gehört,
                b) wenn das Sommerhäuschen Ihnen nicht gehört,
                c) wenn das Sommerhäuschen Dr. Hansen gehört?

Vokabeln   **13 D**

historie, -n, -r [hiˈsdoːˀ-Riə] — Geschichte
om [ɔm] — über, von
vækkeur, -et, -e [ˈvɛgəuːˀR] — Wecker
ring|e, -er, -ede, -et [ˈReŋə] — klingeln, läuten
hver morgen [vɛːˀR mɔːRn] — jeden Morgen
stå op (står, stod, stået) [sdǫ ˈɔb] — aufstehen
gå ind (går, gik, gået) [gǫ ˈenˀ] — hineingehen
vask|e sig, -er, -ede, -et [ˈvasgə saĭ] — sich waschen
for det meste [fɔR de ˈmeːˀsdə] — meistens

tage brusebad (tager, tog, taget) [ta ˈbRuːsəbað] — sich duschen
være sent på den (er, var, været) [ˈvɛːRə seːˀnd ˈpǫ dɛnˀ] — spät dran sein
jeg er sent på den [jaĭ ɛR seːˀnd ˈpǫ dɛnˀ] — ich bin spät dran
bagefter [ˈbaːˀɛfdəR] — hinterher, nachher
rede sit hår (reder, redte, redt) [ˈReːðə sid hɔːˀR] — sich das Haar kämmen
omhyggelig [ɔmˈhygəli] — sorgfältig
lægge vægt på ... (lægger, lagde, lagt) [ˈlɛgə vɛgd pǫ] — Wert auf ... legen
ydre, -t, *o. pl.* [ˈyðRə] — Äußere

93

desuden [dɛs'uːðən] außerdem
være forelsket (er, var, verliebt sein
være) ['vɛːʀə fɔʀ'ɛlˀsgəð]
Birch [biʀg] *Nachname*
arbejd|e, -er, -ede, -et arbeiten
['aʀbaɪˀdə]
samme ['samə] gleich
gøre (gør, gjorde, gjort) tun, machen
['gœːʀə]
spis|e, -er, -te, -t ['sbiːsə] essen
hør|e, -er, -te, -t ['høːʀə] hören
plej|e at ..., -er, -ede, es gewohnt
-et ['plaɪə ad] zu sein ...
jeg plejer at ... ich bin es ge-
[jaɪ 'plaɪəʀ ad] wohnt|pflege
zu ...
drikke (drikker, drak, trinken
drukket) ['dʀegə]
kop, -pen, -per [kɔb] Tasse
blødkogt ['bløðkɔgd] weichgekocht
rundstykke, -t, -r Brötchen
['ʀonsdøgə]
motto, -et, -er ['mɔto] Motto
uden ['uːðən] ohne
mad og drikke Essen und
['mað ɔ 'dʀegə] Trinken
du, -er, -ede, -et [duːˀ] taugen
helt, -en, -e [hɛlˀd] Held
det er der (jo nok) da ist (ja wohl)
noget om [ˌɟe ɛʀ dɛʀ was dran
(jo nɔg) 'nɔːəð ɔmˀ]
sen [seːˀn] spät
tage med bus (tager, den Bus
tog, taget) [ta mɛð bus] nehmen
arbejde, -t, -r ['aʀbaɪˀdə]Arbeit
posthus, -et, -e Postamt
['pɔsdhuːˀs]
være ansat (er, var, angestellt sein
være) ['vɛːʀə 'ansad]
ved [veð] *hier:* bei; an
postvæsen, -væs(e)net, Post
-væs(e)ner
['pɔsdvɛːˀsən]

klokken x ['klɔgən] um x Uhr
frokost, -en, -er (meist kaltes)
['fʀokɔsd] Mittagessen,
zweites Früh-
stück
madpakke, -n, -r Butterbrot-
['maðpɑgə] paket
mælk, -en, *o. pl.* Milch
[mɛlˀg]
opdag|e, -er, -ede, -et entdecken
['ɔbdaːˀə]
sidde (sidder, sad, sitzen
siddet) ['seðə]
kantine, -n, -r [kan'tiːnə] Kantine
sætte sig (sætter, satte, sich setzen
sat) ['sɛðə saɪ]
bord, -et, -e [boːˀʀ] Tisch
iagttag|e, -er, iagttog, beobachten
-et [i'agta:ˀə]
hele tiden ['heːlə 'tiːˀðən] die ganze Zeit
tage hjem (tager, tog, nach Hause
taget) [ta 'jɛmˀ] gehen|fahren
middag, -en, -e (meist warmes)
['medaːˀ] Abendessen
engang imellem dann und
[en'gaŋˀ i'mɛlˀəm] wann
gå, -r, gik, -et [gɔːˀ] gehen
biograf, -en, -er Kino
[bio'gʀaːˀf]
teater (teat(e)ret, Theater
teatre) [te'aːˀdəʀ]
se, -r, så, -t [seːˀ] sehen
beskæftig|e sig med ..., sich mit ...
-er, -ede, -et beschäftigen
[be'sgɛfdiːˀə saɪ mɛð]
frimærkesamling, -en, Briefmarken-
-er ['fʀimɛʀgəsamleŋ] sammlung
kunne lide (kan, kunne, mögen
kunnet) ['kunə liːˀ]
dog [dɔw] (je)doch
allerbedst ['alˀəʀbɛsd] am allerbesten
tænk|e på ..., -er, -te, an ... denken
-t ['tɛŋgə pɔ]

14. Stunde

Hanne har inviteret sin veninde Merete til eftermiddagskaffe. Mens Hanne endnu har travlt i køkkenet, ringer det på døren: Det er hendes veninde Merete.

H: Kom indenfor, Merete.

M: Davs Hanne. Det er vel nok længe siden vi har set hinanden.

H: Ja. Vi har ikke set hinanden siden Torbens og Mariannes bryllup.

M: Ja, tiden går.

H: Men gå nu ind i stuen, Merete. Så kommer jeg om et øjeblik.

M: Kan jeg ikke hjælpe dig med noget?

H: Nej, ellers tak. Lige et øjeblik, jeg kommer straks.

M: Er Bjørn hjemme? *(Bjørn er Hannes mand)*

H: Nej, men han har lige været her. Han er gået i byen for at købe en cykel til Peter. *(Peter er Hannes søn)*

M: Nå, nå. Jeg har også været i byen i formiddags. Jeg købte en fødselsdagsgave til min mor.

H: Værsgod, nu skal vi have kaffe!

M: Ih, hvor den dufter. Og sikken dejlig kage. Har du selv bagt den?

H: Nej. Det har jeg ikke haft tid til.

M: Jeg er hundesulten. Jeg har ikke spist noget siden i morges.

H: Sig mig engang, hvordan har din kusine det?

M: Mener du Lone?

H: Ja, hende fra Ålborg.

M: Ja, tænk bare, hun blev skilt for et par uger siden. Hendes mand havde opdaget, at hun havde kendt en amerikaner i nogle måneder.

H: Det siger du ikke! Har du hørt noget fra hende siden skilsmissen?

M: Ja. Nu skal du bare høre: Hun fortalte mig, at hendes mand først var flyttet hen til sin søster, men at han nu bor hos en kollega...

H: Og hvad med amerikaneren?

M: Han er taget tilbage til Texas.

H: Nej da! Har man hørt mage!

M: *(ryster på hovedet)*

1. Die Hilfsverben „have" (haben) und „være" (sein)

Infinitiv	**at have**		**at være**	
Imperativ	**hav**		**vær**	
Präsens	jeg du De han hun den det vi I De de	*ich habe* *du hast* *usw.* **har** [hɑːˀʀ]	jeg *usw.*	*ich bin* *du bist* *usw.* **er** [ɛʀ]
Imperfekt	jeg *usw.* **havde** [ˈhaːðə] *ich hatte*		jeg *usw.* **var** [vɑʀ] *ich war*	
Perfekt	jeg *usw.* **har haft** [hɑːˀʀ hɑfd] *ich habe* *gehabt*		jeg *usw.* **har været** [hɑːˀʀ ˈvɛːʀəð] *ich bin* *gewesen*	
Plusquamperfekt	jeg *usw.* **havde haft** [ˈhaːðə hɑfd] *ich hatte gehabt*		jeg *usw.* **havde været** [ˈhaːðə ˈvɛːʀəð] *ich war gewesen*	

Partizip Perfekt: **haft** und **været**.

2. Verben / Perfekt

1) Das Perfekt wird wie im Deutschen durch Zusammensetzung aus der **Präsensform** der Hilfsverben **have** *haben* oder **være** *sein* und dem **Partizip Perfekt** eines Verbs gebildet:

Jeg har købt kagen hos bageren [jɑĭ hɑʀ købd ˈkaːən hos ˈbaːəʀən]. *Ich habe den Kuchen beim Bäcker gekauft.* Han **er gået** i byen [han ɛʀ ˈg̥ɔːəð i ˈbyːˀən]. *Er ist in die Stadt (od. einkaufen) gegangen.*

2) Das Hilfsverb **være** verwendet man bei Bewegungsverben (Han **er gået** i byen) und bei solchen Verben, die den Übergang von einem Zustand in einen anderen bezeichnen, z. B.:

Nu er det **sket** [nu ɛʀ de ˈsgeːˀd]! *Jetzt ist es passiert!*

3) Abweichend vom Deutschen verwendet man im Dänischen **have** im Zusammenhang mit **være**:

Jeg **har været** i byen i formiddags. *Ich* **bin** *heute vormittag in der Stadt (od. einkaufen)* **gewesen.**

4) Bei einigen Verben können sowohl **være** als auch **have** gebraucht werden:

Forestillingen **er/har** begyndt [ˈfɔːʀəsdelˀeŋən ɛʀ (hɑːˀʀ) beˈgønˀd]. *Die Vorstellung hat angefangen.*

5) Hat ein Zustand in der Vergangenheit begonnen und dauert er in der Gegenwart noch an, steht im Dänischen nicht das Präsens, sondern das Perfekt:

De **har været** gift in tre år [di hɑʀ ˈvɛːʀəð gifd i tʀeːˀ ɔːˀʀ]. (Perfekt)
Sie **sind** *(seit) drei Jahre(n) verheiratet.* (Präsens)

6) Das dänische Perfekt wird nur verwendet, wenn die Handlung auf die Gegenwart bezogen wird. Nicht wie in der deutschen Umgangssprache zur Bezeichnung eines Vorgangs in der Vergangenheit; hier steht im Dänischen das **Imperfekt**:

Så **spiste** han en banan [sɔ ˈsbiːsdə han en baˈnaːˀn]. (Imperfekt)
Dann **hat** *er eine Banane* **gegessen.** (Perfekt)

7) Das dänische Perfekt entspricht manchmal dem deutschen Imperfekt; besonders in Sätzen mit *immer* + *schon* und *nie*, z. B.:

Det **har** altid **været** sådan [de hɑʀ ˈalˀtiðˀ ˈvɛːʀəð ˈsɔdan]. *Das* **war** *schon immer so.* Det **har** aldrig **været** tilfældet [de hɑʀ ˈɑldʀi ˈvɛːʀəð ˈtelfɛləð]. *Das* **war** *nie der Fall.*

3. Verben / Plusquamperfekt

Das Plusquamperfekt wird durch Zusammensetzung der **Imperfektform** des Hilfsverbs **have** bzw. **være** und dem **Partizip Perfekt** gebildet:

Jeg **havde spist** [jɑĭ ˈhaːðə sbiːˀsd]. *Ich hatte gegessen.* Han **var gået** [han vɑʀ ˈgɔ̈ːəð]. *Er war gegangen.*

Übungen **14 C**

1. Übertragen Sie die folgenden Sätze ins Perfekt.

Beachten Sie dazu auch das Verzeichnis im Anhang über unregelmäßige Verben (starke Verben und die Verben, die Reste alter Konjugationen aufweisen):

Hilfsverb	Infinitiv	
have	sige	Hun siger det til dr. Hansen.
være	gå	Læreren gik ind i en forretning.
have	få	Jeg får en cykel til min fødselsdag ['føsəlsda:ʔ] (*Geburtstag*).
have	have	De har fint vejr i Ålborg.

2. *Setzen Sie die Sätze ins Plusquamperfekt:*

Hilfsverb	Infinitiv	
være	komme	Bjørn kommer hjem til middag.
have	hjælpe	Hun hjalp Kirsten og Helge.
være	flyve	Amerikaneren er fløjet til Texas.
have	ligge	Studenten ligger på sin seng.
være	gå	Journalisten er gået hjem.
have	være	Han har været i byen.

3. *Lückentext:*

Welche Formen von a) **køre** und b) **købe** müssen eingesetzt werden?

a) Hr. Andersens bil: Han ... altid i bil til sit arbejde. Jeg ... i den i mandags. Hr. Andersen har ... 20000 km i den.

b) Jyttes cykel: Hun ... den i forgårs. Hun har også ... en cykel til Jens.

4. *Setzen Sie „hinanden, sig" bzw. „Dem" ein:*

Hvorfor (['vɔRfɔR] *weshalb*) glæder De ... ikke? Børnene satte ... og begyndte at fortælle. Manden og konen hjalp ... med arbejdet.

Vokabeln 14 D

på besøg [pɒ be'sø:ʔ]	zu Besuch
inviter|e, -er, -ede, -et [envi'te:ʔRə]	einladen
veninde, -n, -r [vɛn'enə]	Freundin
eftermiddagskaffe, -n, *o. pl.* ['ɛfdəRmedas-'kɑfə]	Nachmittags-kaffee
me(de)ns [mɛnʔs]	während
endnu [e'nu]	noch
have travlt (har, havde, haft) [ha 'tRɑu̯ʔld]	zu tun haben

kom indenfor [kɔm 'enənfɔR]	komm herein
det er vel nok længe siden vi har set hinanden [de ɛR vɛl 'nɔg 'lɛŋə 'si:ðən vi hɑR 'se:ʔd hin'anən]	es ist lange her, seit wir uns zuletzt gesehen haben
siden ['si:ðən]	seit
bryllup, -pet, -per ['bRølob]	Hochzeit
kan jeg ikke hjælpe dig	kann ich dir

med noget? [ka jɑĭ 'egə nicht helfen?
'jɛlbə dɑĭ mɛ 'nɔːəð]
lige et øjeblik, jeg   Moment, ich
  kommer straks [ˈliːə ed   komme sofort
  'ɔĭəbleg jɑĭ 'kɔmˀəʀ
  sdʀɑgs]
gå i byen (går, gik,   in die Stadt
  gået) [gǫ i 'byːˀən]   gehen,
      einkaufen
køb|e, -er, -te, -t   kaufen
  [ˈkøːbə]
cykel (cyklen, cykler)   Fahrrad
  [ˈsygəl]
nå, nå [nɔ, nɔ]   aha
by, -en, -er [byːˀ]   Stadt
fødselsdagsgave, -n, -r   Geburtstags-
  [ˈføsəlsdasgaːvə]   geschenk
nu skal vi have kaffe   jetzt wollen
  [nu sga 'vi ha 'kɑfə]   wir Kaffee
      trinken
ih [iː]   oh
hvor [vɔʀ]   wie
duft|e, -er, -ede, -et   duften
  [ˈdofdə]
kage, -n, -r [ˈkaːə]   Kuchen
det har jeg ikke haft   dazu habe ich
  tid til [de hɑʀ jɑĭ 'egə   keine Zeit
  hɑfd tiðˀ tel]   gehabt
være hundesulten (er,   einen Bären-
  var, været) [ˈvɛːʀə   hunger haben
  'hunə'suldən]
ikke noget [ˈegə 'nɔːəð]   nichts
hvordan har du det?   wie geht es dir?
  [vɔʀˈdan haːˀʀ du de]
kusine, -n, -r [kuˈsiːnə]   Kusine
men|e, -er, -te, -t [ˈmeːnə]   meinen
Ålborg [ˈɔlbɔːˀʀ]   *dän. Hafenstadt*
in Nordjütland; am Limfjord

blive skilt (bliver, blev,   geschieden ·
  blevet) [ˈbliːə sgelˀd]   werden
de blev skilt   sie wurden
  [di bleŭ sgelˀd]   geschieden
for et par uger siden   vor einigen
  [fɔʀ ed pɑʀ 'uːʀ   Wochen
  'siːðən]
kend|e, -er, -te, -t [ˈkɛnə]   kennen
amerikaner, -en, -e   Amerikaner
  [ɑmeʀiˈkaːˀnəʀ]
det siger du ikke!   was du nicht
  [de 'siːʀ du 'egə]   sagst!
skilsmisse, -n, -r   Scheidung
  [ˈsgelˀsmisə]
nu skal du bare høre   *etwa:* hör mal
  [nu sga du 'bɑːʀə   gut zu
  'høːʀə]
fortælle (fortæller,   erzählen
  fortalte, fortalt) [fɔʀˈtɛlˀə]
først [fœʀsd]   zuerst,
      zunächst
flytt|e, -er, -ede, -et   um-, weg-,
  [ˈflødə]   hinziehen
hen [hɛnˀ]   hin
søster, -en, søstre   Schwester
  [ˈsøsdəʀ]
kollega, -en, kolleg(a)er Kollege
  [koˈleːga]
og hvad med ...?   und was ist
  [ɔ 'va mɛ]   mit ...?
tage tilbage (tager, tog, zurückgehen,
  taget) [ta te'baːə]   zurückfahren
nej da! [nɑĭˀ da]   nein, so was!
har man hørt mage!   unerhört!
  [hɑːˀʀ man høːˀʀd 'maːə]
ryst|e på hovedet, -er, den Kopf
  -ede, -et [ˈʀøsdə pǫ   schütteln
  'hoːðəd]

15. Stunde

Gamle fru Mikkelsen   15 A

Fru Mikkelsens mand døde i fjor, og derfor bor hun nu helt
alene i sit smukke lille hus i Rosengade.

Hendes tre voksne børn, en søn og to døtre, og hendes børne-
børn besøger hende hver søndag eftermiddag, fordi børnebørn-
nene holder meget af deres bedstemor, og fordi de alle gerne
vil drikke kaffe sammen om søndagen.

Når de så alle sidder ved kaffebordet, plejer fru Mikkelsen altid
at sige, at hendes datters mindste søn nok kommer til at ligne
sin far, og at sønnens ældste datter bliver kønnere og kønnere.

Og så plejer hendes børn at kigge på hinanden, og så tænker
de hver for sig på, at det ikke er så nemt at blive gammel.

Derfor blev de også alle meget forbavsede, da hun sidste søndag i en resolut tone pludselig sagde: „Jeg rejser til Fyn i morgen. Det vil altså sige, at én af jer må komme for at køre min bagage til banegården. Jeg skal køre kvart over fire!" Fru Mikkelsens søn skyndte sig at sige: „Ja, jeg skal nok komme..." men han blev hurtigt afbrudt af sin mor: „Så er det nok bedre, I går nu, for jeg skal pakke mine kufferter. Så ses vi igen på søndag!"

Erläuterungen **15 B**

1. Futur

Ein eigentliches Futur oder eine feste Verbindung mit einem bestimmten Hilfsverb, wie im Deutschen, gibt es im Dänischen nicht. Man bildet die Zukunft durch Umschreibung mit den modalen Hilfsverben **vil** (1) und **skal** (2), die man vor den Infinitiv des Vollverbs stellt. Auch drückt man in vielen Fällen die Zukunft durch das **Präsens** (3) aus oder hilft sich damit, daß man die Ausdrücke **skal til at** oder **kommer til at** (4) einfügt.

1) Die ursprüngliche Bedeutung von **ville** [ˈvilə] ist *wollen*: Hun vil ikke. *Sie will nicht.* – **Ville** hat aber auch rein futurische Bedeutung = *werden*:

Det **vil blive** meget dyrt [de vel ˈbliːə ˈmɑĭəð dyːˀʀd]. *Es wird sehr teuer werden.*

2) Die ursprüngliche Bedeutung von **skulle** [ˈsgulə] ist *sollen, müssen*: Du skal gå! *Du sollst gehen!* – **Skulle** kann aber ebenfalls eine rein futurische Bedeutung haben, besonders in Verbindung mit Adverbien wie z. B. nok *schon*, snart *bald*, straks *sofort*, tit *oft* u. ä.: Jeg **skal** nok **komme**! *Ich werde schon kommen!*

3) Jeg **rejser** i morgen.

4) Han **kommer til at** ligne sin far [han ˈkɔməʀ ˈte ɔ ˈliːnə sin fɑːʀ]. *Er wird seinem Vater ähnlich (werden).* Nu **skal** jeg **til at** stryge min kjole [nu sga jaĭ ˈte ɔ ˈsdʀyːə min ˈkjoːlə]. *Ich werde jetzt mein Kleid bügeln.*

2. Konditional

Der Konditional wird im Dänischen mit Hilfe der modalen Hilfsverben **ville** bzw. **skulle im Imperfekt** + **ein Verb im Infinitiv** (Konditional I) oder **ville** bzw. **skulle im Imperfekt** + der Infinitiv des Perfekts des Verbs gebildet (Konditional II).

Beispiele: Jeg **ville gøre** det, hvis jeg havde penge nok.
Ich würde es tun, wenn ich genügend Geld hätte.

Jeg **skulle** nok **have gjort** det, hvis han var kommet.
Ich hätte es schon getan, wenn er gekommen wäre.

3. Das Hilfsverb blive ['bliːvə] *werden*

Anmerkung: Als Vollverb hat **blive** die Bedeutung *bleiben.*

Infinitiv	Imperativ	Präsens	Imperfekt	Partizip Perfekt
at blive	bliv	bliver	blev	blevet

Beispiel: Hun **blev kysset** af ham. *Sie wurde von ihm geküßt.*

4. Der bestimmte Artikel

In folgenden Fällen, wo im Deutschen ein Artikel steht, gebraucht man im Dänischen **keinen**:

1) Bei Namen mit vorhergehendem Adjektiv: Gamle fru Mikkelsen. *Die alte Frau Mikkelsen.*
2) Bei Straßen: Hun bor i Rosengade. *Sie wohnt in der Rosenstraße.*
3) Bei Monatsnamen: Januar måned var temmelig mild. *Der Januar war ziemlich mild.*
4) Bei geographischen Namen: Store Bælt, Lille Bælt. *Der Große Belt, der Kleine Belt.* Kattegat *das Kattegat.*
5) Bei vielen Institutionen: Zoologisk Have *der Zoologische Garten.*
6) Bei vielen Ausdrücken, die einen Einteilungs- oder Aufreihungscharakter haben: Det er første gang. *Es ist das erste Mal.*
7) Bei vielen adverbialen Ausdrücken, in denen ein Substantiv mit einer Präposition gekoppelt ist: Den slags frakker er gået af mode. *Derartige Mäntel sind aus der Mode.*
8) Bei einigen Ausdrücken, die aus einem Verb und einem Substantiv bestehen: skifte tøj *die Kleidung wechseln/sich umziehen.*
9) Bei Genitivkonstruktionen: Lærerens elever *die Schüler des Lehrers.*

5. Der unbestimmte Artikel

fehlt im Unterschied zum Deutschen in vielen festen Ausdrücken, z. B.:

I visse lande kræver man, at vidner aflægger ed [i 'vesə 'lanə 'kʀɛːvəʀ man, ad 'viðnəʀ 'ɑŭlɛgəʀ eːˀð]. *In gewissen Ländern verlangt man, daß Zeugen (einen Eid) schwören;* at aflægge ed *(einen Eid) schwören.*

1. Buchstabieren Sie die Wörter auf dänisch:

cykel, hjælpe, hånd, træ, wc, øje, varm.

2. Welches Wort gehört nicht in die jeweilige Reihe?

a) dreng, pige, mand, far, herre
b) mor, datter, frøken, moster, bedstemor, kusine
c) avis, tegneserie, pakke, bog
d) lejlighed, hus, altan
e) franskbrød, småkager, røræg, rugbrød
f) spraglet, blå, grøn, gul
g) kvinde, pige, datter, mand, dreng
h) stol, seng, spisebord, stue, skrivebord, sofabord

3. Setzen Sie die Imperfektform des Hilfsverbs „blive" ein:

Dr. Hansens kone … kørt hjem af Helge. Fru Mikkelsen … meget forbavset, da hun … kysset af sin søn.

Vokabeln **15 D**

gamle fru Mikkelsen ['gɑmlə fʀu 'megəlsən]	die alte Frau Mikkelsen
dø, -r, -de, død [døːˀ]	sterben
helt alene [heːˀld aˈleːnə]	ganz allein
hus,-et, -e [huːˀs]	Haus
hendes voksne børn ['henəs 'vɔgsnə bœʀˀn]	ihre erwachsenen Kinder
barnebarn, -et, børnebørn ['bɑʀnəbɑʀˀn]	Enkel(in)
hver eftermiddag [vɛːˀʀ 'ɛfdəʀmedaːˀ]	jeden Nachmittag
holde af (holder, holdt, holdt) ['hɔlə 'aːˀ]	gernhaben, mögen
bedstemo(de)r, -en, bedstemødre ['bɛsdəmoːʀ]	Großmutter, Oma
alle ['alə]	alle
gerne ['gɛʀnə]	gern
sammen ['sɑmˀən]	zusammen
kaffebord, -et, -e ['kɑfəboːˀʀ]	Kaffeetisch, Kaffeetafel
han kommer til at ligne sin far [han 'kɔmˀəʀ 'te ɔ 'liːnə sin fɑːʀ]	er wird seinem Vater ähnlich (werden)
kigg|e på hinanden, -er, -ede, -et ['kigə pɔ hinˀanən]	sich gegenseitig ansehen
de tænker hver for sig på, … [di 'tɛŋgəʀ vɛːˀʀ fɔʀ saɪ pɔ]	sie denken jeder für sich daran,…
nem [nɛmˀ]	leicht
blive gammel (bliver, blev, blevet) ['bliːə 'gaməl]	alt werden
de blev meget forbavsede [di bleŭ 'maɪəð fɔʀ'baŭˀsəðə]	sie wurden sehr überrascht
i en resolut tone [i en ʀeso'lud 'toːnə]	in einem entschlossenen Ton
til [tel]	*hier:* nach; zu
Fyn [fyːˀn]	Fünen, *zweitgrößte dän. Insel (zwischen Kleinem und Großem Belt)*
det vil sige, *Abk.* **d.v.s.** [de ve 'siːə]	das heißt
én af jer [eːˀn a jɛʀ]	eine(r) von euch

måtte (må, måtte, måttet) [ˈmɔdə]	*hier:* müssen	**jeg skal nok komme** [jɑɪ sga nɔg ˈkɔmə]	ich werde schon kommen
kør|e, -er, -te, -t [ˈkøːʀə] fahren			
bagage, -n, *o. pl.* [baˈgaːsjə]	Gepäck	**blive afbrudt (bliver, blev, blevet)** [ˈbliːə ˈɑŭbʀud]	unterbrochen werden
banegård, -en, -e [ˈbaːnəgɔːʔʀ]	Bahnhof	**det er nok bedre** [de ɛʀ nɔg ˈbɛðʀə]	es wird wohl besser sein
skulle (skal, skulle, skullet) [ˈsgulə]	*hier:* werden	**så ses vi igen på søndag** [sɔ seːʔs vi iˈgɛn pɔ ˈsœnʔda]	dann sehen wir uns Sonntag wieder
han skyndte sig at sige… [han ˈsgøndə sɑɪ ɔ ˈsiːə] er sagte schnell …			

16. Stunde

På restaurant

gæst A: Tjener!

tjeneren: De ønsker?

gæst A: Vi vil gerne have noget at spise.

tjeneren: Ja. Skal det være varm mad eller smørrebrød?

gæst A: Tja … det ved vi ikke endnu.

tjeneren: Så kommer jeg med et spisekort og en smørrebrøds-seddel.

gæst A: Ja tak.

gæst B: Og vi vil også gerne have noget at drikke.

tjeneren: Ja, gerne.

gæst A: Ja, må vi bede om vinkortet?

tjeneren: Ja, et øjeblik. *(Han henter en smørrebrødsseddel, et spisekort og et vinkort)*

gæst B: Jeg er skrækkelig tørstig.

gæst A: Så skulle du næsten allerførst drikke en øl.

gæst B: Ja, det vil jeg også.

(lidt senere)

tjeneren: Værsgo. *(Han lægger de tre ting på bordet)*

gæst A: Tak for det.

gæst B: Kan jeg straks få en øl og en rød ålborg?

tjeneren: Ja.

gæst B: *(spørger gæst A):* Hvad med dig?

gæst A: Nej, jeg tør ikke drikke snaps på grund af min mave, og du burde næsten heller ikke gøre det. Men jeg vil da gerne have en vermut.

gæst B: Ja, ja. Man bør altid lytte til gode råd. Men jeg vil da alligevel gerne have en snaps.

tjeneren: Ja tak. Et øjeblik.
(gæsterne studerer spisekortet)
gæst B: Jeg vil have dagens ret.
gæst A: Ja, det vil jeg også.
(tjeneren kommer med en flaske øl, en snaps og en vermut)
tjeneren: Værsgo.
gæst B: Mange tak.
gæst A: Vi vil begge gerne have dagens ret.
tjeneren: Ja, så gerne.
gæst B *(idet han løfter sit snapseglas):* Skål. Lad os drikke ud.
gæst A: Skål.
(et par minuter senere stiller tjeneren et dampende fad med benløse fugle på bordet)

Erläuterungen   **16 B**

1. Modalverben

Die modalen Hilfsverben werden mit einem Verb im Infinitiv (ohne **at**) verbunden:

Han skal komme [han sgal ˈkɔmə]. *Er muß/soll kommen.*

Infinitiv	skulle	ville	kunne	turde	burde	måtte
Präsens	skal	vil	kan	tør	bør	må
Imperfekt	skulle	ville	kunne	turde	burde	måtte
Partizip Perfekt	skullet	villet	kunnet	turdet	burdet	måttet

1) **skulle** [ˈsgulə] *sollen, werden, müssen, wollen* kann einen Befehl, etwas Zukünftiges oder eine Notwendigkeit ausdrücken:

Zukunft: Hvad **skal** I **lave** i København? *Was habt ihr in Kopenhagen vor?*

Notwendigkeit: Han **skal komme.** *Er muß/soll kommen.*

Befehl: I **skal opføre** jer ordentligt. *Ihr sollt euch ordentlich benehmen.*

2) **ville** [ˈvilə] *wollen, werden* drückt einen Willen oder etwas Zukünftiges aus.

Zukunft/Wille: De **vil besøge** os på fredag. *Sie wollen/werden uns Freitag besuchen.*

Wille: **Vil** du allerede **gå**? *Willst du schon gehen?*

Außerdem wird es bei höflichen Fragen und Bitten sehr häufig angewendet. Will man außerordentlich höflich sein, dann stehen die Modalverben im Imperfekt:

Höflichkeit: Jeg vil(le) gerne have denne bog! *Ich hätte gern dieses Buch!*

3) **kunne** ['kunə] *können*, drückt eine Möglichkeit, eine Annahme oder eine Fähigkeit aus. Außerdem wird es auch bei höflichen Fragen und Bitten gebraucht; auch hier steht das Imperfekt für außerordentliche Höflichkeit.

Annahme: Det kan godt være rigtigt. *Das kann gut stimmen.*

Möglichkeit: Hvornår kan/kunne han komme? *Wann kann/konnte er kommen?*

Fähigkeit: Hun kan godt spille på violin. *Sie kann Geige spielen.*

Höflichkeit: Kan/kunne De sige mig, hvor stationen ligger? *Können/könnten Sie mir sagen, wo der Bahnhof ist?*

4) **turde** ['tuRdə] *wagen* wird gebraucht im Sinne von Mut haben:

Tør du sige det til ham? *Wagst du es ihm zu sagen?* Jeg turde ikke gøre det. *Ich wagte es nicht zu tun.*

5) **burde** ['buRdə] *müssen, sollen* drückt eine moralische Verpflichtung aus:

Jeg burde egentlig ringe til ham. *Ich müßte/sollte ihn eigentlich anrufen.* I Helsingør bør man se Kronborg slot. *In Helsingör sollte man sich das Schloß Kronborg anschauen.*

6) **måtte** ['mɔdə] *dürfen, müssen* beinhaltet in Fragesätzen die Bitte um ein Zulassen; es wird daher auch in höflichen Fragesätzen verwendet. Må gerne/godt = Zulassen *bzw.* må ikke = Verbot. In anderen Sätzen drückt es eine Notwendigkeit aus.

Notwendigkeit: Krigen må da holde op engang. *Der Krieg muß doch mal aufhören.* Han måtte sige det til ham. *Er mußte es ihm sagen.*

Verbot: De måtte ikke gå. *Sie durften nicht gehen.*

Zulassung: I må godt få et stykke kage. *Ihr dürft gern ein Stückchen Kuchen haben.*

Höflichkeit: Må(tte) jeg låne køreplanen et øjeblik? *Darf/dürfte ich einen Augenblick den Fahrplan ausborgen?*

Manchmal steht **måtte** im Imperfekt auch bei Wünschen.

Wunsch: Måtte ingen af os opleve denne dag. *Möge keiner von uns diesen Tag erleben.*

Merke:

Die Modalverben stehen bei äußerst höflichen Fragen und Bitten, in hypothetischen Sätzen und bei Wünschen im Imperfekt.
In vielen Fällen klingt die negative Konstruktion bei außerordentlicher Höflichkeit besser, z. B.: Jeg **måtte vel** ikke låne køreplanen et øjeblik?

Während man im Deutschen die Infinitivform der modalen Hilfsverben in Verbindung mit einem Verb im Infintiv in den zusammengesetzten Zeiten gebraucht, steht im Dänischen das Partizip Perfekt:
Jeg har ikke **villet** se ham. *Ich habe ihn nicht sehen wollen.*

Steht im Deutschen Plusquamperfekt Konjunktiv in Verbindung mit Präsens Infinitiv, dann steht im Dänischen Imperfekt in Verbindung mit einem Perfekt Infinitiv:
Jeg **skulle** ikke **have spist** det. *Ich hätte es nicht essen sollen.*

Anmerkung: Beachten Sie beim Satzbau mit modalen Hilfsverben **die vom Deutschen abweichende Wortstellung.**

2. Wiederholung des Verbs in Antwortsätzen

Im Dänischen kommt die Wiederholung des Verbs in der Antwort bei **have, være, blive** und bei den **modalen Hilfsverben** sehr häufig vor:
Har du spist? *Hast du gegessen?* – Ja jeg **har.**
Var du der i går? *Warst du gestern da?* – Nej jeg **var** ikke.

Bei vielen anderen Verben wird **gøre** *tun* gebraucht:
Læser du? *Liest du?* – Ja jeg **gør.**

3. Partizip Präsens

Das Partizip Präsens wird gebildet, indem an den Stamm des Verbs ein **-ende** angehängt wird. Es wird sowohl als **Adjektiv** (**stigende** priser ['sdiːənə 'pʀiːsəʀ] *steigende Preise*) wie auch als **Adverb** (barnet sad **grædende** på fortovet ['baʀˀnəð saːˀð 'gʀɛːðənə pɒ 'fɔʀtɔŭˀəð] *das Kind saß weinend auf dem Bürgersteig*) und als **Substantiv** verwendet (de **rejsende** skiftede på Københavns hovedbanegård [di 'ʀɑĭsənə 'sgifdəðə pɒ køːbənˈhaŭˀns 'hoːðəbaːnəgɔːˀʀ] *die Reisenden stiegen auf dem Kopenhagener Hauptbahnhof um*).
Steht das Substantiv im Genitiv, wird ein **-s** angehängt: de **rejsendes** bagage *das Gepäck der Reisenden.*
Während im Deutschen bei Bewegungsverben *(gehen, laufen, fahren)* in Verbindung mit dem Verb *kommen* das Partizip Perfekt verwendet wird, gebraucht man im Dänischen stets das Partizip Präsens: Han

kom **løbende.** *Er kam gelaufen.* In Verbindung mit den Verben **blive, have, finde** und **træffe** *treffen* wird im Deutschen der Infinitiv gebraucht; im Dänischen steht das Hauptverb im Partizip Präsens: Han blev **siddende,** da hun kom ind. *Er blieb sitzen, als sie hereinkam.*

Übungen 16 C

1. Setzen Sie das Partizip Präsens ein:

(ligge) „Bliv du kun …!" sagde han. *(hoste)* Jens lå … i sin seng. *(græde)* Drengen løb … ud af huset. *(blæse)* Sommetider var vejret meget …. *(dampe)* Et … fad med kartofler. *(stønne)* Jens lå … i sin seng. *(gå)* Hr. Svendsen kom …. *(stå)* Manden blev ….

2. Fügen Sie das korrekte Modalverb im Präsens ein:

(Befehl) Du … komme. *(Wille)* Han … besøge dem i morgen. *(Möglichkeit)* De … ikke komme til hendes fødselsdag. *(Mut)* Hun … ikke gå hjem. *(Moralische Verpflichtung)* I København … man se Tivoli ['tivoli]. *(Verbot)* De … ikke lege med hinanden.

3. Mit oder ohne d?

Skyn- dig nu lidt! Man-en blev ståen-e. Konens børn kom løben-e. Han skulle plu-selig hjem. Børnebørnene holder meget af deres be-stemor. Hun købte et grøn-t bord og en rø- sofa. Et stor-t værelse. Han besøg-te dem i går.

Vokabeln 16 D

restaurant, -en, -er [ʀesdɑŭ'ʀɑŋ]	Gaststätte	**smørrebrødsseddel** ['smœʀəbʀøð'sɛð²əl]	*Liste, auf der die gewünschten Butterbrote vom Gast angekreuzt werden*
gæst, -en, -er [gɛsd]	Gast		
tjener, -en, -e ['tjɛːnəʀ]	Kellner, Ober		
ønsk|e, -er, -ede, -et ['ønsgə]	wünschen		
eller ['ɛləʀ]	oder	**må jeg bede om …** [mɔ jaĭ 'beː² ɔm]	*dürfte ich um … bitten*
smørrebrød ['smœʀəbʀøː²ð]	belegte Brote	**vinkort, -et, -** ['viːnkɔʀd]	Getränkekarte
tja … [tjaː]	hm …		
ikke endnu ['egə e'nu]	noch nicht	**hent|e, -er, -ede, -et** ['hɛndə]	holen
så kommer jeg med … [sɔ 'kɔm²əʀ jaĭ mɛð]	dann bringe ich Ihnen …	**tørstig** ['tœʀsdi]	durstig
spisekort, -et, - ['sbiːsəkɔʀd]	Speisekarte	**allerførst** ['al²əʀfœʀsd]	zuallererst
		øl [øl]	Bier

straks [sdʀɑgs]	sofort, gleich	tjeneren kommer med ...	der Kellner
en rød ålborg	ein in Ålborg	[ˈtjɛːnərən ˈkɔmˀər	bringt ...
[en ʀøːˀð ˈɔlbɔːˀʀ]	hergestellter	mɛð]	
	Aquavit	ja, så gerne!	ja, gern!
spørg|e, -er, spurgte,	fragen	[ja sɔ ˈgɛʀnə]	
spurgt [ˈsbœʀə]		idet [iˈde]	indem
jeg tør ikke ...	ich wage	løft|e, -er, -ede, -et	hochheben
[jɑɪ tœʀ ˈegə]	nicht ...	[ˈløfdə]	
snaps [snɑbs]	Schnaps,	snapseglas, -set, -	Schnapsglas
	Alkoholika	[ˈsnɑbsəglas]	
på grund af	wegen,	skål! [sgɔːˀl]	prost!
[pɔ gʀonˀ a]	aufgrund	lad os drikke ud	laßt uns
mave, -n, -r [ˈmaːvə]	Magen	[lað ɔs ˈdʀegə ˈuːˀð]	austrinken
vermut, -en, - [ˈvɛʀmud]	Wermut	still|e, -er, -ede, -et	stellen
man bør altid lytte til	gute Rat-	[ˈsdelə]	
gode råd [man bœʀ	schläge sollte	dampende [ˈdɑmbənə]	dampfend
ˈalˀtiːˀð ˈlydə te	man be-	fad, -et, -e [fað]	Schüssel
ˈgoːðə ʀɔːˀð]	herzigen	benløse fugle	Fleischroula-
alligevel [aˈliːəvɛl]	trotzdem	[ˈbeːnløːsə ˈfuːlə]	den; wörtlich:
øjeblik, -et, -e [ˈɔïəbleg]	Augenblick		Vögel ohne
dagens ret [ˈdaːˀəns	Gericht des		Beine
ʀɛd]	Tages		

17. Stunde

Eventyrfortælleren, hvis digtning blev verdensberømt

17 A

H. C. Andersen, som blev født 1805 i Odense på Fyn, er Danmarks eneste digter, som næsten alle mennesker kender. Hans eventyr har vundet en udbredelse, der overgår Goethes og Shakespeares.

At hans historier overhovedet er blevet så kendte, er forbavsende, fordi hans skrivemåde i mange tilfælde er uoversættelig. Hans sprog er så nuanceret, at man kun kan begribe Andersens originalitet, når man læser hans digtning på dansk. Foruden sine i alt 156 eventyr har Andersen skrevet romaner, digte, børnerim og rejsebeskrivelser.

Mens brødrene Grimm reddede overleverede eventyr fra undergang, havde Andersen egne indfald. „Den grimme ælling" er for eksempel en selvbiografi, og i „Hun duede ikke" skriver han om sin mor, der var vaskekone, og som tilbragte sine sidste år som et fordrukkent vrag.

Det er en stor misforståelse, at hans eventyr er historier udelukkende for børn, for nogle af hans historier overskrider børns fatteevne. Andersen ville skrive både for børn og voksne.

1. Relativpronomen

1) **som** [sɔm] *der, die, das, die; welcher, welche, welches, welche* wird am häufigsten gebraucht. Es kann in allen Fällen mit Ausnahme des Genitivs als Subjekt oder Objekt im Satz stehen. Es ist wie **der** unflektiert und wird ebenfalls im Singular und im Plural gebraucht. Als Objekt wird **som** in der Umgangssprache oft weggelassen.

2) Auch **der** [dɛʀ] *der, die, das, die; welcher, welche, welches, welche* kann in allen Fällen mit Ausnahme des Genitivs stehen, allerdings nur, wenn es Subjekt im Relativsatz ist. Es darf deshalb nie ausgelassen werden.

Beispiele:

| Den dame, { **som** *(Subjekt)* går dér, er Povls mor. *Die Dame, die* |
| **der** *dort geht,* ... |
| Den dame, (**som**) *(Objekt)* hun besøgte i går, er Povls mor. |
| Folgen mehrere Relativpronomen aufeinander, wechselt man mit **der** und **som** ab: |
| Den dame, **som** har købt det smukke hus, **der** ligger i Rosengade, er nok samme dame, (**som**) hr. Svendsen tit besøger. |

3) **hvis** [ves] *dessen, deren, deren* ist ebenfalls unflektiert und wird wie **som** und **der** auch im Singular und Plural gebraucht. Es ist die Genitivform der Relativpronomen:

Karen, **hvis** fætter bor i Amerika, besøgte mig i går. *Karen, deren Vetter ...*

4) **hvad** [vað] *was* od. **hvilket** [ˈvelgəð] *was* beziehen sich immer auf einen ganzen Satz:

Den gamle konge er død, **hvad/hvilket** mange beklager. *Der alte König ist tot, was viele bedauern.*

5) Die Relativpronomen **hvem** [vɛmˀ] *wer* oder **hvad** können im Satz als Subjekt stehen. In solchen Fällen muß das Relativpronomen **der** eingefügt werden:

Hvem der ikke vil høre, må føle. *Wer nicht hören will, muß fühlen.*
Tag **hvad der** kommer [taːˀ vað dɛʀ ˈkɔmˀəʀ]. *Nimm, was kommt.*

2. Wörter, die aus Länder-, Landesteil- und Ortsnamen gebildet werden

Danmark *Dänemark*	dansker *Däne*	dansk *dänisch*
Jylland [ˈjylanˀ]	jyde [ˈjyːðə]	jysk
Fyn [fyːˀn]	fynbo	fynsk
Sjælland [ˈsjɛlanˀ]	sjællænder	sjællandsk
Lolland [ˈlɔlanˀ]	lollænder/lollik	lollandsk
Falster [ˈfalˀsdɐR]	falstring [ˈfalsdRɛŋ]	falstersk
Bornholm [bɔRnˈhɔlˀm]	bornholmer	bornholmsk
Færøerne [ˈfɛːRøːˀəRnə]	færing	færøsk
Grønland [ˈgRœnlanˀ]	grønlænder [ˈgRœnlɛnˀɐR]	grønlandsk
Norge [ˈnɔRwə]	nordmand [ˈnoːʀmanˀ]	norsk
Sverige [ˈsvɛːˀRiə]	svensker	svensk
Finland [ˈfenlanˀ]	finne	finsk
Island [ˈiːslanˀ]	islænding	islandsk
Tyskland [ˈtysglanˀ]	tysker	tysk

Anmerkung: Vesttyskland *Westdeutschland;* Den tyske Forbundsrepublik *Bundesrepublik Deutschland;* Østtyskland *Ostdeutschland;* DDR *DDR.*

Einwohnernamen

Viele dänische Einwohnernamen haben einen lateinischen Ursprung und sind schwer zu bilden. Deshalb werden sie fast immer umschrieben, z. B.:

Stadt	Einwohnername	Umschreibung
Esbjerg [ˈɛsbjɛRˀw]	esbjergenser [ɛsbjɛRˈgɛnˀsəR]	en pige fra Esbjerg
Ribe [ˈRiːbə]	ripenser	han er fra Ribe
Vejle [ˈvɑɪlə]	vejlenser	de bor i Vejle

Stadt	Einwohnername	Umschreibung
Odense [ˈoːˀðənsə]	odenseaner [oːˀðənsəˈaːˀnəR]	en dame fra Odense *usw.*
Hillerød [ˈhiləRøːˀð]	hillerødianer	**Anmerkung:** gebraucht werden aber nur **esbjergenser** und **odenseaner**!
Nakskov [ˈnɑgsgɔŭˀ]	nakskovit	

Viele ausländische und einige inländische Einwohnernamen enden auf -**er**: en berliner, en københavner.

Merke auch:
Wortverbindungen, in denen Orts- oder Landschaftsnamen enthalten sind, haben meistens kein Genitiv-s, außer bei Zusammensetzungen mit **København**. z. B.: Gråsten slot *Schloß Gravenstein,* Kregme kirke [ˈkRɑĭmə ˈkiRɣə] *die Kirche in Kregme (Nordseeland),* Københavns hovedbanegård.

3. Weibliche Endungen

Im Dänischen existiert vielfach keine spezielle weibliche Form. Daher muß, wenn hervorgehoben werden soll, daß es sich um eine Frau handelt, umschrieben werden, z. B.:

männliche und weibliche Form	Umschreibung
læge	en kvindelig læge
dansker	en dansk pige
nordmand	en dame fra Norge
arkitekt *Architekt(in)*	fru arkitekt Lis Hansen
formand *Vorsitzende(r)*	en kvindelig formand

Trotzdem gibt es noch viele speziell weibliche Endungen, z. B.:

telefon**dame** *Telefonistin;* lærer**inde** *Lehrerin;* smørrebrøds**jomfru** *Kaltmamsell;* vaske**kone** *Waschfrau;* gymnastik**pige** *junge Turnerin;* servi**trice** *Serviererin;* mass**øse** *Masseurin;* sygeplejer**ske** *Krankenschwester.*

111

1. Übersetzen Sie:

Der Junge, der dort geht, ist mein Bruder. Das Mädchen, dessen Schwester Ärztin ist, wohnt bei Dr. Hansen. Helge, dessen Bruder in Kopenhagen wohnt, ist Arzt. Sie ist Dänin. Das Mädchen ist Norwegerin. Die Eier, die er gestern gekauft hat, hat Kirsten gegessen.

2. n oder d?

H. C. Andersen er Danmarks eneste digter, som næsten alle mennesker ken-er. Kirsten og Helge har mange ven-er. Ken-er De dr. Hansens søn-er? Hen-es man- hedder Erik. Hun købte nogle grøn-e gardiner. Vinteren begyn-er i november måned. Jeg har ingen tæn-stikker.

eventyrfortæller, -en, -e ['ɛːvənty:ʔʁfɔʁ'tɛlʔəʁ]	Märchenerzähler	**sprog, -et, -** [sbʁɔ:ʔw]	Sprache
digtning, -en, -er ['degdnɛŋ]	Dichtung	**så** [sɔ]	so
		nuanceret [nyɑŋ'se:ʔʁəð]	nuanciert
verdensberømt ['vɛʁdənsbe'ʁœmʔd]	weltberühmt	**kun** [kon]	nur
		begribe, -er, begreb, begrebet [be'gʁi:ʔbə]	begreifen
blive født (bliver, blev, blevet) ['bli:ə fø:ʔd]	geboren werden	**originalitet, -en, o. pl.** [ɔʁiginali'te:ʔd]	Originalität
Odense ['o:ʔðənsə]	*größte Stadt auf Fünen*	**dansk** [dan'sg]	dänisch
		foruden [fɔʁ'u:ðən]	außer
eneste ['e:nəsdə]	einzig	**i alt** [i 'alʔd]	im ganzen
digter, -en, -e ['degdəʁ]	Dichter	**skrive, -er, skrev, skrevet** ['sgʁi:və]	schreiben
menneske, -t, -r ['mɛnəsgə]	Mensch	**roman, -en, -er** [ʁo'ma:ʔn]	Roman
kende, -er, -te, -t ['kɛnə]	kennen	**digt, -et, -e** [degd]	Gedicht
eventyr, -et, - ['ɛːvənty:ʔʁ]	Märchen	**børnerim, -et, -** ['bœʁnəʁi:ʔm]	Kinderreim
vinde, -er, vandt, vundet ['venə]	gewinnen	**rejsebeskrivelse, -n, -r** ['ʁɑïsəbe'sgʁi:ʔvəlsə]	Reisebeschreibung
udbredelse ['uðbʁe:ʔðəlsə]	Ausbreitung, Verbreitung	**brødrene Grimm** ['bʁœðʁənə gʁem̩ʔ]	die Gebrüder Grimm
overgå ['ɔuʁgɔ:ʔ]	übertreffen, überragen	**redde, -er, -ede, -et** ['ʁɛðə]	retten
at [ad]	daß	**overleveret** ['ɔuʁle've:ʔʁəð]	überliefert
overhovedet [ɔuʁ'ho:ðəd]	überhaupt	**undergang** ['onəʁgɑŋʔ]	Untergang
kendt [kɛnʔd]	bekannt	**egen, eget** ['aïən, 'aïəd] *pl.* **egne** ['aïnə]	eigen
forbavsende [fɔʁ'baü:ʔsənə]	erstaunlich	**indfald, -et, -** ['enfalʔ]	Einfall
skrivemåde ['sgʁi:vəmɔ:ðə]	Schreibweise	**Den grimme ælling** [dɛn 'gʁemə 'ɛləŋ]	Das häßliche Entlein
i mange tilfælde [i maŋə 'telfɛlə]	in vielen Fällen	**for eksempel,** *Abk.* **f.**	zum Beispiel
uoversættelig [uɔüʁ'sɛdəli]	unübersetzbar	**eks.** *od.* **fx** [fɔʁ ɛg'sɛmʔbəl]	

selvbiografi ['sɛlbiogʀɑ'fiːʔ]	Selbstbiographie	udelukkende ['uːðəlogənə] ausschließlich

selvbiografi ['sɛlbiogʀɑ'fiːʔ] — Selbstbiographie
Hun duede ikke [hun 'duːəðə 'egə] — Sie hat nichts getaugt
vaskekone, -n, -r ['vasgəkoːnə] — Waschfrau
de sidste [di 'sisdə] — die letzten
som [sɔm] — als
fordrukken [fɔʀ'dʀogən] — trunksüchtig
vrag, -et, - [vʀɑːʔw] — Wrack
misforståelse, -n, -r ['misfɔʀsdɔ̞ːʔəlsə] — Mißverständnis

udelukkende ['uːðəlogənə] — ausschließlich
for børn [fɔʀ bœʀʔn] — für Kinder
for [fɔʀ] — denn
nogle af hans historier overskrider børns fatteevne ['nɔ̞ːən a hans hi'sdoːʔʀiəʀ 'ɔüəʀsgʀiːʔðəʀ bœʀʔns 'fadəɛünə] — einige seiner Geschichten überschreiten das Fassungsvermögen von Kindern
både ... og ['bɔ̞ːðə ɔw] — sowohl ... als (auch)
voksne ['vɔgsnə] — Erwachsene

18. Stunde

Et børnerim

18 A

Danse, danse, dukke min!
Nej, hvor frøkenen er fin!
kavaleren ligeså,
han har hat og handsker på,
bukser hvide, kjole blå,
ligtorn på den store tå.
Han er fin, og hun er fin.
Danse, danse, dukke min!

Her er gamle Lisemor!
Hun er dukke fra i fjor;
håret nyt, det er af hør,
panden vasket er med smør;
hun er ganske ung igen.
Kom nu med, min gamle ven!
I skal danse, alle tre.
Det er penge værd at se.

Danse, danse, dukke min!
Gør de rette dansetrin!
foden udad, hold dig rank,
så er du så sød og slank!
Neje, dreje, snurre rundt,
det er overmåde sundt!
Det er nydeligt at se.
I er søde alle tre.

H. C. Andersen
(1805–1875)

Anmerkungen zum Text:

Denken Sie bitte daran, daß Andersens Reim literarisch ist. In der Umgangssprache würde es beispielsweise heißen: Dans, dans, min dukke! (Imperativ) und anstelle von **ligeså** *ebenso* würde man **ligesådan** *ebenso* sagen; außerdem: **hvide bukser** und **blå kjole** (hier in der Bedeutung *Frack*).

Lisemor würde ich mit *Lieschen* übersetzen, denn Lisemor ist ein liebkosender Ausdruck für den Mädchennamen **Lise**. Außerdem: Hun er dukken fra i fjor *und* håret er nyt, det er af hør *und* panden er (blevet) vasket med smør.

Anstelle von **ret** *recht* würde man heute **rigtig** *richtig, korrekt* sagen.

Erläuterungen **18 B**

1. -chen und -lein

Im Dänischen existieren diese deutschen Endungen nicht. Sie können aber teilweise durch **lille, lille-** oder **små-** [smɔ-] wiedergegeben werden, z. B.: (liebkosend, vertraulich) **lille** skat *mein kleiner Schatz, Schätzchen;* hør, **lille** ven *hör mal, Freundchen;* en **lille** blomst *Blümchen;* **lillebror** *kleiner Bruder/Brüderchen;* **småpenge** *Kleingeld;* **småternet** *kleinkariert;* **småhoste** *hüsteln;* **Lisemor** *Lieschen*.

2. Familien *die Familie*

Deres	**er Deres:**
forældre *Eltern*	far og mor
bedsteforældre *Großeltern*	bedstefar *Großvater, Opa* og bedstemor
fars forældre	farfar *Vaters Vater, Opa* og farmor
mors forældre	morfar og mormor
forældres forældre	bedsteforældre
forældres bedsteforældre	oldeforældre *Urgroßeltern*
oldeforældres forældre	tipoldeforældre *Ururgroßeltern*
fars søskende *Geschwister*	farbror *Vaters Bruder, Onkel* og faster *Tante*
mors søskende	morbror og moster *Mutters Schwester, Tante*
børn	søn/sønner og/eller datter/døtre
søskende	bror/brødre og/eller søster/søstre
forældres nevø [ne'vø] *Neffe*	fætter *Vetter*
forældres niece [ni'ɛːsə] *Nichte*	kusine
farbrors kone	tante
fasters mand	onkel ['ɔŋˀgəl] *Onkel*
barns barn	barnebarn
søsters mand	svoger *Schwager*
brors kone	svigerinde *Schwägerin*

114

mands forældre	svigerforældre
søns kone	svigerdatter
datters mand	svigersøn

Anmerkung:

enke *Witwe*, enkemand *Witwer;* ugift *ledig*, gift *verheiratet*, (fra)skilt *geschieden.*

Übungen **18 C**

1. Svar på følgende spørgsmål

1) **Deres** **er Deres?**

fars søster
forældres søn
søsters eller brors søn
brors eller søsters datter
fars bror
farbrors kone
mors søster
mors bror
forældres datter
fasters mand
fars mor
mor og far
forældres forældre
mors mor
fars far
mors far

2) De og Deres søstre er Deres forældres ...?
De og Deres søster er Deres forældres ...?
De er Deres bedsteforældres ...?
De og Deres søster er Deres bedsteforældres ...?
De og Deres søstre er Deres bedsteforældres ...?
De og Deres søskende er Deres forældres ...?
De og Deres søskende er Deres bedsteforældres ...?
De og Deres brødre er Deres forældres ...?
De og Deres brødre er Deres bedsteforældres ...?
Deres datter eller søn er Deres forældres ...?
Deres moster og mor er Deres bedsteforældres ...?

2. Setzen Sie in das Kreuzworträtsel die korrekten dänischen Wörter ein:

waagerecht

1) *Infinitiv von* kaufen
2) *Partizip Perfekt von* lesen
5) Frau Andersen ist Jyttes ...?
8) ich
9) ohne Benzin kann es nicht fahren
13) Vater, Vati
14) darin schläft man
15) *Plural von* Haus

senkrecht

1) Frau Larsen ist Herrn Larsens ...?
3) *Singular von* Stunden
4) daraus trinkt man
6) die Hälfte von 10
7) oft
10) darin kann man lesen
11) danke
12) *Infinitiv von* kämmen

Vokabeln

18 D

dans|e, -er, -ede, -et ['dansə]	tanzen	han har handsker på [han hɑʀ 'hansgɐʀ pɔːʔ]	er hat Handschuhe an
dukke, -n, -r ['dogə]	Puppe	hvid [viðʔ]	weiß
hvor [vɔʀ]	wie	kjole, -n, -r ['kjoːlə]	*hier:* Frack; Kleid
fin [fiːʔn]	fein (angezogen)	ligtorn, -en, -e ['litoːʔʀn]	Hühnerauge
kavaler, -en, -er [kava'leːʔʀ]	Kavalier	tå, -en, tæer [tɔːʔ]	Zeh
ligeså ['liːəsɔːʔ]	ebenso	Lisemor ['liːsəmoːʔʀ]	Lieschen
hat, -ten, -te [had]	Hut	hår, -et, - [hɔːʔʀ]	Haar
handske, -n, -r ['hansgə]	Handschuh		

hør, -ren, o. pl. [hœʀ]	Flachs	hold dig rank	halte dich
pande, -n, -r [ˈpanə]	Stirn	[ˈhɔlˀ daɪ ʀɑŋˀg]	gerade
smør, -ret, o. pl.	Butter	så [sɔ]	dann
[smœʀ]		sød [søːˀð]	süß, niedlich
ganske [ˈgansgə]	ganz	slank [slɑŋˀg]	schlank
ung [oŋˀ]	jung	nej|e, -er, -ede, -et	knicksen, sich
kom nu med	mach jetzt mit	[ˈnɑɪə]	verneigen
[kɔm nu mɛð]		dreje rundt [ˈdʀɑɪə	herumdrehen
det er penge værd at se	es lohnt sich	ʀonˀd]	
[de ɛʀ ˈpɛŋə ˈvɛːˀʀ ɔ seːˀ]	zuzusehen	snurre rundt	schnell um die
penge pl. [ˈpɛŋə]	Geld	[ˈsnoʀə ʀonˀd]	eigene Achse
værd [ˈvɛːˀʀ]	wert		drehen
ret [ʀɛd]	recht	overmåde [ˈɔüəʀmɔːðə]	außerordent-
dansetrin, -(n)et, -	Tanzschritt		lich
[ˈdansətʀin]		det er sundt [de ɛʀ sonˀd] es ist gesund	
fod, -en, fødder [foːˀð]	Fuß	det er nydeligt	es ist reizend
udad [ˈuːˀðað]	nach außen	[de ɛʀ ˈnyːðəlid]	

19. Stunde

En dansktime

19 A

Povl Rasmussen er lærer. Han underviser i dansk, historie og biologi. Han er meget glad for sit arbejde, og derfor er undervisningen hos ham for det meste også meget interessant; i alt fald siger eleverne, at timerne hos ham er bedre end timerne hos de andre lærere.

Da jeg forleden dag besøgte ham, var han lige ved at planlægge en dansktime. Ved den lejlighed fortalte han mig, at hans klasse i nogen tid havde beskæftiget sig med digteren H. C. Andersen, og at han nu gerne ville vide, hvad eleverne kunne huske af stoffet. For at undgå at kontrollen skulle blive for kedelig, ville han næste dag i dansktimen arrangere en hvem-ved-hvad-konkurrence. „Det skal nok blive sjovt!" sagde Povl og smilede.

„Klassen bliver delt ind i fem hold, og hvert hold får 15 ens skriftlige spørgsmål, som hvert hold skal besvare skriftligt. Det hold med de fleste rigtige svar vinder." Og så viste han mig nogle af opgaverne, som for eksempel:

I Rom mødte H. C. Andersen en verdensberømt billedhugger. Hvem var det? *(danskeren Bertel Thorvaldsen)*

Hvem var den kendte filosof, som levede i København på samme tid som Andersen? *(Søren Kierkegaard)*

Hvad opdagede Andersens ven H. C. Ørsted? *(elektromagnetismen)*

Hvis triste barndom skildrer H. C. Andersen i „Den lille pige med svovlstikkerne"? *(sin mors)*

1. Interrogativpronomen

Substantivisch (alleinstehend) gebraucht werden:

Nominativ	**hvem** [vɛmˀ] *wer, wen, wem?*	**hvad** [vað] *was?*
Genitiv	**hvis** [ves] *wessen?*	

1) hvem:

Hvem er H. C. Andersen? **Wer** *ist H. C. Andersen?* – **Hvem** mener du? *Wen meinst du?* –
Hvem kan ikke lide H. C. Andersens eventyr? – **Wem** *gefallen H. C. Andersens Märchen nicht?*

2) hvad:

Hvad har H. C. Andersen skrevet? **Was** *hat H. C. Andersen geschrieben?*

3) hvis:

Hvis eventyrbog er det? **Wessen** *Märchenbuch ist das?*

Anmerkung:

Stehen **hvem** oder **hvad** in Nebensätzen als Subjekt, muß **der** hinzugefügt werden: Ved du, **hvem der** har skrevet „Kejserens nye klæder"? *Weißt du, wer „Des Kaisers neue Kleider" geschrieben hat?* – Ved De, **hvad der** står i Andersens erindringer [eˈʀɛndʀɛŋˀəʀ]? *Wissen Sie, was in Andersens Memoiren steht?*

4) hvilken, hvilket *welcher, welche, welches;* **hvilke** *pl.:*

Adjektivisch heißt das Fragepronomen bei fælleskøn-Substantiven im Singular **hvilken** [ˈvelgən]; bei intetkøn-Substantiven im Singular **hvilket** [ˈvelgəð] und im Plural **hvilke** [ˈvelgə]:

Hvilken historie holder du mest af? *Welche Geschichte hast du am liebsten?* – **Hvilket** eventyr mener du? *Welches Märchen meinst du?* – **Hvilke** romaner købte du? *Welche Romane hast du gekauft?*

Diese Formen kommen aber fast nur in der Schriftsprache vor. In der Umgangssprache sagt man: **Hvad for en** historie? **Hvad for et** eventyr? **Hvad for (nogle)** romaner?

Anmerkung: Andere wichtige Fragewörter sind **hvorfor** *weshalb, warum;* **hvordan** und **hvorledes** *wie, auf welche Weise;* **hvor** *wo;* **hvornår** *wann.*

2. Konjunktiv und Indikativ

Im Dänischen gibt es keinen eigentlichen Konjunktiv. Nur in einigen festen Wendungen, wie: velbekomme! *oder* kongen leve! *es lebe der König!* und bei Flüchen, z. B.: Pokker tage ham! [ˈpɔgər taːˀ hɑm] *Hol ihn der Teufel!* hat man eine konjunktivähnliche Form (Optativ = Wunschform), deren Endung mit dem Infinitiv übereinstimmt.

Der deutsche Konjunktiv wird im Dänischen durch die Vergangenheitsformen des Indikativs wiedergegeben, z. B.:

1) in indirekter Rede mit Übereinstimmung der Zeitenfolge: Han **sagde**, at han **havde set** hende. *Er sagte, daß er sie gesehen hätte.*
   Ausnahme: Han siger, at han **er** syg. *Er sagt, er sei krank.*

2) in Wunschsätzen, auch mit **bare** oder **gid** *wenn (doch) nur, wenn bloß* eingeleitet:
   Bare vi **kunne tage** hjem. *Wenn wir doch nur nach Hause gehen/ fahren könnten.*

3) in hypothetischen Sätzen: Han taler som om han **var** professor. *Er spricht so, als sei er Professor.*

4) bei außerordentlicher Höflichkeit: **Ville De være** så venlig at lukke vinduet? *Wären Sie so freundlich, das Fenster zu schließen?*

3. Himmelsrichtungen

nord [noːˀʀ], **syd** [syð], **øst** [øsd], **vest** [vɛsd].

Norden [ˈnoːˀʀən] *der Norden*, Nordsjælland *Nordseeland*, Sydtyskland *Süddeutschland*, Sønderjylland [ˈsønəʀjylanˀ] *Südjütland*, Østersøen *die Ostsee*, Vesterhavet [ˈvɛsdəʀhaːˀvəð] *die Nordsee*.

Übungen   **19 C**

1. Setzen Sie „hvad for en, hvad for et, hvad for (nogle)" ein:

... bog købte du i går? ... aviser plejer du at læse? ... kager spiste I? ... hus mener De? ... snaps vil du have? ... bluse købte fru Andersen? ... historie kan du bedst lide?

2. Setzen Sie „hvem, hvad, hvis" ein:

... er H. C. Andersen? ... opdagede H. C. Ørsted? ... ven var Bertel Thorvaldsen? ... hat er det? ... fortalte du hende? ... søn er han? ... sagde han? ... er Søren Kierkegaard [ˈsœːʀən ˈkiʀgəgɔːˀʀ].

3. e oder æ ?

V-kkeuret ringer kvart over s-ks hv-r morgen. H. C. Andersen er Danmarks eneste -ventyrfort-ller, som n-sten alle m-nnesker k-nder. En -gte diamant. Per Olsen lukker op for radioen for at høre v-jrm-l-dingen. Povl Rasmussen er l-rer. Hv-m er H. C. Andersen? Kirsten og H-lge har mange v-nner. Hv-m er hans for-ldre? Er du lige så sj-ldent hj-mme som jeg?

Vokabeln   19 D

dansktime, -n, -r ['danˀsɡtiːmə]	Dänischstunde
lærer, -en, -e ['lɛːʁəʁ]	Lehrer
undervis|e, -er, -te, -t ['onəʁviːˀsə]	unterrichten
dansk [danˀsɡ]	Dänisch
historie [hi'sdoːˀʁiə]	Geschichte
biologi [bioloˀɡiˀ]	Biologie
være glad for noget ['vɛːʁə ɡlað fɒʁ 'nɒːəð]	etwas gern
han er glad for sit arbejde [han ɛʁ 'ɡlað fɒʁ sid 'ɑʁbɑĭˀdə]	er hat seine Arbeit gern
undervisning ['onəʁviːˀsneŋ]	Unterricht
i alt fald [i alˀd falˀ]	jedenfalls
elev, -en, -er [e'leːˀv]	Schüler(in)
da [da]	als
forleden dag [fɒʁ'leːˀðən daːˀ]	neulich
planlægge ['plaːnlɛɡə]	planen
ved den lejlighed [veð dɛnˀ 'lɑĭlihɛːˀð]	bei der Gelegenheit
fortælle (fortæller, fortalte, fortalt) [fɒʁ'tɛlˀə]	erzählen
klasse, -n, -r ['klasə]	Klasse
i nogen tid [i 'nɒːən tiːˀð]	einige Zeit
beskæftige sig med noget [be'sɡɛfdiə sɑĭ mɛ 'nɒːəð]	sich mit etwas beschäftigen
hvad eleverne kunne huske af stoffet [vað e'leːˀvəʁnə 'kunə 'husɡə a 'sdɒfəð]	was die Schüler vom Stoff behalten hatten
for at undgå, at ... [fɒʁ ɔ 'onɡɒːˀ ad]	um zu vermeiden, daß...
kontrol, -len, -ler [kɔn'tʁɔlˀ]	Kontrolle
for [fɒʁ]	zu
kedelig ['keːðəli]	langweilig
næste dag ['nɛsdə daːˀ]	(am) nächsten Tag
arranger|e, -er, -ede, -et [ɑʁɑŋ'sjeːˀʁə]	veranstalten
hvem-ved-hvad-kon-kurrence [vɛmˀ veˀð vað kɔnɡu'ʁɑŋsə]	Quiz
det skal nok blive sjovt [de sɡa nɔɡ 'bliːə sjɒŭˀd]	es wird schon amüsant werden
smil|e, -er, -ede od. **-te, -et** ['smiːlə]	lächeln
klassen bliver delt ind i ... ['klasən bliːʁ deːˀld 'enˀ i]	die Klasse wird in ... einge-teilt
hold, -et, - [hɔlˀ]	Gruppe
hver [vɛːˀʁ]	jeder, jede, jedes
ens [eːˀns]	gleich
skriftlig ['sɡʁefdli]	schriftlich
spørgsmål, -et, - ['sbœʁsmɒːˀl]	Frage
som [sɔm]	der, die, das; die pl.
besvar|e, -er, -ede, -et [be'svɑːˀʁə]	beantworten
de fleste [di 'fleːˀsdə]	die meisten
svar, -et, - [svɑːˀʁ]	Antwort
opgave, -n, -r ['ɔbgaːvə]	Aufgabe
Rom [ʁɔmˀ]	Rom
billedhugger, -en, -e ['beləðhoɡəʁ]	Bildhauer
dansker, -en, -e ['dansɡəʁ]	Däne|Dänin
filosof, -fen, -fer [filoˀsɔf]	Philosoph, -in
lev|e, -er, -ede, -et ['leːvə]	leben
på samme tid [pɒ 'samə tiːˀð]	zur gleichen Zeit
elektromagnetisme [e'lɛɡtʁomɑwnə'tismə]	Elektromagne-tismus
trist [tʁisd]	traurig
barndom, -men, o. pl. ['bɑʁndɔmˀ]	Kindheit
skildr|e, -er, -ede, -et ['sɡeldʁə]	schildern
svovlstik, -ken, -ker (heute: **tændstik**) ['svɔŭlsdeɡ]	Schwefel-hölzchen

20. Stunde

Kærlighed ved første blik 20 A

Tove og Lis havde aftalt at gå i Tivoli med deres børn. „For jeg husker, at min første Tivoli-tur satte dybe spor i min bevidsthed, da jeg som barn fik lov til at komme med i Tivoli," sagde Tove, da de sidste mandag eftermiddag alle fire mødtes foran Tivolis hovedindgang. „Og man kan jo heller ikke sige nej, når ens børn en dag gør én opmærksom på, at nogle af de andre børn i børnehaven allerede har været i Tivoli," mente Lis, og begge mødre blev enige om, at deres børn var gamle nok til at komme med.

For børnene var Tivoli kærlighed ved første blik. Straks ved ankomsten fik de hver en stor candy-floss, og det varede ikke længe, før de begge påstod at være meget sultne, selv om mødrene vidste, at det kun var på grund af pølsevognen, der kunne lugtes på lang afstand.

Hvert barn fik bevilget én hot dog, og bagefter ville de begge forfærdelig gerne have en is. Så fik ungerne øje på en karrusel, og de måtte selvfølgelig lige prøve en tur.

Spejlsalen og rutschebanen var noget af det sjoveste, de havde været med til, syntes børnene; mødrene derimod holdt mest af at sejle på Tivoli-søen, og blomsterne og springvandet gjorde et stærkt indtryk på dem. Pantomimeforestillingen med Pjerrot, Harlekin og Kolumbine var noget af det festligste, de oplevede den dag. Og sammen med en masse andre børn råbte de sig hæse i den berømte sætning: „Sig noget, Pjerrot!"

Før de tog hjem, fik børnene lov til hver at kaste en 25-øre i ønskebrønden, og Toves lille søn skyndte sig at fortælle, at hans ønske var, at han måtte komme med på en Tivoli-tur en anden gang. Mødrene havde begge glemt at sige, at man egentlig ikke må fortælle det til nogen, for ellers går ønsket ikke i opfyldelse – men de blev dog alle enige om, at ønsket nok alligevel ville blive opfyldt, og at det alt i alt havde været en begivenhedsrig dag.

Erläuterungen 20 B

1. Indefinitpronomen

1) **man** [man] wird wie das deutsche *man* nur als Subjekt gebraucht:
Sådan gør **man** ikke. *Das tut man nicht.*

en oder **én** [eːˀn] ist der Objektkasus von **man**, und **ens** [eːˀns] die Genitivform: Man glæder sig, når **ens** børn ikke glemmer **én**. *Man freut sich, wenn die Kinder einen nicht vergessen.*

2) **anden** [ˈanən] bezieht sich auf fælleskøn-Substantive im Singular, **andet** [ˈanəð] auf intetkøn-Substantive und **andre** [ˈɑndʀə] auf Substantive im Plural. Die Formen können adjektivisch und substantivisch stehen:

Prøv at skrive med en **anden** (kuglepen). *Versuche(n Sie), mit einem anderen (Kugelschreiber) zu schreiben.* – Prøv et **andet** (vaskemiddel). *Versuche ein anderes (Waschmittel).* – Tag **andre** (sko) på. *Ziehe andere (Schuhe) an.*

Merke auch: andet steht in bezug auf Begriffliches, **andre** in bezug auf Personen: Var der **andet**? *War sonst noch was?* – Noget **andet**. *Etwas anderes.* – De andres forældre. *Die Eltern der anderen.*

3) **hver** [vɛːˀʀ] bezieht sich auf fælleskøn-Substantive im Singular und auf Substantive im Plural; **hvert** [vɛːˀʀd] auf intetkøn-Substantive im Singular. Beide Formen können adjektivisch sowie substantivisch stehen:

Hver dreng fik ti kroner. *Jeder Junge bekam zehn Kronen.* – **Hvert** barn. *Jedes Kind.* – Børnene fik **hver** ti kroner. De fik **hver** ti kroner. Det bliver *(das sind)* ti kroner til *(für)* **hver**.

4) **begge** [ˈbɛgə] *beide* wird auch substantivisch und adjektivisch gebraucht: **Begge** børn var syge. De har *(sind)* **begge** været syge. Begges *(beider)* børn bor i Berlin.

5) **al** [alˀ] *ganz-* wird nur adjektivisch gebraucht: Har du spist **al** *(den ganzen)* kagen?

alt [alˀd] steht in bezug auf Begriffliches: Jeg gør **alt** *(alles)*, hvad jeg kan.

alle [ˈalə] bezieht sich auf Substantive im Plural: **Alle** mennesker er dødelige *(sterblich)*.

Die beiden letzten Formen können sowohl substantivisch als auch adjektivisch stehen.

6) **nogen** [ˈnɔːən] *einig-, jemand* kann adjektivisch und substantivisch stehen. Es bezieht sich fast ausschließlich auf Personen: Er her **nogen**? *Ist hier jemand?*

Aber: Det er **nogen** tid siden. *Es ist einige Zeit her.*

noget [ˈnɔːəð] *etwas* bezieht sich auf Begriffliches oder steht vor Substantiven, die nicht quantifizierbar sind: Har du **noget** til mig?

Hast du etwas für mich? – Sikke **noget** vrøvl! *So ein Unsinn!* – Sikke **noget**! *So was!* – Har du **noget** smør?

nogle [ˈnɔːən] bezieht sich auf Substantive im Plural: **Nogle** (elever) ægrede sig. *Einige (Schüler) ärgerten sich.*

Die beiden letzten Formen können auch substantivisch und adjektivisch stehen.

7) In bezug auf Personen und Sachen (Singular + Plural) heißt das unbestimmte Pronomen entweder **ingen** [ˈeŋən] oder **ikke nogen** *keiner, keine, kein; keine.* Beide Formen werden adjektivisch wie substantivisch gebraucht.

In bezug auf Begriffliches wird **intet** [ˈendəð] oder **ingenting** [ˈeŋənteŋʔ] oder **ikke noget** *nichts* gebraucht. Diese Formen werden ausschließlich substantivisch angewendet.

In der Umgangssprache wird anstatt **ingen** meist **ikke nogen** gebraucht, und anstelle von **intet** stehen die beiden anderen Formen:

Schriftsprache	Umgangssprache
Han har **ingen** søster/søstre. Jeg har **intet** hørt.	Han har **ikke nogen** søster/søstre. Jeg har **ikke** hørt **noget**. *Ich habe nichts gehört.* Jeg har **ingenting** hørt.

2. der und det *es* (auch *da*)

1) **der** [dɛʀ] steht:

a) in unpersönlichen Satzkonstruktionen bei Verben im Passiv: **Der** lukkes klokken 6. *Es wird um 6 Uhr zugemacht.*

b) in Verbindung mit **være** oder **blive** + einem Adjektiv in unpersönlichen Ausdrücken mit örtlicher Bedeutung: **Der er** koldt i køkkenet. *Es ist kalt in der Küche.*

c) in Sätzen mit einem unbestimmten Subjekt als Subjektstütze: **Der** er sket noget. *Da/es ist etwas passiert.*

d) in Ausdrücken mit modalen Hilfsverben: **Der** må gerne ryges. *Es darf geraucht werden.*

e) bei Interrogativpronomen sowie bei Frageadverbien in Nebensätzen: Jeg ved ikke, hvad **der** er i vejen. *Ich weiß nicht, was los ist.*

2) **det** [de] steht:

a) in unpersönlichen Ausdrücken als unbestimmtes Subjekt, besonders in Verbindung mit Naturgegebenheiten: **Det** banker. *Es klopft.* – **Det** ringer. *Es klingelt.* – **Det** gør ondt. *Es tut weh.* – **Det** regner. *Es regnet.*

b) in unpersönlichen Ausdrücken mit **være** und **blive** ohne örtliche Bedeutung: **Det** er koldt. *Es ist kalt.* – **Det** bliver meget varmt. *Es wird sehr warm (werden).*

c) wenn das deutsche *es* als vorläufiges Subjekt auf einen nachfolgenden Satz oder Infinitiv hinweist: **Det** bliver dyrt, når vi flytter til København. *Es wird teuer (werden), wenn wir nach Kopenhagen ziehen.* – **Det** er godt at være mæt. *Es ist gut, satt zu sein.*

3. Satzspaltung

Satzspaltungen kommen in der Umgangssprache sehr häufig vor. Soll etwas besonderes im Hauptsatz betont werden, so wird dieser mit **det** eingeleitet: Det er **mig**, der har gjort det. *Ich habe es getan.* – Det var **hende**, jeg spurgte. *Sie habe ich gefragt.* – Det er på **mandag**, han kommer. *Montag kommt er.*

Übungen   **20 C**

1. Setzen Sie „man, en, ens" ein:

Han giver ... aldrig lejlighed til at lære ham at kende (lære at kende = *kennenlernen*). Det er ikke særlig sjovt at gå på arbejde, r ˙ r ... er syg. ... kan ikke gøre noget, når ... mand ikke kommer hjem.

2. Setzen Sie „anden, andet, andre" ein:

En ... avis. Et ... arbejde. ... bøger. Et ... brev. Et ... bord. En ... bager. En ... biograf. Et ... teater. ... børnehaver. ... cigaretter. En ... cykel.

3. Setzen Sie „en anden, et andet, andre" vor die folgenden Substantive:

dreng, bukser, solbriller, eventyr, fornavn, forretning, franskbrød, flaske, film, fad, filosof, glas, gade, gæst, hovedstad, hue, hund, hus, hat, handsker, historie, kvinde, kartoffel, kuffert, kage, kjole, lejligheder, læger, lærer.

4. d oder t?

De havde aftal- at gå i Tivoli med deres børn. De mø-tes foran hoved-indgangen. For børnene var Tivoli kærlighed ved førs-e blik. Han arbej-er til klokken seks. De påstod at være sul-ne, selv om mødrene vids-e, at det var på grund af pølsevognen, der kunne lug-es på lang afstand. Jeg har ingen tæn-stikker. Han tager med bus til si- arbej-e.

Vokabeln   **20 D**

kærlighed ved første blik Liebe auf den
['kɛʀlihe:ʔð veð   ersten Blick
'fœʀsdə bleg]
aftal|e, -er, -te, -t   verabreden,
['ɑūta:ʔlə]   abmachen
Tivoli ['tivoli]   *Vergnügungs-
                         park in
                         Kopenhagen*
husk|e, -er, -ede, -et   sich erinnern
['husgə]
Tivoli-tur ['tivolitu:ʔʀ]   Tivoli-Besuch
sætte dybe spor (sætter,   tiefe Spuren
satte, sat)   hinterlassen
['sɛdə 'dy:bə sbo:ʔʀ]
bevidsthed, -en, *o. pl.*   Bewußtsein
[be'vesdhe:ʔð]
da [da]   als
få lov til noget   etwas dürfen,
[fɔ lɔū te 'nɔ:əð]   gestattet
                         bekommen
sidste mandag   (am) letzten
['sisdə 'manʔda]   Montag
de mødtes [di 'mødəs]   sie trafen sich
foran ['fɔʀanʔ]   vor
hovedindgang, -en, -e   Haupteingang
['ho:vəðengɑŋʔ]
når ens børn ...   wenn einen die
[nɔʀ e:ʔns bœʀʔn]   Kinder ...
en dag [en 'da:ʔ]   eines Tages
gøre én opmærksom på   einen darauf
['gœːʀə e:ʔn ɔb'mɛʀg-   aufmerksam
sɔmʔ pɔ:ʔ]   machen
børnehave, -n, -r   Kindergarten
['bœʀnəha:və]
allerede ['aləʀe:ðə]   schon, bereits
blive enig om   sich einig
['bli:ə 'e:ni ɔmʔ]   werden über
nok [nɔg]   genug
til at [tel ad]   um zu, dazu
for [fɔʀ]   für
ved [veð]   bei
ankomst, -en, -er   Ankunft
['ankɔmʔsd]
candy-floss ['kandiflɔs]   Zuckerwatte
det varede ikke længe   es dauerte
[de 'vɑːʀəðə 'egə 'lɛŋə] nicht lange

påstå, -r, påstod, -et   behaupten
['pɔsdɔ:ʔ]
sulten ['suldən]   hungrig
kun [kon]   nur
pølsevogn, -en, -e   Wurstbude
['pølsəvɔwʔn]
pølsevognen kunne lugtes die Wurstbude
på lang afstand   roch man von
['pølsəvɔwʔnən 'kunə   weitem
'lɔgdəs pɔ lɑŋʔ 'ɑūsdanʔ]
få noget bevilget   etwas geneh-
[fɔ 'nɔ:əð be'vilʔjəð]   migt bekom-
                         men
hot dog, -en, -s ['hɔd   *Würstchen mit
dɔg]   Ketchup, Gur-
                         kenscheiben,
                         Remoulade,
                         gerösteten
                         Zwiebeln und
                         Brot*
is, -en, *o. pl.* [i:ʔs]   Eis
få øje på noget   etwas entdek-
[fɔ 'ɔïə pɔ 'nɔ:əð]   ken, erblicken
forfærdelig [fɔʀ'fɛʀʔdəli] entsetzlich
karrusel, -len, -ler   Karussell
[kɑʀu'sɛlʔ]
de måtte lige prøve en   sie mußten
tur [di 'mɔdə 'li:ə   unbedingt
'pʀøːvə en tu:ʔʀ]   eine Fahrt
                         mitmachen
spejlsal, -en, -e   Spiegelkabinett
['sbaïlsa:ʔl]
rutschebane, -n, -r   Rutschbahn
['ʀudsjəba:nə]
sjov [sjɔūʔ]   lustig
være med til noget   etwas mitma-
['vɛːʀə mɛð te 'nɔ:əð]   chen, erleben
jeg synes (syntes, har   ich finde/
syntes) [jaï 'sy:nəs]   denke
derimod ['de:ʔ'ʀimo:ʔð]   hingegen,
                         dagegen
holde af noget   etwas lieben,
['hɔlə a 'nɔ:əð]   gern mögen
sejl|e, -er, -ede, -et   mit dem Schiff
['saïlə]   fahren, segeln
sø, -en, -er [sø:ʔ]   See

125

blomst, -en, -er [blɔmˀsd] Blume
springvand, -et, - Spring-
[ˈsbʁɛŋvanˀ] brunnen
stærk [sdɛʁg] stark
indtryk, -ket, - [ˈentʁøg] Eindruck
pantomimeforestilling, Pantomime
-en, -er
[pantoˈmiːməfɔʁəsdelˀeŋ]
Pjerrot, Harlekin, Namen der
Kolumbine [ˈpjɛʁɔd, Pantomime-
ˈhɑʁləkeŋ, koļomˈbiːnə] figuren
festlig [ˈfɛsdli] festlich, schön
oplev|e, -er, -ede, -et erleben
[ˈɔbleːˀvə]
den dag [dɛnˀ daːˀ] an dem Tag
masse [ˈmasə] Masse, Menge
... råbte de sig hæse ... riefen sie bis
i ... [ˈʁɔbdə di sɑĭ zur
ˈhɛːsə i] Heiserkeit ...
sætning, -en, -er Satz
[ˈsɛdneŋ]

kast|e, -er, -ede, -et werfen
[ˈkasdə]
25-øre, -n, -r 25-Öre-Stück
[ˈfɛmˀɔtyːvə ˈøːʁə]
ønskebrønd, -en, -e Wunsch-
[ˈønsgəbʁœnˀ] brunnen
ønske, -t, -r [ˈønsgə] Wunsch
en anden gang ein anderes
[en ˈanən gɑŋˀ] Mal
egentlig [ˈeːˀəndli] eigentlich
ønsket går i opfyldelse der Wunsch
[ˈønsgəð gɔːˀʁ i geht in
ˈɔbfylˀəlsə] Erfüllung
dog [dɔw] dennoch, doch
opfyld|e, -er, -te, -t erfüllen
[ˈɔbfylˀə]
alt i alt [alˀd i alˀd] alles zusam-
mengenom-
men
begivenhedsrig ereignisreich
[beˈgiːˀvənheðsʁiːˀ]

21. Stunde

Julen varer længe og koster mange penge   21 A

Julen begynder med, at butiksvinduerne i adventstiden pyntes med lys, grangrene, nisser og andre juleting. Børnenes ønske-sedler sendes til julemanden, og i skoler og børnehaver klippes og klistres der julepynt. Der købes julegaver til familien og vennerne, og der bages og laves julekonfekt. Om aftenen hygger de voksne sig med et glas gløgg, og børnene får ondt i maven af marcipan og vanillekranse.

Juleaftensdag bliver juletræet pyntet, og der lugter af rødkål overalt. Om eftermiddagen går folk i kirke; de gamle julesalmer synges, og præsten læser op af juleevangeliet.

Når man så kommer hjem fra kirken, er det blevet temmelig mørkt udenfor; måske sner det endda, og man glæder sig til den store julemiddag. Bordet er blevet pyntet meget omhyggeligt, og så varer det heller ikke længe, før gåsestegen og rødvinen bliver bragt ind. Til dessert serveres der risengrød, hvori der efter dansk skik er blevet puttet en mandel. Den, der får mandelen, får en lille gave i tilgift. Og så er tidspunktet kommet, hvor juletræet tændes, og hele familien går rundt om træet og synger julesange. Bagefter deles gaverne ud, og så hygger man sig: De voksne med en drink, og børnene med deres nye legetøj.

1. Das Passiv

Das Passiv wird im Dänischen gebildet, indem man entweder mit dem Hilfsverb **blive** + **Partizip Perfekt** umschreibt, oder indem man das **s-Passiv** bildet.
Die einzigen existierenden Formen des s-Passivs sind das Präsens und Imperfekt. Das Präsens des s-Passivs bildet man, indem man ein **-s** an die Infinitivform des Verbs anhängt, und das Imperfekt, indem man ein **-s** an die aktive Imperfektform des Verbs anfügt.

Anmerkung:
Bei den starken Verben, die im aktiven Imperfekt auf einen Konsonanten enden, wird **-es** hinzugefügt. Die s-Form Imperfekt der starken Verben kommt allerdings äußerst selten vor.

	Aktiv	Passiv	
		s-Form	Umschreibung
Infinitiv	køre *fahren*	–	**blive kørt**
Präsens	kører	**køres**	**bliver kørt**
Imperfekt	kørte	**kørtes**	**blev kørt**
Perfekt	er/har kørt	–	**er blevet kørt**
Plusquamperfekt	var/havde kørt	–	**var blevet kørt**
Futur	vil/skal køre	–	**vil/skal blive kørt**

Oft kann das Passiv entweder durch die **s-Form** oder mit **blive** gebildet werden, ohne daß damit eine Sinnveränderung stattfindet: Hun **kørtes** hjem af sin svoger. Hun **blev kørt** hjem af sin svoger. *Sie wurde von ihrem Schwager nach Hause gefahren.*
Gewöhnlich wird die s-Form jedoch formell oder literarisch gebraucht, oder sie bezeichnet einen andauernden, nicht abgeschlossenen Zustand oder eine oft wiederholte Handlung: Her **tales** dansk. *Hier wird Dänisch gesprochen.* – Kød **spises** med kniv og gaffel. *Fleisch wird mit Messer und Gabel gegessen.* | *Man ißt Fleisch mit Messer und Gabel.*
Die s-Form wird auch in Verbindung mit den Modalverben gebraucht (außer nach **skulle** und **ville**, wenn sie etwas Zukünftiges oder ein Versprechen ausdrücken): Han **måtte køres** hjem. *Er mußte nach Haus gefahren werden.*

In der Umgangssprache wird die **Umschreibung mit blive** weit häufiger angewendet: Hun **blev kørt** hjem af Per. Regningen **er blevet betalt**. *Die Rechnung.ist bezahlt worden.*

2. Die Deponenzien

Die Deponenzien haben die passive s-Form, sind in ihrer Bedeutung aber aktiv, z. B.: Han **færdes** meget på restauranter. *Er verkehrt viel in Restaurants.* – Jeg **længes** efter at tale med dig. *Ich sehne mich danach, mit dir zu sprechen.* – Vi **omgås** næsten ikke mere. *Wir verkehren fast nicht mehr miteinander.* – Vi **ses** kl. 8. *Wir sehen uns um 8.* – Forhåbentlig **mislykkes** det ikke for mig. *Hoffentlich mißlingt es mir nicht.* – Han **synes** ideen er dårlig. *Er findet die Idee schlecht.* – De **skændes** tit. *Sie zanken sich oft.*

3. Reflexive Verben

Die reflexiven Verben verhalten sich wie die deutschen, z. B.: **at kede sig** *sich langweilen;* jeg keder mig, du keder dig, De keder **Dem**, han/hun/den/det keder sig, vi keder os, I keder jer, de keder sig.

4. Unpersönliche Verben

Unpersönliche Verben werden in unpersönlichen (neutralen) Sätzen gebraucht:

Der **lugter** af rødkål. *Es riecht nach Rotkohl.* – Her **trækker** det. *Es zieht.* Oft haben sie das Subjekt **det**: Det **regner**. *Es regnet.* – Det **sner**. *Es schneit.* – Det **lyner**. *Es blitzt.* – Det **tordner**. *Es donnert.*

5. Die Bewegungsverben „køre" und „sejle"

at køre = *auf Rädern fahren;* at køre i bil *oder* at bile; at køre med tog *Zug;* at køre på cykel *oder* at cykle.

at sejle = *mit dem Schiff fahren;* at sejle i robåd *Ruderboot;* at sejle med færge *Fähre.*

Merke auch: Hvor tager *oder* rejser De hen? *Wo fahren Sie hin?*

6. Fest- und Feiertage

Fest- und Feiertage werden (wie die Namen der Wochentage und Monate) klein geschrieben:

jul *Weihnachten;* **nytårsaften** *Silvesterabend;* **nytårsaftensdag** *Silvester;* **nytårsdag** *Neujahrstag;* **fastelavn** *Fastnacht;* **påske** *Ostern;* **pinse** *Pfingsten;* **sankthansdag** *Johannistag (Sonnenwende).*

7. Gute Wünsche

Til lykke. *Gratuliere.* – **Hjertelig til lykke med fødselsdagen.** *Herzlichen Glückwunsch zum Geburtstag.*

Antwort: (Mange) tak.

Godt nytår. *Frohes Neues Jahr.* – **Glædelig jul (påske, pinse).** *Frohe Weihnachten (Ostern, Pfingsten).*

Antwort: Tak i lige måde.

Übungen **21 C**

1. Setzen Sie das Passiv mit „blive" ein:

(sælge) I går ... hans bil .... (bygge *bauen*) Rom ... ikke ... på én dag. (vaske) Nu ... hendes dukke ....

2. Setzen Sie anstelle des s-Passivs das Passiv mit „blive" ein:

Butiksvinduerne pyntedes med lys og grangrene. Børnenes ønskesedler sendes til julemanden. Gaverne deles ud. Juletræet tændes. Der klippes og klistres.

3. Setzen Sie die Sätze ins Passiv mit „blive" im Imperfekt unter Verwendung der Präposition „af" (von):

Beispiel: Helge åbnede døren / Døren blev åbnet af Helge.
Kirsten hjalp fru Andersen. Fru Hansen vaskede ham. Læreren sang den gamle julesang.

4. Setzen Sie das s-Passiv (Präsens) ein:

(sælge) Der ... mange blomster om lørdagen. (piske) Mælken og æggene ... med en gaffel. (hente) Varerne ... hver mandag.

5. gg oder kk?

Povl Rasmussen var lige ved at planlæ..e en dansktime. Hans værelse er varmt og hy..eligt. Væ..euret ringer. Han bor i et ræ..ehus. Har du tru..et uret op? Bordet er blevet pyntet meget omhy..eligt. Er det din du..e? Be..e børn havde fødselsdag.

6. Setzen Sie „meget" (viel) bzw. „mange" (viele) ein:

De har ... børn. Det koster ... penge *(pl.)*. Hvor ... koster det? Hvor
... smør købte du? Hvor ... børn har De?

Vokabeln

jul, -en, *selten* -e [juːʔl]	Weihnachten
længe [ˈlɛŋə]	lange
kost|e, -er, -ede, -et [ˈkɔsdə]	kosten
begynde med [beˈgøn̩ʔə mɛð]	damit anfangen
butiksvindue, -t, -r [buˈtigsˈvendu]	Schaufenster
adventstiden [ˈaðvɛndstiːʔðən]	die Advents- zeit
pynt|e, -er, -ede, -et [ˈpøndə]	schmücken
lys, -et, - [lyːʔs]	Licht, Kerze
grangren, -en, -e [ˈgrɑngreːʔn]	Tannenzweig
nisse, -n, -r [ˈnesə]	Heinzel- männchen
juleting [ˈjuːləteŋʔ]	Weihnachts- sachen
ønskeseddel [ˈønsgəsɛðʔəl]	Wunschzettel
send|e, -er, -te, -t [ˈsɛnə]	schicken
julemand, -en, *o. pl.* [ˈjuːləmanʔ]	Weihnachts- mann
klipp|e, -er, -ede, -et [ˈklebə]	schneiden
klistr|e, -er, -ede, -et [ˈklisdrə]	kleben
julepynt, -en, *o. pl.* [ˈjuːləpønʔd]	Weihnachts- schmuck
julegav|e, -en, -er [ˈjuːləgaːvə]	Weihnachts- geschenk
julekonfekt [ˈjuːləkɔnˈfɛgd]	Weihnachts- konfekt
de voksne [di ˈvɔgsnə]	die Erwachse- nen
gløgg [gløg]	*skandinavische Weihnachts- bowle*
få ondt i maven [fɔ ˈonʔd i ˈmaːvən]	Bauchweh bekommen
marcipan, -en, *o. pl.* [mɑrsiˈpaːʔn]	Marzipan
vanillekrans, -en, -e [vaˈniljəkrɑnʔs]	Vanillegebäck
juleaftensdag [ˈjuːləˈɑfdənsdaːʔ]	24. Dezember
juletræ, -et, -er [ˈjuːlətrɛːʔ]	Weihnachts- baum
lugt|e, -er, -ede, -et [ˈlogdə]	riechen

rødkål [ˈrøðkɒːʔl]	Rotkohl
overalt [ɔuərˈalʔd]	überall
folk [fɔlʔg]	die Leute
kirke, -n, -r [ˈkirgə]	Kirche
julesalme, -n, -r [ˈjuːləsalmə]	*kirchliches Weihnachts- lied*
syng|e, -er, sang, sunget [ˈsøŋə]	singen
præst, -en, -er [prɛsd]	Pfarrer, Geistlicher
læse op [ˈlɛːsə ˈɔb]	vorlesen
juleevangeliet [ˈjuːləevaŋˈgeːʔliəð]	das Weih- nachtsevan- gelium
temmelig [ˈtɛməli]	ziemlich
det er mørkt [de ɛr ˈmœrgd]	es ist dunkel
udenfor [ˈuːðənfɔr]	draußen
endda [enˈda]	sogar noch
julemiddag [ˈjuːləmeda]	Weihnachts- essen *(Abendessen)*
omhyggelig [ɔmˈhygəli]	sorgfältig
gåsesteg, -en, -e [ˈgɒːsəsdaiʔ]	Gänsebraten
rødvin, -en, -e [ˈrøð- viːʔn]	Rotwein
bringe ind [ˈbreŋə ˈenʔ]	hineinbringen
dessert, -en, -er [deˈsɛːʔrd]	Nachtisch
servere [sɛrˈveːʔrə]	servieren, reichen
risengrød, -en, *o. pl.* [ˈriːsəngrøːʔð]	Milchreis
hvori [ˈvɔːʔriːʔ]	worin
efter dansk skik [ˈɛfdər danʔsg sgig]	nach dänischer Sitte
putt|e, -er, -ede, -et [ˈpudə]	hineinstecken
mandel, -en, mandler [ˈmanʔəl]	Mandel
den der får ... [dɛnʔ dɛr fɔːʔr]	derjenige, der ... bekommt
gave, -n, -r [ˈgaːvə]	Geschenk
i tilgift [i ˈtelgifd]	als Zugabe
tidspunkt, -et, -er [ˈtiðspɔnʔd]	Zeitpunkt
hvor [vɔːʔr]	wo
tænd|e, -er, -te, -t [ˈtɛnə]	anzünden

familien går rundt om
juletræet [fa'mil²jən
gɔʀ 'ʀɔn²d ɔm
'juːlətʀɛː²əð]

die Familie geht
um den Weih-
nachtsbaum
herum; die
Familienmit-
glieder reɪchen
sich dabei die
Hände und
bilden einen
Kreis, in des-

julesang, -en, -e
['juːləsɑŋ²]
del|e ud, -er, -te, -t
['deːlə 'uː²ð]
legetøj, -et, o. pl.
['lɑïətɔï]

sen Mitte der
Weihnachts-
baum steht
Weihnachts-
lied
verteilen,
austeilen
Spielzeug

22. Stunde

Danmarks sidste gentleman

22 A

Allerede da han kom ind i kantinen, opdagede hr. Svendsen, at der kun var en ledig plads ved frøken Birchs bord. Frøken Birch er den dame, han hemmeligt sværmer for, og hr. Svendsen blev lidt bange. Han tænkte først på at gå igen, men så kom han til at tænke på, at han havde taget sin store madpakke med op, og at det ville se lidt mærkeligt ud, hvis han ville vende om og gå ned igen. Desuden kom chefen lige op ad trappen, og derfor gik han hurtigt hen til frøken Birchs bord.

hr. S.: Velbekomme!

frk. B.: Tak!

hr. S. *(spørger meget høfligt):* Er denne her plads optaget?

frk. B.: Nej, sid ned, hr. Svendsen.

hr. S.: Mange tak.

frk. B. *(siger stolt):* Ja, ellers plejer hr. Hansen jo altid at sidde ved siden af mig.

hr. S. *(siger ganske roligt):* Ja, jeg har tilfældigvis hørt, at han er på ferie oppe i Norge.

frk. B.: Ja. Jeg fik et brev fra ham i går. Det regner frygteligt deroppe.

hr. S.: Så har vi det bedre. Det er dejlig varmt udenfor.

frk. B. *(råber ærgerligt):* Det er da elendigt, at man skal gøre alt selv. Der står hverken salt eller peber på bordet!

hr. S. *(siger venligt):* Hvor står det henne?

frk. B. *(peger på en hylde):* Dérhenne. Oppe på den hylde dér.

hr. S.: Et øjeblik! *(Han henter en salt- og peberbøsse ovre i den anden ende af kantinen)*

(han kommer tilbage til bordet) Værsgod!

frk. B.: Tak skal De have, hr. Svendsen. De er Danmarks sidste gentleman.

Adverbien

1) Allgemeines

Adjektiv: Jytte er smuk. *Jytte ist schön.*
Adverb: Jytte synger **smukt**. *Jytte singt schön.*

Viele Adverbien (z. B. smukt) werden aus Adjektiven gebildet und haben die Neutrumform (**t**-Form). Adverbien, die wie das entsprechende Adjektiv **kein -t** hinzufügen können, haben dieselbe Grundform wie das entsprechende Adjektiv (vgl. hierzu 5 B), z. B.: Hun klæder sig **moderne** (Adverb). *Sie kleidet sich modern.* En moderne hat (Adjektiv). *Ein moderner Hut.*

Unregelmäßig ist als Adverb nur das Adjektiv **lille** *klein;* die Adverbform ist **lidt** *ein bißchen, ein wenig,* z. B.: Hun hviler sig **lidt**. *Sie ruht sich ein bißchen aus.*

Die aus Adjektiven gebildeten Adverbien mit der Endung **-ig** und **-lig** fügen nur ein **-t** hinzu, wenn sie die Art und Weise bezeichnen. Bezeichnen sie den Grad, dann fügen sie **kein -t** hinzu:

a) Art und Weise (Modalität)

Solen skinner **dejligt**. *Die Sonne scheint herrlich.*
Det regner **frygteligt**. *Es regnet furchtbar.*

b) Grad

Det er **dejlig** varmt i dag. *Es ist herrlich warm heute.*
Han danser **frygtelig** godt. *Er tanzt furchtbar gut.*

Bei a) bezeichnet **dejligt** die Art und Weise, wie die Sonne scheint, nämlich herrlich; **frygteligt** bezeichnet die Art und Weise, wie es regnet, nämlich furchtbar.

b) bezeichnet **dejlig** einen Grad von **varm**, und **frygtelig** einen Grad von **god**.

Anmerkung: Einige Adjektive mit der Endung **-(l)ig** fügen in der Adverbform **-vis** hinzu:

naturlig (Adjektiv); naturlig**vis** (Adverb) *natürlich.*

2) Komparation

Die aus Adjektiven gebildeten Adverbien werden wie Adjektive gesteigert (siehe 6 B): **højt, højere, høj(e)st; godt, bedre, bedst.**
Drengen sprang **højt**, men hans ven sprang **højere**. *Der Junge sprang hoch, aber sein Freund sprang höher.*

Merke: Ein von einem Adjektiv abgeleitetes Adverb kann nur gesteigert werden, wenn es die Art und Weise bezeichnet, nicht aber, wenn es den Grad angibt.

Folgende Adverbien können ebenfalls gesteigert werden: **gerne** *gern*, hellere *lieber*, helst *am liebsten;* **længe** *lange* (Zeit), længer(e), længst; **ofte** *oft*, oftere, oftest; **snart** *bald*, snarere, snarest; **tit** *oft*, tiere, tiest; **vel** *wohl*, *gut*, bedre, bedst.

3) Ortsadverbien

Ein Teil der Ortsadverbien hat eine doppelte Form. Einmal haben sie die Grundform und drücken eine Bewegung aus, d. h. sie geben eine Richtung an (man fragt: wohin?). Das andere Mal bezeichnen sie einen Ruhezustand (man fragt: wo?) und ihre Form ist flektiert, d. h. sie hängen ein -e an die Grundform an.

Einige haben zusätzlich eine Form mit der Endung -en. Diese Form, die mit einer Präposition steht, bezeichnet eine bestimmte Position gemessen an einer anderen.

Bewegung = Grundform	Ruhe = e-Form	-en
bort *weg, fort*	**borte** *weg, fort*	
frem *vorwärts, hervor*	**fremme** *vorn(e)*	
hen *hin*	**henne**	
hjem *nach Hause*	**hjemme** *zu Hause*	
ind *herein/hinein*	**inde** *(dr)innen*	⟶ **inden** + Präposition
ned *herunter/hinunter*	**nede** *unten*	⟶ **neden** + Präposition
om *um*	**omme**	
op *herauf/hinauf*	**oppe** *oben*	
over *herüber/hinüber*	**ovre** *drüben*	⟶ **oven** + Präposition
ud *heraus/hinaus*	**ude** *(dr)außen*	⟶ **uden** + Präposition

Anmerkung: **henne** und **omme** werden meistens nicht übersetzt: Hvor er han henne? *Wo ist er?* Dér henne! *Dort!* Omme bag huset. *Hinter dem Haus.*

Beispiele:

De tog **bort**. *Sie fuhren/gingen fort/weg.* – Kniven er **borte**. *Das Messer ist weg.* – Kom nu **frem**. *Komm jetzt vor.* – Han sidder længere **fremme**.

Er sitzt weiter vorn. – Han gik **hen** til hende. *Er ging zu ihr hin.* – Hvor er han **henne**? *Wo ist er?* – Han gik **hjem**. *Er ging nach Hause.* – Er han **hjemme**? *Ist er zu Hause?* – Han kom **ind**. *Er kam herein.* – Hun er **inde** i stuen. *Sie ist (drinnen) im Wohnzimmer.* – Jeg rejser **ned** til Hamborg. *Ich fahre hinunter nach Hamburg.* – Hun er **nede** i kælderen. *Sie ist unten im Keller.*

Det gamle København ligger **inden** for voldene. *Das alte Kopenhagen liegt innerhalb der Wälle.* – Gården ligger **neden** for bakken. *Der Hof liegt unterhalb des Hügels.* – Spiret sidder **oven** på tårnet. *Die Spitze sitzt oben auf dem Turm.*

Die Ortsadverbien **dér** *da, dort;* **her** *hier* und **hvor** *wo* können mit vielen Adverbien der Ruhe und Bewegung zusammengesetzt werden, wodurch neue Ortsadverbien entstehen, z. B.: **derind** *da hinein;* **derinde** *da drinnen;* **herind** *hier herein;* **herinde** *hier drinnen* usw. Außerdem können sie mit Präpositionen zusammengesetzt werden, wodurch ebenfalls neue Ortsadverbien entstehen, z. B.: **derfra** *von da;* **dertil** *(bis) dahin;* **herfra** *von hier;* **hertil** *(bis) hierher;* **hvorfra**? *von wo?*

Andere Ortsadverbien sind z. B.:

tilbage *zurück;* **ingensteds** oder **intetsteds** *nirgends;* **foroven** *oben;* **overalt** *überall;* **væk** *fort, weg;* **forneden** *unten;* **ved siden af** *neben;* **fremad** *vorwärts;* **hjemad** *heimwärts;* **hjemmefra** *von zu Hause;* **indad** *nach innen;* **indefra** *von innen;* **indenfor** *(dr)innen;* **nedad** *abwärts, nach unten;* **nedenunder** *unten;* **opad** *aufwärts, nach oben;* **oppefra** *von oben;* **ovenover** *oben;* **overfor** *gegenüber;* **udefra** *von außen;* **udenfor** *draußen;* **udenpå** *außen.*

Übungen **22 C**

1. Ist die kurze oder lange Form des Adverbs korrekt?

De er kørt ... til Berlin *(ned/nede)*. Han er taget ... *(hjem/hjemme)*. Jens læser ... på sit værelse *(op/oppe)*. Fru Hansen er ... i køkkenet *(ud/ude)*. Der er ingen ... *(hjem/hjemme)*. Han er taget ... *(bort/ borte)*. Avisen ligger ... på hylden *(hen/henne)*. Jens går ... i en butik *(ind/inde)*. Er hun ... i stuen *(ind/inde)*? Fru Larsens mor er ... i kælderen *(ned/nede)*.

2. Steht das Adverb mit oder ohne -t?

Det er ... varmt *(dejlig)*. Det er ... koldt *(frygtelig)*. Jytte synger ... *(smuk)*. Fru Andersen danser ... *(god)*. Han taler ... godt dansk *(temmelig)*. Han smilede ... *(venlig)*. Solen skinner ... *(dejlig)*. Han danser ... godt *(frygtelig)*.

3. g oder j ?

Det re-ner frygteligt. Kirsten og Helge bor i en lille le-lighed. Han ple-er at drikke to kopper kaffe. Børnene le-er ude i haven. Jytte og Jens har hver deres e-et værelse. Solen skinner de-ligt.

Vokabeln   22 D

den sidste [dɛn ˈsisdə]	der letzte	**sid ned!** [seˀ neˀ]	nimm Platz!, setzen Sie sich!
gentleman [ˈdjɛndlmaːn]	Gentleman	**stolt** [sdɔlˀd]	stolz
ind [enˀ]	herein, hinein	**jo** [jo]	ja
opdag|e, -er, -ede, -et [ˈɔbdaːˀə]	entdecken, gewahr werden	**tilfældigvis** [teˈfɛlˀdiviːˀs]	zufällig(erweise)
ledig [ˈleːði]	frei, nicht besetzt	**han er på ferie i Norge** [han ɛR pǫ ˈfeːˀRiə i ˈnɔRwə]	er macht in Norwegen Urlaub
plads, -en, -er [plas]	Platz	**oppe** [ˈɔbə]	oben
dame, -n, -r [ˈdaːmə]	Dame	**frygtelig** [ˈfRøgdəli]	fürchterlich, furchtbar
hemmelig [ˈhɛməli]	heimlich	**deroppe** [ˈdeːˀRɔbə]	dort/da oben
sværme for nogen [ˈsvɛRmə fɔR ˈnǫːən]	für jemanden schwärmen	**ærgerlig** [ˈɛRwəRli]	ärgerlich
jeg bliver bange [jɑɪ bliːR ˈbɑŋə]	ich bekomme Angst	**elendig** [eˈlɛnˀdi]	erbärmlich, mies
jeg tænkte først på ... [jɑɪ ˈtɛŋdə fœRsd pǫˀ]	erst dachte ich daran ...	**hverken ... eller** [ˈvɛRgən ... ˈɛlˀəR]	weder ... noch
men så kom han til at tænke på [mɛn sɔ kɔm ˈtɛŋə pǫˀ]	aber dann fiel ihm ein	**venlig** [ˈvɛnli]	freundlich
han te ɔ ˈtɛŋə pǫˀ]		**hvor står det henne?** [vɔːˀR sdɔːˀR de ˈhɛnə]	wo steht es?
op [ɔb]	hinauf, herauf	**peg|e på noget, -er, -ede, -et** [ˈpɑɪə pǫ ˈnǫːəð]	auf etwas zeigen
det ser mærkeligt ud [de seR ˈmɛRgəlid uːˀð]	es sieht merkwürdig aus	**dérhenne** [ˈdeːˀRhɛnə]	dort, da
hvis [ves]	wenn	**dér** [deːˀR]	dort, da
vende om [ˈvɛnə ˈɔmˀ]	umkehren	**et øjeblik!** [ed ˈɔ̈iˀəbleg]	einen Augenblick!
komme op ad trappen [ˈkɔmə ˈɔb að ˈtRɑbən]	die Treppe hinaufkommen	**salt- og peberbøsse** [salˀd ɔ ˈpeŭaRbøsə]	Salz- und Pfefferstreuer
hen [hɛnˀ]	hin	**ovre** [ˈɔ̈ŭRə]	drüben
velbekomme! [ˈvɛlbeˈkɔmˀə]	.wohl bekomm's!, Mahlzeit!	**i den anden ende** [i dɛn ˈanən ˈɛnə]	am anderen Ende
høflig [ˈhøfli]	höflich	**tilbage** [teˈbaːə]	zurück
optaget [ˈɔbtaːˀəð]	besetzt		

23. Stunde

For et par år siden var det især århusianerne, der i Danmark var skydeskive for de fleste vittigheder:

– Ved du, hvorfor araberne har kameler og danskerne århusianere?
– Nej.
– Det var fordi araberne fik lov at vælge først.

– – –

– Ved du, hvorfor man nødig ansætter en århusianer som elevatorfører?
– Nej.
– Han kan aldrig finde ud af ruten.

Notorius Jubelco: Ord

1. Bortset fra forskellene er vi mennesker jo i grunden ganske ens.
2. Menneskene er som de altid har været, bare i endnu højere grad.
3. Det er naturligvis ikke det enkelte menneske, der er noget i vejen med! Det er alle de andre.
4. Jordbær med reven parmesanost – det lyder grusomt. Men det er ingenting mod hvordan det smager.
5. At dansk er naturligt og ligetil fremgår bl. a. ɑ̄, at det er det eneste sprog, på hvilket grisesylte ganske simpelt **kaldes** grisesylte.
6. ... De ved det uforglemmelige lille vers, som begynder sådan: Hm-hm, hm-hm ... og som man aldrig kan huske slutningen af.

Erläuterungen   **23 B**

Adverbien (Fortsetzung)

1) Zeitadverbien

Beispiele: af og til *ab und zu;* **aldrig** *nie;* **allerede** *schon;* **altid** *immer;* **dengang** *damals;* **derefter** *danach;* **derpå** *darauf, danach;* **endelig** *endlich, schließlich;* **endnu** *noch;* **engang** *einmal;* **forleden, for nylig** *neulich;*

for længe siden, for længst *längst;* før *früher, eher;* først *zuerst, anfangs;*
igen *wieder;* imidlertid *unterdessen, inzwischen;* just *gerade;* lige
g(e)rade; længe *lange;* nu *jetzt, nun;* ofte, tit *oft;* om lidt, snart *bald,*
binnem kurzem; omsider *endlich, schließlich;* sommetider *mitunter,*
zuweilen; stadig, stedse *stets;* straks *sofort, gleich;* så *dann;* undertiden
manchmal, mitunter.

2) Modale Adverbien (Art und Weise)

Beispiele: anderledes *anders;* baglæns *rückwärts;* efterhånden *nach*
und nach, allmählich; forgæves *vergebens, umsonst;* forlæns *vorwärts;*
gerne *gern;* hvordan, hvorledes *wie;* ilde *schlecht;* ligesådan *ebenso,*
genauso; nødig *ungern;* så, sådan, således *so;* vel *wohl.*
Weiterhin alle Wörter mit der Endsilbe -vis, z. B.: tilfældigvis *zufällig*
(erweise).

3) Gradbezeichnende Adverbien

Beispiele: aldeles *ganz und gar, völlig, ganz;* bare, blot *nur, bloß;*
cirka, omtrent *zirka, ungefähr, fast, beinahe;* endog(så) *sogar;* endnu
noch; for *(all)zu;* fuldkommen *völlig, vollkommen;* ganske *ganz;* godt
gut; hvor *wie;* højst *höchst, äußerst;* især *besonders;* knap *knapp,*
kaum; kun *nur;* langt *weit, bei weitem;* langtfra *bei weitem nicht;* lidt
ein wenig, ein bißchen; meget *sehr, viel;* navnlig *namentlich, besonders;*
nogenlunde *einigermaßen, so lala;* nok *genug;* næppe *kaum;* nær,
næsten *beinahe, fast;* overhovedet *überhaupt;* overmåde, overordentlig
außerordentlich; så *so;* særlig, særdeles *besonders;* temmelig *ziemlich.*

Übungen   **23 C**

1. Übersetzen Sie:

Der Lehrer war nicht zu Hause. Er wohnt oben in Århus. Mein Koffer
liegt unten im Keller. Meine Mütze liegt drinnen im Wohnzimmer. Er
ging schnell hin zu Fräulein Birch. Ist er nach Hause gegangen?
Es ist schrecklich kalt. Er lächelte freundlich. Er spricht ziemlich gut
Dänisch.

2. Wie heißen die Verben in den Hauptzeiten?
   (Präsens, Imperfekt, Perfekt Partizip)

ligge, sidde, få, tale, købe, bo, gå, have, gøre, være, blive, drikke, spise,
spørge, lægge.

3. v- oder hv- ?

-ad er klokken? -ores datter bor i Berlin. -ad behager? Han -iste mig det smukke billede. -ornår kommer de? Mit vækkeur ringer kl. 6 -er morgen. -ærsgo! Hun købte nogle smukke -ide gardiner.

4. j- oder hj- ?

-uletræ, -ordbær, -emme, -eres.

Vokabeln

23 D

århusianer, -en, -e [ɔRhusi'a:ʔnəR]	Einwohner von Århus
for … siden [fɔR … 'si:ðən]	vor …
især [i'sɛ:ʔR]	besonders
skydeskive, -n, -r ['sgy:ðəsgi:və]	Zielscheibe
hvorfor ['vɔRfɔR]	weshalb
araber, -en, -e [ɑ'Rɑ:ʔbəR]	Araber
kamel, -en, -er [ka'me:ʔl]	Kamel
de fik lov at vælge først [di feg 'lɔũ ɔ 'vɛljə 'fœRsd]	sie durften zuerst wählen/ aussuchen
nødig ['nø:ði]	(nur) ungern
ansætte ['ansɛdə]	anstellen, einstellen
som [sɔm]	als
elevatorfører, -en, -e [elə'va:tɔR'fø:RəR]	Fahrstuhlführer
han kan ikke finde ud af … [han ka 'egə 'fenə 'u:ʔð a:ʔ]	er kommt mit … nicht klar/ zurecht
rute, -n, -r ['Ru:də]	Route, Fahrstrecke, Weg
Notorius Jubelco [no'to:ʔRius 'ju:ʔbəlko:ʔ]	*Pseudonym eines Verfassers*
ord, -et, - [o:ʔR]	Wort; *hier* = Worte
bortset fra ['bɔRdse:ʔd fRɑ]	abgesehen von
forskel, -len, -le ['fɔRsgɛlʔ]	Unterschied
i grunden [i 'gRɔnʔən]	im Grunde
som [sɔm]	wie
i høj grad [i hɔĩʔ gRɑ:ʔð]	in hohem Maße
naturligvis [na'tu:ʔRlivi:ʔs]	natürlich
enkelt ['ɛŋʔgəld]	einzeln
er der noget i vejen? [ɛR dɛR 'nɔ:əð i 'vɑĩʔən]	ist etwas nicht in Ordnung?

jordbær, -ret, - ['jo:Rbɛ̃R]	Erdbeere
reven parmesanost ['Rɛ:vən pɑRmə'sa:ʔnosd]	geriebener Parmesankäse
det lyder grusomt [de 'ly:ʔðəR 'gRu:sɔmʔd]	es hört sich grausam an
ingenting ['eŋənten̠ʔ]	nichts
(i)mod [(i)'mo:ʔð]	dagegen
smag∣e, -er, -te, -t ['sma:ə]	schmecken
naturlig [na'tu:ʔRli]	natürlich
ligetil ['li:ətel]	einfach, geradezu
det fremgår af [de 'fRɛmgɔ:ʔR a]	es geht daraus hervor
blandt andet, *Abk.:* **bl. a.** [bland 'anəð]	unter anderem
hvilket ['velgəð]	*Relativpronomen, das nur in feierlicher Schriftsprache verwendet wird; hier: der*
grisesylte ['gRi:səsyldə]	Schweinesülze
ganske simpelt ['gansgə 'semʔbəld]	ganz einfach
kald∣e, -er, -te, -t ['kalə]	rufen; *auch, wie hier:* nennen; kaldes = *Passiv*
uforglemmelig [ufɔRʔglɛmʔəli]	unvergeßlich
vers, -et, - [vɛRs]	Vers, Strophe
og som [ɔ sɔm]	*hier:* und von dem
jeg kan huske slutningen af … [jɑĩ ka 'husgə 'sludnen̠ʔən a]	ich erinnere mich an den Schluß von …

138

24. Stunde

En gammel julesang

Højt fra træets grønne top
stråler juleglansen;
spillemand, spil lystig op!
nu begynder dansen.
Læg nu smukt din hånd i min,
ikke rør ved den rosin!
Først skal træet vises,
siden skal det spises.

Se, børnlille, nu går det godt,
I forstår at trave,
lad den lille Sine blot
få sin julegave.
Løs kun selv det røde bånd!
Hvor du ryster på din hånd!
Når du strammer garnet,
kvæler du jo barnet.

Peter har den gren så kær,
hvorpå trommen hænger;
hver gang han den kommer nær,
vil han ikke længer.
Hvad du ønsker, skal du få,
når jeg blot kan stole på,
at du ej vil tromme,
før min sang er omme.

Anna hun har ingen ro,
før hun får sin pakke:
fire alen merino
til en vinterfrakke.

Barn, du bliver mig alt for dyr,
men da du så propert syr,
sparer vi det atter,
ikke sandt, min datter?

Denne fane, ny og god,
giver jeg til Henrik,
du er stærk, og du har mod,
du skal være fænrik.
Hvor han svinger fanen kækt!
Børn, I skylder ham respekt!
Vid, det er en ære
Dannebrog at bære.

O, hvor den er blød og rar,
sikken dejlig hue,
den skal sikre bedstefar
imod frost og snue.
Lotte hun kan være stolt,
tænk jer, hun har garnet holdt;
det kan Hanne ikke,
hun kan bare strikke!

Børn, nu er jeg blevet træt,
og I får ej mere,
moder er i køkkenet,
nu skal hun traktere.
Derfor får hun denne pung,
løft engang, hvor den er tung!
Julen varer længe,
koster mange penge.

Peter Faber

Erläuterungen

1. Adverbien (Fortsetzung)

Adverbien der Bejahung, Verneinung, Wahrscheinlichkeit, Frage, des Gegensatzes, des Wunsches und weitere mehr

Beispiele: **aldrig** *nie, niemals;* **alligevel** *trotzdem, dennoch, doch;* **altså** *also, demnach, somit;* **bare, blot** *bloß, nur, wenn ... nur;* **derfor** *deshalb, darum;* **derimod** *dagegen, hingegen;* **desuden** *außerdem, ohnehin;* **desværre** *leider;* **dog** *(je)doch;* **ej** *nicht;* **ellers** *sonst, ansonsten;* **endelig** *endlich, unbedingt;* **formodentlig** *vermutlich, voraussichtlich;* **for resten** *übrigens;* **for så vidt** *insofern;* **for øvrigt** *übrigens;* **fremdeles** *fernerhin, des weiteren, weiter;* **fremfor alt** *vor allem;* **ganske vist** *zwar, allerdings;* **gid** *wenn ... doch/nur;* **heldigvis** *glücklicherweise, erfreulicherweise;* **heller ikke** *auch nicht;* **hvor** *wo;* **ikke** *nicht;* **ikke desto mindre** *nichtsdestoweniger;* **imidlertid** *inzwischen, indessen, aber;* **ja** *ja;* **jo** *doch, ja;* **kanske** *vielleicht;* **ligeledes** *ebenfalls, gleichfalls;* **mon** *ob (... wohl);* **muligvis** *möglicherweise;* **måske** *vielleicht;* **naturligvis** *natürlich, selbstverständlich;* **nej** *nein;* **nemlig** *nämlich, und zwar;* **netop** *eben, gerade;* **nok** *wohl, schon;* **næppe** *kaum, schwerlich;* **også** *auch;* **rigtignok** *zwar, allerdings;* **rimeligvis** *wahrscheinlich, voraussichtlich;* **sagtens** *leicht;* **sandelig** *wahrhaftig, gewiß, wahrlich;* **sandsynligvis** *wahrscheinlich;* **selvfølgelig** *selbstverständlich;* **såmænd** *wirklich, wahrhaftig;* **tillige** *zugleich, außerdem;* **tværtimod** *im Gegenteil;* **vel** *wohl, wahrscheinlich, doch, zwar;* **virkelig** *wirklich, tatsächlich;* **vist(nok)** *wahrscheinlich.*

2. Bejahung

Nach einer negativen Frage, in der **aldrig, ikke, ingen, ikke nogen, intet, ingenting** oder **ikke noget** vorkommt, und auf die eine bejahende Antwort folgt, wird **nicht ja**, sondern **jo** gesagt:

negative Frage	bejahende Antwort
Kommer Jytte **ikke** også?	
Kender du **ikke nogen** her?	**jo**
Ryger han **aldrig**? (ryge *rauchen*)	
Købte han **ikke noget**?	
positive Frage	
Kommer Jytte også?	
Kender du nogen her?	**ja**
Ryger han?	
Købte han noget?	

jo kann am Anfang eines Satzes stehen und **muß** im Innern eines Satzes = **ja** gebraucht werden: **Jo**, det er rigtigt. *Ja, das stimmt.* Det ved du **jo** meget godt. Det plejer han **jo** at gøre.

Durch Hinzufügen von **vel**? oder **ikke**? oder **ikke sandt**? oder **ikke også**? *nicht (wahr)?* kann man einen Satz in eine Frage umwandeln.

Kommt **ikke** schon im ursprünglichen Satz vor, dann gebraucht man
vel:
Jytte kommer i morgen, **ikke**? (oder die anderen Formen mit **ikke**). –
Jytte kommer ikke i morgen, **vel**?

ej [aɪˀ] *nicht* wird in der Umgangssprache nur noch in festen Wendungen gebraucht: Nej jeg vil **ej**! *oder* Vel vil jeg **ej**! *Nein, ich will (ganz bestimmt!) nicht!*
In poetischer und älterer Sprache findet man **ej** oft anstelle von **ikke** (siehe Text).

mon [mon] *ob (... wohl)*: **Mon** Jytte er der? – Ja, **mon** ikke? *Ja, ich glaube schon.|Ja, höchstwahrscheinlich.* Hvem har spist kagen? – Ja, hvem **mon**! *Ja, wer wohl!*

3. Transitive und intransitive Verben

Beachten Sie den Bedeutungsunterschied bei den folgenden Verben:

intransitiv			
falde	faldt	*fiel*	faldet
hænge	hang	*hing*	hængt
ligge	lå	*lag*	ligget
sidde	sad	*saß*	siddet
springe	sprang	*sprang*	sprunget
synke	sank	*sank*	sunket
vågne	vågnede	*wurde wach*	vågnet

transitiv			
fælde	fældede	*fällte*	fældet
hænge	hængte	*hängte*	hængt
lægge	lagde	*legte*	lagt
sætte	satte	*setzte*	sat
sprænge	sprængte	*sprengte*	sprængt
sænke	sænkede	*senkte*	sænket
vække	vækkede	*weckte*	vækket

Übungen   **24 C**

1. Übersetzen Sie:

Das Buch lag auf dem Tisch. Ich habe in deinem Bett gelegen. Ich habe
die Zeitung auf deinen Schreibtisch gelegt. Er wachte um 7 Uhr auf.

Sie weckte mich um 5 Uhr. Die Lampe fiel auf den Tisch. Er hängte das Bild an die Wand *(på væggen)*. Das Bild hing an der Wand. Sie setzte sich. Sie saß in Großvaters Sessel.

2. *Wandeln Sie die Sätze in Fragen um (wie in 24 B besprochen):*

Dr. Hansen kommer i morgen. Helge kommer ikke til fru Andersens fødselsdag. Bogen lå på bordet. Hun har ikke lagt avisen på dit skrivebord. Hun vækkede dig kl. 5. Hun har ikke ligget i Helges seng.

3. *Hvilken farve har ...*

et juletræ? solen? rødvin? mel? Dannebrog? havet? rugbrød?
(sort, brun, gul, grøn, blå, rød, hvid)

4. *ja oder jo?*

Hun har ... kendt ham siden *(seit)* 1955. Fru Andersen har ... været meget syg. Han vil ... ikke.

Vokabeln   **24 D**

høj [hɔĭ˔]	hoch	**Sine** [ˈsiːnə]	*weiblicher Vorname*
træ, -et, -er [tRɛː˔]	Baum		
grøn [gRœn˔]	grün	**blot** [blɔd]	nur
top, -pen, -pe [tɔb]	Spitze	**løs|e, -er, -te, -t** [ˈløːsə]	lösen, auf-knoten
strål|e, -er, -ede, -et [ˈsdRɒːlə]	strahlen, glänzen	**rød** [Røː˔ð]	rot
juleglansen [ˈjuːləglan˔sən]	*etwa:* der Weih-nachtsglanz, die Weih-nachtspracht	**bånd, -et, -** [bɔn˔]	Band
		han ryster på hånden [han ˈRøsdəR pɒ ˈhɔn˔ən]	die Hand zittert ihm
spillemand [ˈsbeləman˔]	Spielmann	**stramm|e, -er, -ede, -et** [ˈsdRɑmə]	straffen, anziehen
spille op (til dans) [ˈsbelə ˈɔb (te dan˔s)]	(zum Tanz) aufspielen	**garn, -et, -** [gɑR˔n]	Garn, (Bind-) Faden; Wolle
lystig [ˈløsdi]	heiter, lustig		
dans, -en, -e [dan˔s]	Tanz	**kvæl|e, -er, kvalte, kvalt** [ˈkvɛːlə]	erdrosseln, ersticken
røre ved noget [ˈRøːRə veð ˈnɒːəð]	etwas anfassen, berühren	**jo** [jo]	ja
rosin, -en, -er [Roˈsiː˔n]	Rosine	**gren, -en, -e** [gRɛː˔n]	Zweig, Ast
vis|e, -er, -te, -t [ˈviːsə]	vorzeigen	**kær** [kɛː˔R]	lieb
siden [ˈsiːðən]	später, nachher	**hvorpå** [ˈvɔː˔Rpɒː˔]	worauf; *hier:* auf dem
barnlille, *pl.* = **børnlille** [bɑRnˈlilə]	Kindchen; *im pl. auch bei Erwachsenen gebraucht:* Kinder	**tromme, -n, -r** [ˈtRomə]	Trommel
		hænge [ˈhɛŋə]	hängen
		hver gang [vɛː˔R gɑŋ˔]	jedesmal
		nær [nɛː˔R]	nah(e)
trav|e, -er, -ede, -et [ˈtRɑːvə]	traben	**... vil han ikke længer** [vel han ˈegə ˈlɛŋəR]	... will er nicht mehr (weiter)
lad|e, -er, lod, -t [ˈlaːðə]	lassen	**stole på én / noget**	sich auf einen/

142

['sdo:lə pɒ e:ʔn] etwas verlassen
ej [ɑiʔ] nicht
tromm|e, -er, -ede, -et trommeln
['tRomə]
sang, -en, -e [sɑŋʔ] Lied
omme ['ɔmə] um, vorbei, aus
ingen ['eŋən] kein(e)
ro, -en, o. pl. [Ro:ʔ] Ruhe
alen ['a:lən] Elle
merino ['me:ʔRino] Merino
  (Wollart)
vinterfrakke, -n, -r Wintermantel
['venʔdəRfRɑgə]
alt for ... [alʔd fɔR] viel zu ...
dyr [dy:ʔR] teuer
proper ['pRo:ʔbəR] sauber,
  ordentlich
sy, -r, -ede, -et [sy:ʔ] nähen
spar|e, -er, -ede, -et sparen
['sbɑ:Rə]
ikke sandt? ['egə sanʔd] nicht wahr?
fane, -n, -r ['fa:nə] Fahne
giv|e, -er, gav, -et geben, (ver-)
['gi:və, gi:ʔ] schenken
mod, -et, o. pl. [mo:ʔð] Mut
fænrik, -ken, -ker Fähnrich
['fɛnʔReg]
sving|e, -er, -ede od. schwingen,
  svang, -et od. svunget schwenken
['sveŋə]

kæk [kɛg] keck, kühn
skyld|e, -er, -te, -t schulden,
['sgylə] schuldig sein
respekt, -en, o. pl. Respekt
[Re'sbɛgd]
vid! [vi:ʔð] literarisch: wißt!
von vide
ære, -n, o. pl. ['ɛ:Rə] Ehre
Dannebrog ['danəbRo:ʔ] Name der
  dän. Fahne
o [o:] oh
blød [blø:ʔð] weich
rar [Rɑ:ʔR] angenehm
sikr|e, -er, -ede, -et absichern;
['segRə] hier: schützen
bedstefar ['bɛsdəfɑ:ʔR] Opa,
  Großvater
imod [i'mo:ʔð] gegen
frost, -en, o. pl. [fRɔsd] Frost
snue, -n, o. pl. ['snu:ə] Schnupfen
tænk|e, -er, -te, -t denken
['tɛŋə]
strikk|e, -er, -ede, -et stricken
['sdRegə]
træt [tRɛd] müde
mere ['me:Rə] mehr
trakter|e, -er, -ede, -et traktieren,
[tRɑg'te:ʔRə] bewirten
pung, -en, -e [poŋʔ] Portemonnaie
engang [en'gɑŋʔ] einmal
tung [toŋʔ] schwer

25. Stunde

Et brev

25 A

Åbenrå, den 12. 6. 19..

Kære Elisabeth,
hjertelig til lykke med fødselsdagen.

Vi sender dig en lille bog, som du forhåbentlig ikke har læst.
Vi håber, at du har det godt, og vi glæder os til at høre et par
ord fra dig; men endnu hellere måtte du komme et lille smut
herned og se til os. Se, hvor store børnene er blevet og se
vores nye hus.
Lis har desværre været syg og indlagt på hospitalet, men nu er
hun heldigvis rask og kvik igen. Hun går i 3. klasse. Jesper er
næsten færdig med sin uddannelse og går med liv og lyst op i
arbejdet. Henrik går også stadig væk i skole, men interesserer

143

sig meget mere for fodbold og sin knallert. Efter sommerferien skal han i lære som mekaniker.

Bedriften herhjemme interesserer ikke børnene spor, så den må min mand og jeg køre på egen kraft.

I foråret havde vi en 5 dages flyvetur til England. Det var meget interessant og spændende. Ellers er her alt ved det gamle.

Hilsen,
Lone

P.S. Jeg skal hilse fra Søren.

Erläuterungen   **25 B**

Briefe

1) Auf die Vorderseite des Briefumschlags schreibt man wie im Deutschen: Name des Empfängers (oder Firmenname, Name einer Institution), Straße + Hausnummer, Postleitzahl + Ort und eventuell ein **DK-** vor die Postleitzahl, wenn der Brief nach Dänemark geschickt werden soll. Eventuell auch noch „Dänemark" unter die Ortsangabe.

Beispiel: Frk. *oder* Fru Kirsten Andersen, *oder nur* Kirsten Andersen; Hr. Søren Petersen *oder nur* Søren Petersen.

Kirsten Andersen
Storegade 5
DK – 4000 Roskilde

Häufig werden Titel und Beruf auf der Vorderseite des Briefumschlags mit aufgeführt, z. B.:

Hr. dr. phil. Per Møller *oder*
Børnehavelærerinde, fru Lis Hansen *oder*
Professor Jette Birk *oder*
Fru overlæge Helge Petersen *(Beruf des Mannes)*

2) In der Regel wird der Absender (Name und Adresse) auf die Rückseite des Briefumschlags geschrieben.

Auf den Briefbogen führt man, handelt es sich um Geschäftsbriefe oder andere formale Schreiben, am besten nochmals Name (eventueller Firmenname u. ä.), Titel und Adresse des Empfängers an, ohne eine spezielle Anrede zu gebrauchen. In diesem Fall ist es

144

gebräuchlich, ebenfalls den Absender (wenn kein gedruckter Brief-kopf vorliegt) anzuführen.

Beispiel:

> Kirsten Andersen
> Storegade 5, 4000 Roskilde
>
> Den 1. aug. 19..
>
> Hr. lærer Jens Petersen (*oder* Petersen & Co.)
> Klareboderne 12
>
> · DK- 1115 København K
>
> Som svar på Deres skrivelse ...
>
> Med venlig hilsen,
> Kirsten Andersen

3) Freunde und Familienmitglieder, sowie andere Personen, die man persönlich ansprechen möchte, werden mit **Kære** (oder manchmal auch mit **Hej!** *Hallo!*) angeredet:

Kære far, ; Hej, Elisabeth! ; Kære fru Olsen, ...

Man setzt nach der Anrede ein Ausrufungszeichen oder ein Komma. Der Text fängt nach dem Ausrufungszeichen mit einem großen Buchstaben an, nach einem Komma mit einem kleinen Buchstaben:

Kære far! Tak for ...; Kære far, tak for ...

4) Briefe können verschieden enden, z. B. mit:

a) dem Vornamen (und Nachnamen)

b) Hilsen,
   (din/jeres) Lone (Larsen)

c) Mange hils(e)ner,
     Lone

d) De bedste (*oder* hjerteligste) hils(e)ner,
       Lone

e) Mange kærlige hils(e)ner,
     Lone

f) Kærlig hilsen,
   Lone

børnehavelærerinde *Kindergärtnerin;* professor *Professor/in;* skri-velse *Schreiben;* kær *lieb;* hjertelig *herzlich.*

1. Welche Wörter werden mit einem stimmhaften (weichen), welche mit einem stimmlosen (harten) und welche mit einem stummen d ausgesprochen?

aldrig, altid, arbejdede, allerede, advent, badeværelse, billede, begynde, blød, bedstemor, banegård, brødre, bånd, dåse, dør, dag, desuden, sund, endnu, franskbrød, falde, fordi, fødselsdagsgave, fad, foruden, fod, gade, holde, hånd, hvordan, hedde, heldigvis, hovedstad, hinanden, hovedpine, hvid, hund, handske, idé, idet, indtryk, sagde, pludselig.

2. Bei welchen Wörtern wird die Vorsilbe for- betont?

forstå, formiddag, forretning, fordi, forår, forære, fortælle, foruden, fordrukken, foran, forfærdelig, forskel.

3. Die folgenden Ihnen bekannten Substantive können mehr als eine Bedeutung haben. Versuchen Sie, anhand eines Wörterbuchs jeweils zwei verschiedene Bedeutungen zu finden, und bilden Sie Sätze, aus denen der Unterschied hervorgeht:

bakke, lejlighed, pande, øre, krone.

Åbenrå [ˈɔːbənˈʁɒːˀ]	*Stadt in Süd-jütland*
forhåbentlig [fɔʁˈhɒːˀ-bəndli]	hoffentlich
glæde sig til noget [ˈglɛːðə saɪ te ˈnɒːəð]	sich auf etwas freuen
smut [smud]	(Katzen)-Sprung, Husch
se til ... [seːˀ tel]	... besuchen
være indlagt på ◢ **hospital(et)** [ˈvɛːʁə ˈenlɑgd pɒ hosbiˈtaːˀl]	im Kranken-haus liegen
rask [ʁɑsg]	gesund
kvik [kvig]	munter
uddannelse, -n, -r [ˈuðdanˀəlsə]	Ausbildung
gå med liv og lyst op i arbejdet [gɒ mɛð ˈliuˀ ɔ ˈløsd ɔb i ˈɑʁbaɪˀdəð]	mit Leib und Seele bei der Arbeit sein = sehr interes-siert sein

stadig væk [ˈsdaːði vɛg]	immer noch
fodbold [ˈfoðbɔlˀd]	Fußball
knallert, -en, -er [ˈknalˀəʁd]	Moped
sommerferie, -n, -r [ˈsɔməʁfeːˀʁiə]	Sommerferien, die großen Ferien
lære [ˈlɛːʁə]	Lehre
mekaniker, -en, -e [meˈkaːˀnigəʁ]	Mechaniker
bedrift, -en, -er [beˈdʁefd]	Betrieb
herhjemme [ˈheːˀʁjɛmə]	hier, bei uns
ikke spor [ˈegə sboːˀʁ]	überhaupt nicht
så [sɔ]	*hier im Sinne von:* so daß
køre [ˈkøːʁə]	*hier im Sinne von:* schmei-ßen, durch-ziehen
på egen kraft [pɒ ˈaɪən kʁɑfd]	ohne Hilfe

flyvetur, -en, -e	Flugreise	hilsen, -en, -er *od.*	Gruß
['fly:vətu:ʔʀ]		hilsner ['hilsən]	
spændende ['sbɛnənə]	spannend	hils|e, -er, -te, -t ['hil-	grüßen
ellers er her alt ved det	ansonsten ist	sə]	
gamle [ɛlʔəʀs ɛʀ he:ʔʀ	hier alles beim		
alʔd veð de 'gɑmlə]	alten		

26. Stunde

Danmark og danskerne   26 A

Danmark hører til de små lande blandt verdens selvstændige
stater. Landet har et areal på ca. 43 000 km², hvoraf Jylland
omfatter knap 30 000 km² og Øerne (Sjælland og Fyn)
13 000 km². Der regnes for tiden med 99 beboede og ca. 400
ubeboede øer. Af de beboede er (bortset fra Sjælland og Fyn)
Bornholm, Lolland, Falster, Læsø og Anholt de største. Danmark
har en befolkning på næsten 5 millioner mennesker. Det er et
lille tal i forhold til andre lande. Og selv om befolkningstætheden
ligger over verdensgennemsnittet, er kun ét af syv hundrede
mennesker i verden dansk.
Den største by på Fyn er Odense, og i Jylland hedder de største
byer Århus, Ålborg og Esbjerg. I Danmark findes der hverken
bjerge eller floder, kun bakker og åer. Klimaet er ikke ideelt
(særlig til landbrug; fx skylregner der ofte i høstmåneden
august), men i forhold til klimaet i andre lande på samme
breddegrad er det meget mildt.
Danmark har et kongehus. I 1972 overtog dronning Margrethe
tronen efter sin far, kong Frederik den Niende. Og foruden de
fem millioner danskere lever der to andre folkegrupper inden
for den danske stats grænser: Færingerne og grønlænderne.
Færøerne er et selvstyrende folkesamfund med folketings-
repræsentation. Og Grønland, de er jordens største ø og ca.
50 gange større end Danmark, er ligeledes en ligeberettiget
del af det danske rige.

Erläuterungen   26 B

Präpositionen

Ein Substantiv steht stets im Nominativ, wenn es von einer Präposition
regiert wird: på bordet *auf dem Tisch;* i en skuffe *in einer Schublade;*
til børnene *für die Kinder.* Ist das von einer Präposition regierte Wort

147

ein Personalpronomen, dann steht es im Objektkasus: af **ham** *von ihm;* bag **os** *hinter uns;* hos **dem** *bei ihnen.*
Folgende zusammengesetzte Präpositionen bilden eine Ausnahme, denn entweder hat das von einer Präposition regierte Substantiv die Genitivform: **på** *(z. B.)* skolens **vegne** *im Namen* (z. B.) *der Schule,* oder die Präposition steht mit einem Possessivpronomen: **på** *(z. B.)* mine **vegne** in (z. B.) *meinem Namen.* Das gleiche gilt für: **for** *(z. B.)* min **skyld** *meinetwegen* und **for** *(z. B.)* mit **vedkommende** *was* (z. B.) *mich betrifft.*
Im Gegensatz zum Deutschen können Präpositionen einen Infinitiv oder einen Nebensatz regieren: Han holder meget **af** at læse. *Er mag sehr gern lesen.* – Jeg er glad **over**, at han kommer. *Ich bin froh, daß er kommt.*
Eine Präposition kann am Schluß eines Satzes stehen:
1. in Verbindung mit einem Infinitiv mit **at**: Opgaven er let at gå **til**. *Die Aufgabe ist leicht zu lösen.*
2. nach einem Relativ- oder Interrogativpronomen: Hendes mor er den dame, (som) Jens taler **med**. *Ihre Mutter ist die Dame, mit der Jens spricht.* – Hvem er blomsterne **fra**? *Von wem sind die Blumen?*
3. nach **hvor**? *wo?:* Hvor er hun **fra**? *Von wo(her) kommt sie?*
4. bei Hervorhebungen: Ham *(betont)* vil jeg ikke snakke **med**. *Mit ihm will ich nicht reden.*
Die Präpositionen stehen oft als Adverbien: at tage tøj **på** *sich anziehen.* – Tag mig **med**! *Nimm mich mit!*

Alphabetisches Verzeichnis der wichtigsten Präpositionen (und ihre häufigsten deutschen Übersetzungen):

ad [aб] wird in der Umgangssprache oft mit *af* verwechselt:
(Weg) op ad trappen *die Treppe hinauf;*
(durch eine Öffnung) ud ad vinduet *zum Fenster hinaus;*
(Richtung) ad helvede til *zum Teufel;*
(bei Verben) de lo ad ham *sie lachten ihn aus;*
(Zeit) hen ad aften *gegen Abend;*
(bei Zahlwörtern) én ad gangen *je einer.*

af [a]:
(von) dronningen af Danmark *die Königin von Dänemark;*
(aus) ringen er af sølv *der Ring ist aus Silber;*
(an) lide af hovedpine *an Kopfschmerzen leiden;*
(vor) de døde af sult *sie starben vor Hunger;*
(nach) det smager af sæbe *es schmeckt nach Seife;*
(für) hun er stor af sin alder *sie ist groß für ihr Alter;*
(statt Genitiv) en ven af min datter *ein Freund meiner Tochter.*

bag [baːˀ]:

(hinter) hun stod bag døren *sie stand hinter der Tür.*

blandt [blanˀd]:

(unter) blandt andet *(Abk.* bl. a.) *unter anderem.*

efter [ˈɛfdəʀ]:

(nach) kort efter påske *kurz nach Ostern;*
(hinter) hun lukkede døren efter sig *sie machte die Tür hinter sich zu.*

for [fɔʀ]:

(für) det er lige noget for ham *das ist genau das Richtige für ihn;*
(vor) for mange år siden *vor vielen Jahren;*
(zu) for eksempel *zum Beispiel;*
(aus) for sjov *aus Spaß;*
(am) hun sidder for bordenden *sie sitzt am Tischende;*
for det meste *meistens.*

foran [ˈfɔʀanˀ]:

(räumlich: vor) foran mig så jeg en vej *vor mir sah ich einen Weg.*

foruden [fɔʀˈuːðən]:

(außer) foruden ham var der 5 andre mennesker *außer ihm waren 5 andere Leute da.*

fra [fʀɑ]:

(von) bogen er fra min tante *das Buch ist von meiner Tante (ge-schenkt); aber:* bogen er af H. C. Andersen *(geschrieben);*
(aus) hun er fra Danmark *sie ist aus Dänemark.*

fremfor [ˈfʀɛmˀfɔʀ]:

(vor) fremfor alt *vor allem.*

før [fœːˀʀ]:

(zeitlich: vor) hun kan ikke komme før kl. 7 *sie kann nicht vor 7 Uhr kommen.*

(Fortsetzung 27 B)

Übungen **26 C**

1. ad oder af?

Helge går ud ... døren. Bordet er lavet ... træ *(Holz).* Postbudet kom løbende op ... trappen. Det er en roman ... H. C. Andersen.

2. Setzen Sie die korrekten Präpositionen ein:

Dronningen ... Danmark hedder Margrethe. De sad ved siden ...
hinanden. Povl Rasmussen er meget glad ... sit arbejde. Er du ...
Hamborg? Brevet er ... min mand. Hun er ... Berlin. Han besøgte
dem kort ... jul.

Vokabeln

26 D

høre til [ˈhøːʀə ˈtel]	gehören zu
land, -et, -e [lanʔ]	Land
blandt [blanʔd]	unter
verden [ˈvɛʀdən]	die Welt
selvstændig [ˈsɛlsdɛnʔdi]	selbständig
stat, -en, -er [sdaːʔd]	Staat
areal, -et, -er [ɑʀeˈaːʔl]	Fläche
på [pɔ]	von
cirka, *Abk.* ca. [ˈsiʀga]	etwa, rund
kvadratkilometer, *Abk.*	Quadratkilo-
km² [kvaˈdʀɑːʔd-	meter
kiloˈmeːʔdəʀ]	
hvoraf [ˈvɔːʔʀaːʔ]	wovon
omfatt|e, -er, -ede, -et	umfassen
[ˈɔmfadə]	
knap [knɑb]	knapp
ø, -en, -er [øːʔ]	Insel
Øerne [ˈøːʔəʀnə]	*Name für Sjæl-*
	land und Fyn
	= die Inseln
der regnes med ...	man rechnet
[dɛʀ ˈʀɑĩnəs mɛð]	mit ...
for tiden [fɔʀ ˈtiːʔðən]	zur Zeit,
	gegenwärtig
beboede øer	bewohnte
[beˈboːʔəðə ˈøːʔəʀ]	Inseln
ubeboede øer	unbewohnte
[ˈubeboːʔəðə ˈøːʔəʀ]	Inseln
befolkning, -en, -er	Bevölkerung
[beˈfɔlʔgneŋ]	
tredjedel, -en, -e	Drittel
[ˈtʀɛðjədeːʔl]	
tal, -let, -[tal]	Zahl
i forhold til [i ˈfɔʀhɔlʔ te]	im Verhältnis
	zu
befolkningstæthed	Bevölkerungs-
[beˈfɔlʔgneŋstɛdheːʔð]	dichte
verdensgennemsnittet	der Weltdurch-
[ˈvɛʀdənsgɛnəmsnidəð]	schnitt
i [i]	auf
der findes [dɛʀ ˈfenəs]	es gibt
hverken ... eller	weder ... noch
[ˈvɛʀgən ... ˈɛlʔəʀ]	
bjerg, -et, -e [bjɛʀʔw]	Berg
flod, -en, -er [floːʔð]	Fluß
bakke, -n, -r [ˈbagə]	Hügel
å, -en, -er [ɔːʔ]	Bach
klima, -et, -er [ˈkliːma]	Klima
ideel [ideˈɛlʔ]	ideal
særlig [ˈsɛʀli]	besonders
landbrug, -et, *o. pl.*	Landwirtschaft
[ˈlanbʀuːʔ]	
det skylregner	es gießt in
[de ˈsgølʀɑĩnəʀ]	Strömen
høstmåneden august	der Erntemo-
[ˈhøsdmɔːnəðən	nat August
ˈaũgosd]	
breddegrad, -en, -er	Breitengrad
[ˈbʀɛːʔdəgʀɑːʔð]	
mild [milʔ]	mild(e)
kongehus, -et, -e	Königshaus
[ˈkɔŋəhuːʔs]	
overtag|e, -er, overtog,	übernehmen
-et [ˈɔũəʀtaːʔə]	
dronning, -en, -er	Königin
[ˈdʀɔneŋ]	
trone, -n, -r [ˈtʀoːnə]	Thron
konge, -n, -r [ˈkɔŋə],	König
vor Namen: kong	
foruden [fɔʀˈuːðən]	außer
folkegruppe, -n, -r	Volksgruppe
[ˈfɔlgəgʀubə]	
inden for [ˈenən fɔʀ]	innerhalb
grænse, -n, -r [ˈgʀɛnsə]	Grenze
færing, -en, -er	Bewohner(in)
[ˈfɛːʀeŋ]	der Färöer
grønlænder, -en, -e	Grönländer
[ˈgʀœnlɛnʔəʀ]	
Færøerne [ˈfɛːʀøːʔəʀnə]	die Färöer-
	(inseln)
et selvstyrende	eine sich selbst
folkesamfund [ed	verwaltende
ˈsɛlsdyːʀənə	Volksgemein-
ˈfɔlgəˈsamfonʔ]	schaft
folketing, -et, *o. pl.*	Volksvertre-
[ˈfɔlgəteŋʔ]	tung, Parla-
	ment
folketingsrepræsentation	Repräsentation
[ˈfɔlgəteŋsʀepʀɛsɛn-	im Folketing
taˈsjoːʔn]	
Grønland [ˈgʀœnlanʔ]	Grönland
jorden [ˈjoːʔʀən]	die Erde
ligeledes [ˈliːələːðəs]	ebenfalls
ligeberettiget	gleichberech-
[ˈliːəbeˈʀɛdiəð]	tigt
del, -en, -e [deːʔl]	Teil
rige, -t, -r [ˈʀiːə]	Reich

27. Stunde

De fleste danskere arbejder i industrien eller som håndværkere, men der er også mange, der har enten landbrug eller fiskeri som erhverv. Danmark har ikke nogen sværindustri i større omfang, fordi jordbunden er fattig på værdifulde råstoffer. Den danske jernmalm for eksempel kan ikke dække landets behov for jern, og på brændselsområdet (kul og jordolie) er situationen den samme. Det har i Danmark alene været muligt at opbygge industri af betydning på grundlag af forekomsterne af ler, kalk og kridt. Mangelen på andre energikilder overvindes ved at importere råstoffer fra andre lande, som fx kul fra Polen, Vesttyskland og England. Men alligevel har jorden en stor betydning for Danmarks økonomi; for efter generationers arbejde med den er den efterhånden blevet til en udmærket agerjord, der giver gode høstudbytter. Produktionen af foder spiller langt den største rolle, og dansk landbrugs særlige produktionsretning består i at omforme korn og roer til dyriske produkter, d.v.s. til mælk, kød, flæsk og æg, der så sælges bl.a. til England og Tyskland. Men der bliver dog år for år færre og færre mennesker, der vil arbejde i landbruget.

Danmarks beliggenhed spiller selvfølgelig også en vigtig rolle for landets økonomi: Danmark er en søfartsnation. Landet har mange rederier, en ret betydelig skibsbygningsindustri, og ca. 13000 mænd har fiskeri som erhverv, for Danmark ligger ved to af verdens mest befærdede have, nemlig Vesterhavet og Østersøen. Gennem Sundet (Øresund) og bælterne (Lille Bælt og Store Bælt) går der en skibstrafik, der er så stor som den der går gennem Kielerkanalen. Det er altid en stor fordel for et land at ligge ved havet, for søtransporten er stadig væk den billigste.

Foruden kul, olie og benzin importerer Danmark også bomuld, uld, garn, kunstgødning og færdige industrivarer. Godt en tredjedel af hele udførselen består af landbrugsvarer, og noget over halvdelen af industrivarer (maskiner, kemikalier, skibe, tekstiler) og fisk.

Notorius Jubelco: Ord

1. At det rasler, når man ryster på hovedet, viser ganske vist, at der er noget i det, men tillige, at det ikke er så meget...

2. Hvis man bare kunne være sikker på, at politikerne **altid** mente det modsatte af, hvad de sagde!
3. Da Shakespeare var barn, vidste naturligvis ingen, at han var Shakespeare. Senere blev det almindelig bekendt. Og nu mener videnskaben at have bevist, at han i virkeligheden var en anden.

Erläuterungen **27 B**

1. Präpositionen (Fortsetzung)

gennem [ˈgɛnˀəm]:
(durch) jeg kender ham gennem min bror *ich kenne ihn durch meinen Bruder.*

henad [ˈhɛnˀað]:
(gegen) han vågnede henad aften *er wachte gegen Abend auf.*

henved [ˈhɛnˀveð]:
(etwa, ungefähr) der var henved 100 mennesker til stede *es waren ungefähr 100 Leute anwesend.*

hos [hos]:
(nur bei Personen: *bei*) hun havde været hos sin veninde, der bor ved skolen *sie war bei ihrer Freundin gewesen, die bei der Schule wohnt.*

i [i]:
(in) han bor i Rosengade *er wohnt in der Rosenstraße (aber:* på Rosenvej); han bor i Jylland *(aber:* på Fyn);
(zu) gå i skole (seng, kirke) *zur Schule (zu Bett, zur Kirche) gehen;*
(an) i begyndelsen *am Anfang;*
(vor) fem minutter i fire; jeg har boet i København i *(seit)* mange år.

ifølge [iˈføljə]:
(zufolge, laut) ifølge lov *laut Gesetz.*

langs [laŋˀs]:
(entlang, längs) han gik langs stranden *er ging den Strand entlang.*

med [mɛð]:
(mit) bøf med løg [bøf mɛð lɔĭˀ] *Beefsteak mit Zwiebeln.*

(i)mellem [(i)ˈmɛlˀəm]:
(zwischen) afstanden mellem træerne *der Abstand zwischen den Bäumen.*

(i)mod [(i)ˈmoːˀð]:

(gegen, wider) pillerne hjælper mod forkølelse *die Pillen helfen gegen Erkältung.*

om [ɔm]:

(um) de løb om kap *sie liefen um die Wette;*
(in) om tre dage *in drei Tagen;*
(über) et foredrag om H. C. Andersen *ein Vortrag über H. C. Andersen;*
(an) vi gik om bord *wir gingen an Bord.*

omkring [ɔmˈkʀeŋˀ]:

(um herum) der er en smuk have omkring huset *um das Haus herum ist ein schöner Garten;*
(etwa) han er omkring 40 år *er ist etwa 40 Jahre.*

over [ˈɔŭˀəʀ]:

(über) hun gik over gaden *sie ging über die Straße;*
(nach) klokken er 10 minutter over 8 *es ist zehn nach 8.*

på [pɔ̭]:

(auf) hun sidder på en stol;
(an) hun banker på døren *sie klopft an die Tür;*
hun hilste på ham *sie grüßte ihn;* hun rystede på hovedet *sie schüttelte den Kopf;* døren står på klem *die Tür ist angelehnt;* hun er vred på ham *sie ist ihm böse.*

siden [ˈsiːðən]:

(seit) jeg har været her siden jul *ich bin seit Weihnachten hier.*

til [tel]:

(zu) de gik til bords *sie gingen zu Tisch;*
(nach) han rejser til Hamborg *er fährt nach Hamburg;*
(für) blomsterne er til fru Hansen *die Blumen sind für Frau Hansen;*
(in) de rejsende ankom til København ved midnatstid *die Reisenden kamen in Kopenhagen um Mitternacht an;*
(an) jeg skriver til hende i morgen *ich schreibe morgen an sie.*

trods [tʀɔs]:

(trotz) de holdt ud trods sult og kulde *sie hielten aus trotz Hunger und Kälte.*

uden [ˈuːðən]:

(ohne) uden mad *ohne Essen;* uden tvivl *zweifellos;* uden videre *ohne weiteres.*

under [ˈonʔəʀ]:

(unter) under dugen *unter der Tischdecke;*
(während) under den franske revolution *während der französischen Revolution.*

undtagen [ˈontaːʔən]:

(ausgenommen, außer) alle undtagen én *alle außer einem.*

ved [veð] *(vgl.* hos):

(an) han sidder ved vinduet *er sitzt am Fenster;*
(bei) ved lejlighed *bei Gelegenheit;*
(durch) de ernærer sig ved fiskeri *sie ernähren sich durch Fischfang;*
ved sekstiden *um sechs (Uhr) herum;*
(zu) han er god ved børn *er ist gut zu Kindern.*

2. Konjunktionen

Konjunktionen verbinden Wörter, Sätze und Satzglieder. Viele Präpositionen und Adverbien können als Konjunktionen stehen, z. B.:
efter, for, fra, før, om, til, da, hvis, når, så.

Beispiele:

1) **Beiordnende Konjunktionen**

både – og	*sowohl – als (auch)*	samt	*samt*
dels – dels	*teils – teils*	såvel – som	*sowohl – als auch*
eller	*oder*		
enten – eller	*entweder – oder*		
hverken – eller	*weder – noch*		
men	*sondern, aber*		
og	*und*		

2) **Unterordnende Konjunktionen**

a) **Verbalkonjunktion:** at *daß*

b) **Zeitkonjunktionen**

bedst som	*gerade als*	idet	*indem*
da	*als*	(ind)til	*bis*
dengang	*(damals) als*	(i)mens/(i)medens	*während*
efter at	*nachdem*	når	*wenn*
fra	*seit*	siden	*seit*
før			
førend	} *ehe, bevor*		
inden			

c) Konjunktionen der Ursache

da, eftersom	*da, weil*	idet	*indem*
fordi		for	*denn*
såsom	*weil*		
siden			

d) Konjunktionen der Bedingung

bare, blot	*wenn – nur*	ifald	*falls*
dersom		om	*wenn*
hvis	*wenn*	såfremt	*falls, wenn*
når			

e) Vergleichskonjunktionen

jo – jo	*je – je*	som om	*als ob*
jo – des(to)	*je – desto*	som	*wie*

f) Konjunktionen der Einräumung

selv om	*obgleich*
skønt	*obgleich, obwohl*

g) Fragekonjunktion

om	*ob*

h) Zweckkonjunktion

for at	*damit*

i) Folgekonjunktion

at	*daß*
så (at)	*so daß*
uden at	*ohne daß*

Übungen **27 C**

1. Welche Präposition muß eingesetzt werden?

De plejer at køre ... Åbenrå to gange ... måneden. Helge besøgte mig ... tirsdags. Kommer fru Hansen ... eftermiddag? ... søndagen går jeg ... kirke. Han skal op til eksamen ... en uge. Kommer hr. Svendsen ... lørdag? De rejser ... Nordsjælland. Hr. Svendsen og Jytte var ... teatret ... forgårs. Han kommer ... morgen ... totiden. De boede ... banegården. De bor ... en lille ø. Hun hoster meget ... tiden. Hun kommer i løbet ... formiddagen. Lis har været syg og indlagt ... hospitalet. De sad ... en bænk i nærheden ... Københavns Universitet. Af og ... hørte man ham hoste. Jeg fik et brev ... ham ... et par uger siden. Jeg tør ikke drikke snaps ... grund af min mave. Han kørte ... bus ... Åbenrå. Sjælland ligger ... Øresund og Store Bælt. Min datter boede ... mig ... en uge. Han kommer hjem igen ...

tre dage. Han er ... Texas. De havde kendt hinanden ... tre måneder.
Jeg har været ... byen ... formiddags. Dr. Hansen er rejst ... Berlin
... sin kone. Jordbær ... reven parmesanost. Hun rystede ... hovedet,
da hun fik det at vide. Hr. Svendsen tænker tit ... frk. Birch. Avisen
ligger ... bordet. Han tager ... bus ... sit arbejde ... posthuset, for
han er ansat ... postvæsenet. Vi tager ... Århus ... torsdag. Fyn
ligger ... Store Bælt og Lille Bælt.

2. for oder til?

Bag ... eksempel en kage. Har De lyst ... at gå med? Han plejer at
drikke et glas mælk ... maden. Der er kommet et brev ... hende.

3. om oder over?

Befolkningstætheden ligger ... verdensgennemsnittet. Helge snubler ...
Kirstens støvler. Det er en historie ... en dronning. Hr. Svendsens
vækkeur ringer kvart ... seks hver morgen.

Vokabeln   27 D

erhverv, -et, - [ɛʀ'vɛʀˀv] Erwerb, Be-
                           ruf(sgruppe)
industri, -en, -er   Industrie
[endu'sdʀiːˀ]
håndværker, -en, -e   Handwerker
['hɔnvɛʀgəʀ]
fiskeri, -et, -er [fesgə'ʀiːˀ] Fischerei
sværindustri   Schwerindu-
['svɛːʀendu'sdʀiːˀ]   strie
omfang [ɔ'mfɑŋˀ]   Umfang,
                           Ausmaß
jordbunden ['joːʀbonˀən] der Boden
fattig ['fadi]   arm
på [pɔ]   an
værdifuld [vɛʀ'difulˀ]   wertvoll
råstof, -fet, -fer   Rohstoff
['ʀɔsdɔf]
jernmalm, -en od. -et,   Eisenerz
-e ['jɛʀnmalˀm]
dække|e, -er, -ede, -et   decken
['dɛgə]
behov, -et, o. pl. [be'hoŭ] Bedarf
for [fɔʀ]   an
jern, -et, - [jɛʀˀn]   Eisen
på brændselsområdet   auf dem Brenn-
[pɔ 'bʀɛnˀsəlsˀɔmʀɒːðəd] stoffsektor
kul, -let, - [kol]   Kohle

jordolie, -n, -r ['joːʀoːljə] Erdöl
situation, -en, -er   Situation,
[situa'sjoːˀn]   Lage
alene [a'leːnə]   allein
mulig ['muːli]   möglich
opbygge|e, -er, -ede, -et aufbauen
['ɔbygə]
betydning, -en, -er   Bedeutung
[be'tyːˀðnen]
på grundlag af   aufgrund, auf
[pɔ 'gʀonlaːˀ a]   der Basis von
forekomst, -en, -er   Vorkommen
['fɔːʀəkɔmˀsd]
ler, -et, o. pl. [leːˀʀ]   Lehm, Ton
kalk, -en, o. pl. [kalˀg] Kalk
kridt, -et, o. pl. [kʀid] Kreide
mangel, -en, mangler   Mangel
['mɑŋˀəl]
energikilde, -n, -r   Energiequelle
[enɛʀ'giˀkilə]
overvind|e, -er, over-   überwinden
vandt, overvundet
['ɔŭəʀvenˀə]
ved at [veð ad]   hier: indem
                           (man)
importer|e, -er, -ede,   importieren,
-et [empɔʀ'teːˀʀə]   einführen

156

jord, -en, -er [joː?ʀ] Boden, Erde
økonomi, -en, -er Wirtschaft
[økonoˈmiː?]
generation, -en, -er Generation
[genəʀɑˈsjoː?n]
eiterhånden nach und nach,
[ɛfdəʀˈhɔn?ən] allmählich
udmærket [ˈuðmɛʀgəð] ausgezeichnet
agerjord [ˈaːʔəʀjoːʔʀ] Ackerland
giv|e, -er, gav, givet hier: abwerfen
[ˈgiːvə, gɪːʔ]
høstudbytte, -t, -r Ernteertrag
[ˈhøsduðbydə]
produktion, -en, -er Herstellung,
[pʀodogˈsjoːʔn] Fertigung
foder, -et, o. pl. [ˈfoːʔðəʀ] Futter
det spiller langt den es spielt bei
største rolle [de ˈsbeləʀ weitem die
lɑŋʔd dɛn ˈsdœʀsdə größte Rolle
ˈʀɔlə]
produktionsretning Produktions-
[pʀodogˈsjoːʔnsˈʀɛdneŋ] richtung
bestå, -r, bestod, -et bestehen
[beˈsdɔːʔ]
i [iːʔ] hier: darin
omform|e, -er, -ede, -et umformen
[ˈɔmfɔʀ?mə]
korn, -et, - [koːʔʀn] Getreide
roe, -n, -r [ˈʀoːə] Rübe
dyrisk [ˈdyːʔʀisg] tierisch
produkt, -et, -er Produkt,
[pʀoˈdogd] Erzeugnis
det vil sige, Abk. d.v.s. das heißt
[de ve ˈsiːə]
kød, -et, o. pl. [køð] Fleisch
flæsk, -et, o. pl. [flɛsg] Speck
sælg|e, -er, solgte, solgt verkaufen
[ˈsɛljə]
få (færre, færrest) [fɔːʔ] wenig
beliggenhed, -en, o. pl. Lage
[beˈlegənheːʔð]
spill|e, -er, -ede, -et spielen
[ˈsbelə]
vigtig [ˈvegdi] wichtig
rolle, -n, -r [ˈʀɔlə] Rolle
søfartsnation, -en, -er Seefahrtsna-
[ˈsøfɑːʔʀdsnaˈsjoːʔn] tion
rederi, -et, -er Reederei
[ʀeˈðəˈʀiːʔ]
betydelig [beˈtyːʔðəli] bedeutend
skibsbygningsindustri Schiffsbau-
[ˈsgibsbygneŋsendu- industrie
ˈsdʀiːʔ]
befærdet [beˈfɛʀ?dəð] verkehrsreich
Vesterhavet die Nordsee
[ˈvɛsdəʀhaːʔvəð]
Østersøen [ˈøsdəʀsøːʔən] die Ostsee

Øresund oder Sundet der Öresund
[ˈøːʀəson?, ˈson?əð]
bælt, -et, -er [bɛlʔd] Belt
Lille Bælt [ˈlilə bɛlʔd] der Kleine Belt
Store Bælt [ˈsdoːʀə der Große Belt
bɛlʔd]
skibstrafik, -ken, o. pl. Schiffsverkehr
[ˈsgibstʀɑˈfig]
Kielerkanalen Nord-Ostsee-
[ˈkiːʔləʀkaˈnaːʔlən] Kanal
fordel, -en, -e [ˈfɔʀdeːʔl] Vorteil
søtransport, -en, -er Seewegtrans-
[ˈsøtʀɑnsˈpɔʀd] port
olie, -n, -r [ˈoːljə] Öl
benzin, -en, -er [bɛnˈsiːʔn] Benzin
bomuld, -en, o. pl. Baumwolle
[ˈbomulʔ]
uld, -en, o. pl. [ulʔ] Wolle
kunstgødning, -en, -er Kunstdünger
[ˈkonsdgøðneŋ]
industrivare, -n, -r Industrieware,
[enduˈsdʀiˈvɑːʀə] Industrie-
produkt
udførsel, -en, udførsler Ausfuhr,
[ˈuðføʀ?səl] Export
landbrugsvare, -n, -r Produkt der
[ˈlanbʀuːsvɑːʀə] Landwirt-
schaft
halvdel, -en, -e [ˈhaldeːʔl] Hälfte
maskine, -n, -r Maschine
[maˈsgiːnə]
kemikalier Chemikalien
[kemiˈkaːʔliəʀ]
tekstiler [tɛgsˈtiːʔləʀ] Textilien
fisk, -en, - [fesg] Fisch
rasl|e, -er, -ede, -et [ˈʀaslə] rasseln
ganske vist [ˈgansgə vesd] zwar
at der er noget i det daß etwas
[ad dɛʀ ɛʀ ˈnoːəð i de] darin ist
tillige [teˈliːə] zugleich, auch
hvis man bare kunne wenn man sich
være sikker på ... [ves nur darauf
man ˈbaːʀə ku ˈvɛːʀə verlassen
ˈsegəʀ pɔːʔ] könnte ...
politiker, -en, -e Politiker
[poˈlitigəʀ]
det modsatte das Gegenteil
[de ˈmoðsadə]
af [aːʔ] hier: von dem
almindelig [alˈmenʔəli] allgemein
bekendt [beˈkɛn?d] bekannt
videnskab, -en, -er Wissenschaft
[ˈviːðənsgaːʔb]
bevis|e, -er, -te, -t beweisen
[beˈviːʔsə]
virkelighed, -en, -er Wirklichkeit
[ˈviʀgəliheːʔð]

157

28. Stunde

København 28 A

København blev grundlagt i den tidlige middelalder af biskop Absalon.

For otte hundrede år siden lå der omtrent dér, hvor Rådhuspladsen nu ligger, en lille landsby, der hed Havn. Rundt om landsbyen bredte markerne sig, og østpå var der dengang flade enge, der lå langs med kysten. Dérnede var landsbyens lille havn; begyndelsen til Københavns havneanlæg.

Flere og flere folk flyttede til stedet, og i året 1254 fik byen købstadsrettigheder, og hed nu Købmændenes Havn. På grund af beliggenheden ved Øresund udviklede byen sig snart til en betydelig handelsby, og blev omsider landets hovedstad, hvor også kongen havde sit slot.

København var længe en fæstningsby. Hovedstaden var omgivet af volde, der skulle beskytte den i tilfælde af fjendtlige angreb. Det oprindelige København (inden for de gamle volde) er let at kende på sine gamle bygninger og smalle gader. Desuden minder navnene Øster-, Vester- og Nørreport om, at byen i sin tid havde byporte.

Fra Christian IV's tid (1588–1648) stammer nogle af de ældste og smukkeste bygninger, f.eks. Christiansborg, Rosenborg slot, Rundetårn, Børsen og Holmens kirke. Rundt om Rosenborg slot, hvor nu bl.a. kronregalierne opbevares, ligger der en smuk park, Kongens have. På Rundetårn, der er 35 m højt, står en astronomisk kikkert, og indvendig fører en ejendommelig sneglegang (uden trapper) op til en udsigtsplatform.

Christian IV ville styrke landets militære betydning, og for hovedstadens vedkommende hæve den op til at blive en virkelig konkurrent til Amsterdam. Med hensyn til penge havde han ingen problemer, for han fandt på at lave sølvmønter med mindre sølv i, end de egentlig skulle have, og ved hjælp af dem kunne han så for billige penge opbygge sit „Kongens København".

Erläuterungen 28 B

1. Zusammengesetzte Präpositionen

1) Präpositionen können mit Adverbien stehen (vor allem mit Ortsadverbien):

Bag ved huset er der en have. *Hinter dem Haus ist ein Garten.* – Han er **henne hos** Per. *Er ist bei Per.* – Vi fløj **oven over** skyerne. *Wir flogen über den Wolken.* – Nu går det **ned ad** bakke. *Jetzt geht es bergab.*

Werden diese Präpositionen als Adverbien gebraucht, dann schreibt man sie in **einem** Wort, z. B.: De kan vente **udenfor**. *Sie können draußen warten;*

aber: Han stod **uden for** døren. *Er stand (draußen) vor der Tür.*

Ebenso gibt es Zusammensetzungen mit Substantiven, z. B.: Vi holder en fest **i anledning af** hans fødselsdag. *Anläßlich seines Geburtstages machen wir eine Feier.* – Han kan ikke komme **på grund af** disse vanskeligheder. *Er kann aufgrund dieser Schwierigkeiten nicht kommen.* – **Med hensyn til** penge er alt i orden. *Was das Geld betrifft, ist alles in (bester) Ordnung.* – **Af hensyn til** sin kone kørte han hjem. *Mit Rücksicht auf seine Frau fuhr er nach Hause.* – Du kan oversætte det **ved hjælp af** en ordbog. *Du kannst es mit Hilfe eines Wörterbuches übersetzen.* – **I sammenligning med** Kina er Danmark et meget lille land. *Im Vergleich zu China ist Dänemark ein sehr kleines Land.* – **På den anden side af** grænsen er cigaretterne billigere. *Auf der anderen Seite der Grenze sind die Zigaretten billiger.* – **På denne side af** grænsen. *Auf dieser Seite der Grenze.* – Hans sidder **ved siden af** Jytte. *Hans sitzt neben Jytte.* – Han har gjort det **for** hendes **skyld**. *Er hat es ihretwegen getan.* – Kan du ikke gøre det **i stedet for** mig? *Kannst du es nicht statt meiner tun?* – **I tilfælde af** sygdom aflyses forestillingen. *Im Falle von Krankheit fällt die Vorstellung aus.*

2) **Andere zusammengesetzte Präpositionen sind:**

> **for ... siden** *vor;* **næst efter** *nach/nächst;* **nær ved** *nahe (an);* **på nær** *ausgenommen;* **rundt om** *um ... herum.*

> Als feste Wendungen existieren im Dänischen noch einige alte Kasusformen nach Präpositionen, z. B.:
> **i forgårs;** han taler **i søvne** *er redet im Schlaf;*
> han beklager sig **med rette** *er beschwert sich zu Recht;*
> lad os gå **til bords** *laßt uns zu Tisch gehen.*

2. Umschreibung des Kasus mit einer Präposition

Der Genitiv wird im Dänischen oft umschrieben (meistens mit **af**), z. B.: Columbus' *(Genitiv)* opdagelse **af** Amerika. *Die Entdeckung Amerikas durch Kolumbus.*

Merke auch: professor i fysik *Professor der Physik.*

Präpositionalverbindungen entsprechen oft deutschen Genitivausdrücken, z. B.: jeg er **af** den mening *ich bin der Meinung.*

Dänische Genitivverbindungen, die eine Maß-, Umfang-, Stoff- oder Altersangabe beinhalten, müssen mit einem zusammengesetzten Wort oder mit einer Präpositionalverbindung übersetzt werden, z. B.:

et tresøres frimærke *eine 60-Øre-Briefmarke/eine Briefmarke zu 60 Øre;*
en treværelses lejlighed *eine 3-Zimmer-Wohnung/eine Wohnung mit drei Zimmern.*

Deutsche Dativ- und Akkusativausdrücke werden im Dänischen oft durch eine Präpositionalverbindung ausgedrückt, z. B.:

Han åbnede døren **for** ham. *Er öffnete ihm die Tür.* – Hun hilste **på** ham. *Sie grüßte ihn.*

Übungen   **28 C**

1. Welche Präposition muß eingesetzt werden?

De har købt et nyt hus ... stedet for det gamle. Hun har bagt en kage ... anledning af sin fødselsdag. Døren blev åbnet ... hjælp af en hammer *(Hammer)*. Han kom ... at tænke på, at hun ville besøge ham ... onsdag. Han havde lyst ... at rejse til Norge. Alt ... alt har det været en begivenhedsrig dag. Han døde ... hundrede år siden. Værsågod at gå ... bords. Jens plejer at gå ... søvne.

2. in- oder ind-?

En ...vitation. De fleste danskere arbejder i ...dustrien. Han havde et udmærket ...fald. Blomsterne og springvandet gjorde et stærkt ...tryk på dem alle. På Rundetårn, der er 35 m højt, står en astronomisk kikkert, og ...vendig fører en ejendommelig sneglegang op til en udsigtsplatform. Lis har desværre været syg og ...lagt på hospitalet.

Vokabeln   **28 D**

grundlægge [ˈgʁɔnlɛgə]	gründen	**Rådhuspladsen**	der Rathaus-
tidlig [ˈtiðli]	früh	[ˈʁɔðhuːsplasən]	platz
middelalderen	das Mittelalter	**landsby** [ˈlanˀsbyːˀ]	Dorf
[ˈmiðˀəlalˀəʁən]		**rundt om** [ʁɔnˀd ɔmˀ]	um ... herum
biskop, -pen, -per	Bischof	**bred|e, -er, -te, -t**	ausbreiten
[ˈbisgɔb]		[ˈbʁɛːðə]	
omtrent [ɔmˈtʁɛnˀd]	etwa, ungefähr	**mark, -en, -er** [mɑʁg]	Feld

østpå [ˈøsdpɔ̧:ˀ]	nach Osten	stamm|e, -er, -ede, -et	stammen
dengang [ˈdɛnˀgɑŋˀ]	damals	[ˈsdɑmə]	
flad [flaːˀð]	flach	Christiansborg	Schloß Chri-
eng, -en, -e [ɛŋˀ]	Wiese	[ˈkʀɛsdjansbɔːˀʀ]	stiansborg;
langs med [laŋˀs mɛð]	entlang		Sitz des Par-
kyst, -en, -er [køsd]	Ufer, Küste		laments
dernede [ˈdeːˀʀneːðə]	dort unten		(Folketing)
havn, -en, -e [haʊˀn]	Hafen	Rosenborg slot	Schloß Rosen-
begyndelse, -n, -r	Anfang	[ˈʀoːsənbɔːˀʀ slɔd]	borg; heute
[beˈgønˀəlsə]			ein Museum
havneanlæg, -get, -	Hafenanlage	Rundetårn [ˈʀonətɔːˀʀn]	der Runde
[ˈhaʊnəˈanlɛːˀg]			Turm
flytt|e, -er, -ede, -et	ziehen,	Børsen [ˈbøːˀʀsən]	die Börse
[ˈflødə]	übersiedeln	kronregalier	(königliche)
sted, -et, -er [sdɛð]	Ort	[ˈkʀoːnʀɛˈgaːˀliəʀ]	Insignien
købstadsrettigheder	Stadtprivile-	park, -en, -er [pɑʀg]	Park
[ˈkøbsdaðsˈʀɛdiheːðəʀ]	gien	have, -n, -r [ˈhaːvə]	Garten
købmand, -en, købmænd	Kaufmann	astronomisk	astronomisch
[ˈkømanˀ]		[asdʀoˈnoːˀmisg]	
udvikl|e, -er, -ede, -et	entwickeln	kikkert, -en, -er [ˈkigəʀd]	Fernrohr
[ˈuðveglə]		indvendig [ˈenvɛnˀdi]	innen,
handelsby [ˈhanˀəlsbyːˀ]	Handelsstadt		inwendig
omsider [ɔmˈsiːðəʀ]	schließlich	før|e, -er, -te, -t [ˈføːʀə]	führen
slot, -tet, -te [slɔd]	Schloß	ejendommelig	eigenartig
fæstningsby	Festungsstadt	[aĩənˀdɔmˀəli]	
[ˈfɛsdneŋsbyːˀ]		sneglegang [ˈsnaĩləgaŋˀ]	Schneckengang
omgive [ˈɔmgiːˀvə]	umgeben	trappe, -n, -r [ˈtʀɑbə]	Treppe
vold, -en, -e [vɔlˀ]	Wall	udsigtsplatform	Aussichts-
beskytt|e, -er, -ede, -et	(be)schützen	[ˈuðsegdsˈpladfɔʀˀm]	plattform
[beˈsgødə]		styrk|e, -er, -ede, -et	verstärken
i tilfælde af fjendtlige	im Falle feind-	[ˈsdyʀgə]	
angreb [i ˈtelfɛlə a	licher Angriffe	militær [miliˈtɛːˀʀ]	militärisch
ˈfjendliːə ˈangʀɛːˀb]		for ... vedkommende	was ... betrifft
oprindelig [ɔbˈʀɛnˀəli]	ursprünglich	[fɔʀ ... ˈveðkɔmˀənə]	
let [lɛd]	leicht	hæve op [ˈhɛːvə ɔb]	emporheben
kend|e, -er, -te, -t [ˈkɛnə]	(er)kennen	til [tel]	dazu
bygning, -en, -er	Gebäude, Bau	virkelig [ˈviʀgəli]	wirklich, wahr
[ˈbygneŋ]		konkurrent, -en, -er	Konkurrent
smal [smalˀ]	schmal	[kɔnkuˈʀɛnˀd]	
mind|e om, -er, -ede, -et	daran erinnern	med hensyn til ...	was ... betrifft
[ˈmenə ɔmˀ]		[mɛð ˈhɛnsyːˀn tel]	
navn, -et, -e [naʊˀn]	Name	problem, -et, -er	Problem
Øster-, Vester-, Nørre-	Namen der	[pʀoˈbleːˀm]	
port [ˈøsdəʀ, ˈvɛsdəʀ,	Stadttore im	finde på noget	sich etwas aus-
ˈnœʀəpoːˀʀd]	Osten, Westen	[ˈfenə pɔ̧ ˈnɔ̧ːəð]	denken,
	und im Norden		erfinden
	der Stadt	sølvmønt, -en, -er	Silbermünze
i sin tid [i siːˀn tiːˀð]	seinerzeit	[ˈsølmønˀd]	
byport, -en, -e [ˈbypoːˀʀd]	Stadttor	sølv [søl]	Silber
fra [fʀɑ]	hier: aus	i [iːˀ]	darin
tid, -en, -er [tiːˀð]	Zeit	ved hjælp af ...	mit (Hilfe von)
		[veð ˈjɛlˀb a]	

29. Stunde

Eventyret om betjenten og anden er et sandt eventyr. Det er eventyret om københavneren. Ikke sådan som han er. Men sådan som han også er:
Der var engang en andemor. Hun var udruget og opvokset i et af byens kommunale anlæg, hvor hun selv havde udruget syv små ællinger. Og så hændte det en skønne dag, at hun fik den allerstørste lyst til at se sig om i den vide verden, og med sine ællinger vraltede hun da afsted – ud af anlægget og ud i trafikken. Dér fik en betjent øje på dem, og straks tog han affære: resolut standsede han trafikken med sine myndige arme, så den lille ekstraordinære trafikantfamilie kunne slippe helskindet over. Og så vraltede den videre – indtil den kom til et andet af byens mange smukke kommunale anlæg.
Dette eventyr fortælles den dag i dag i København, men ikke som de gamle folkeeventyr, der gik fra mund til mund. Nej, det fortælles i billeder, på moderne vis. Og den første, der fortalte det, var en pressefotograf, der just kom forbi med sin magiske kasse og så, at i betjentens venlige omsorg for anden og dens ællinger var der en „god historie".
Og fotografens billede af betjenten og anden kom i avisen, og også de, der har til hverv at skaffe turister til byen, så det, og de nikkede bifaldende til hinanden og sagde: „Ja, se det er et virkeligt billede – det ligner grangiveligt os københavnere".
Og straks lod de en kunstner genfortælle dette sande moderne eventyr, og bag betjentens arme tegnede han alle københavnerne med smil på læben: sporvognskonduktøren, buschaufføren, bilisten, cykelpigen, postbudet, garderen, lyshårede børn, nette piger i slacks, noble mænd i jakkesæt, gamle pæne mænd og ældre pæne damer. Alle kom de med – og alle smiler de.
Eventyret om betjenten og anden var nu blevet eventyret om københavneren og anden. Og dette eventyr kaldte de moderne eventyrfortællere for „Wonderful Copenhagen", og de lod det trykke i mange farver og lod det sende ud i den vide verden.
Og nu ved de alle, at sådan er københavneren: venlig, smilende, rar – og fremfor alt hyggelig.

(aus: København, hovedstaden i et demokrati; hrsg. von Det Danske Selskab)

Zusammengesetzte Verben

Alle Verben mit den Vorsilben **be-, er-, for(e)-, mis-** und **und-** können **nicht** getrennt werden, z. B.: besøge; ernære *ernähren;* forskrække *erschrecken;* foreslå *vorschlagen;* misforstå *mißverstehen;* undgå *vermeiden.* Außerdem Verben, deren eigentlicher Stamm nicht allein vorkommen kann, z. B.: overraske *überraschen.* Es gibt kein Verb = raske.

Andere können wiederum getrennt werden.

Als Regel gilt: Verben können getrennt stehen, wenn sie im konkreten Sinne gebraucht werden. Werden sie im übertragenen, abstrakten Sinne angewendet, dann stehen sie in der ungetrennten Form. Zum allergrößten Teil haben die Verben in der getrennten und ungetrennten Form verschiedene Bedeutungen.

Beispiele:

getrennt	ungetrennt
Buschaufføren har **sat** en passager **af**. *Der Busfahrer hat einen Fahrgast abgesetzt.*	Præsidenten blev **afsat**. *Der Präsident wurde abgesetzt.*
Vi **gik over** gaden. *Wir gingen über die Straße.*	Jernbanen **overgik** til statseje. *Die Eisenbahn(gesellschaft) wurde verstaatlicht.*
Lægen **trykkede** en byld **ud**. *Der Arzt drückte ein Furunkel aus.*	Han har let ved at **udtrykke** sig. *Es fällt ihm leicht, sich auszudrücken.*

Außerdem gibt es noch Verben, die in der getrennten und ungetrennten Form einen Stilunterschied aufweisen.

Beispiel:

getrennt	ungetrennt
Hun **sender** det **til** ham. *Sie schickt es ihm.*	Vi **tilsender** Dem en bog. *Wir schicken Ihnen ein Buch zu.*

Im Gegensatz zum Deutschen bleibt ein getrenntes Verb auch im Infinitiv und Perfekt getrennt, z. B.:

at **sende** kort **ud** *Karten verschicken;* han **har sendt** kortene **ud** *er hat die Karten verschickt.*

Arbeit mit dem Wörterbuch

Versuchen Sie anhand eines Wörterbuchs herauszufinden, ob die folgenden, Ihnen bekannten zusammengesetzten Verben auch in der getrennten Form existieren. Außerdem, ob sie einen Bedeutungs- oder Stilunterschied aufweisen. Zusätzlich könnten Sie, um den Unterschied hervorzuheben, Sätze bilden:

forstå, påstå, besøge, indlægge, udruge, opvokse.

Vokabeln   29 D

københavner, -en, -e ['køːbənhaůnɒʀ]	Kopenhagener
betjent, -en, -e [be'tjɛnˀd]	Polizist
and, -en, ænder [anˀ]	Ente
sand [sanˀ]	wahr
sådan ['sɔdan]	so
men [mɛn]	sondern
der var engang ... [dɛʀ vɑʀ en'gaŋˀ]	es war einmal ...
andemor ['anəmoːˀʀ]	Entenmutter
udrug|e, -er, -ede, -et ['uðʀuːˀə]	ausbrüten
opvoks|e, -er, -ede, -et ['ɔbvɔgsə]	aufwachsen
kommunal [komu'naːˀl]	städtisch
anlæg ['anlɛːˀg]	Anlage
ælling, -en -er ['ɛleŋ]	Entlein
hænd|e, -er, -te, -t ['hɛnə]	geschehen, passieren
en skønne dag [en 'sgønə daːˀ]	eines schönen Tages
den allerstørste lyst [dɛn 'alˀɒʀsdœʀsdə løsd]	die allergrößte Lust
se sig om [seːˀ saĭ 'ɔmˀ]	sich umsehen
vid [viðˀ]	weit
vralt|e, -er, -ede, -et ['vʀɑldə]	watscheln
afsted [a'sdɛð]	davon, fort
trafik [tʀɑ'fig]	Verkehr
tage affære [ta a'fɛːʀə]	die Sache in die Hand nehmen
resolut [ʀeso'lud]	(kurz) entschlossen
stands|e, -er, -ede, -et ['sdansə]	anhalten
myndig ['møndi]	achtunggebietend
arm, -en, -e [ɑʀˀm]	Arm
ekstraordinær ['ɛgsdʀɑɔʀdineːˀʀ]	außergewöhnlich
trafikantfamilie [tʀɑfi'kanˀdfa'milˀjə]	Verkehrsteilnehmerfamilie
slippe (slipper, slap, sluppet) ['slebə]	davonkommen
de slap helskindet over [di slɑb 'heːlsgenəð 'ɔuˀɒʀ]	sie sind mit heiler Haut hinübergekommen *(über die Straße)*
videre ['viːðɒʀə]	weiter
indtil ['enˀtel]	bis
den dag i dag [dɛnˀ 'daːˀ i 'daːˀ]	heute noch
folkeeventyr ['fɔlgɑɛːvəntyːˀʀ]	Volksmärchen
mund, -en, -e [monˀ]	Mund
moderne [mo'dɛʀnə]	modern
vis [viːˀs]	Weise, Art
pressefotograf, -en, -er ['pʀɛsəfoto'gʀɑːˀf]	Pressefotograf
just [jusd]	gerade
forbi [fɔʀ'biːˀ]	vorbei
magisk ['maːˀgisg]	magisch
kasse ['kasə]	Kasten
omsorg ['ɔmsɔʀˀw]	Betreuung
hverv, -et, - [vɛʀˀw]	Aufgabe, Auftrag
skaff|e, -er, -ede, -et ['sgafə]	schaffen
turist, -en, -er [tu'ʀisd]	Tourist
nikk|e, -er, -ede, -et ['negə]	nicken
bifaldende ['bifalˀənə]	beipflichtend
lign|e, -er, -ede, -et ['liːnə]	gleichen, ähneln

grangivelig	ganz genau,	lyshåret ['lyːʃɔːʔʀəð]	(hell)blond
[gʀɑnˈgiːʔvəli]	deutlich	net [nɛd]	hübsch
kunstner, -en, -e	Künstler	i slacks [i slags]	behost
['konsdnəʀ]		nobel ['noːʔbəl]	nobel
genfortælle [ˈgɛnfɔʀˈtɛlʔə] nacherzählen		pæn [pɛːʔn]	nett, anständig
bag [baːʔ]	hinter	komme med ['kɔmə mɛð] mitkommen	
tegn|e, -er, -ede, -et	zeichnen	de kaldte eventyret	sie gaben dem
['tɑĩnə]		for ... [di 'kaldə	Märchen den
med smil på læben [mɛ	mit einem Lä-	'ɛːvəntyːʔʀəð fɔʀ]	Namen ...
smiːʔl pɔ 'lɛːbən]	cheln auf den	wonderful Copenhagen	wunderbares
	Lippen		Kopenhagen
sporvognskonduktør,	Straßenbahn-	trykk|e, -er, -ede, -et	drucken
-en, -er ['sbɔʀvɔwns-	schaffner	['tʀøgə]	
kɔnduˈgˈtøːʔʀ]		farve, -n, -r ['fɑʀvə]	Farbe
buschauffør, -en, -er	Busfahrer	send|e ud, -er, -te, -t	verschicken
['busjoˈføːʔʀ]		['sɛnə 'uːʔð]	
bilist, -en, -er [biˈlisd]	Autofahrer	rar [ʀɑːʔʀ]	nett, liebens-
cykelpige ['sygəlpiːə]	junge Rad-		würdig
	fahrerin	fremfor alt	vor allem
garder, -en, -e ['gɑʀdəʀ]	Gardist	['fʀɛmʔfɔʀ alʔd]	

Anmerkung: *Dieses Motiv findet man auf Postkarten, Postern, Fotos und Bildern in allen nur denkbaren Variationen.*

30. Stunde

Noget om en skønhed i forfald

Mine går på line
i cirkus „Columbine".
Hun går så højt, at folk kan stå
og se, at hun har bukser på.

Når hun går på hænder,
så griner hendes tænder.
Af tænder har hun bare to,
men de er flotte, kan du tro!

Noget om en   30 A
mærkelıg familie

Konen lå på stegepanden.
Manden stod i sovsekanden.
Datteren, som var den værste,
sad i suppen med sin kæreste.

Sønnen hang i lysekronen.
Tanten sov i grammofonen.
Og den gamle døve farmor
købte sig en hat af marmor.

Halfdan Rasmussen

Erläuterungen   **30 B**

1. Wortstellung

Im Vergleich zum Deutschen ist die dänische Sprache arm an Formen. Aus diesem Grund ist man im Dänischen an eine verhältnismäßig feste Wortstellung gebunden.

165

1) Hauptsatz

Die sogenannte normale Wortstellung ist die mit der Reihenfolge **Subjekt, Prädikat, Objekt:**

Kirsten	fortæller	en vittighed.

Dieser Satz kann durch zusätzliche Satzglieder erweitert werden (z. B. durch ein indirektes Objekt, ein Adverb, eine Orts- oder Zeitangabe, eine Präpositionalverbindung, eine Angabe der Art und Weise oder durch eine zusätzliche Verbalform bei den zusammengesetzten Zeiten), z. B.:

Kirsten	har	ikke	fortalt	Helge	en vittighed	i morges.

Beachten Sie, daß im Deutschen in den zusammengesetzten Zeiten das Hauptverb am Schluß des Satzes steht. Im Dänischen steht das Hilfsverb vor dem Partizip Perfekt des Hauptverbs, und nur ein Adverb oder eine adverbielle Verbindung kann zwischen dem Hilfsverb und dem Hauptverb stehen. Bei den Modalverben steht das Hauptverb im Infinitiv: Kirsten vil ikke **fortælle** en vittighed.

2) Inversion

Eine Inversion ist ein Abweichen von der sogenannten normalen Wortstellung. Bei der Inversion steht das Subjekt in den einfachen Zeiten hinter dem Verb und in den zusammengesetzten Zeiten hinter dem Hilfs- bzw. Modalverb. Die Inversion findet in denselben Fällen wie im Deutschen statt:

a) bei Fragen: Er han gået hjem? Hvorfor er han gået hjem? Vil han gå hjem *(das Hauptverb steht im Infinitiv)?*
   Ausnahmen: Bei mon *ob* und bei einem Fragewort, das Subjekt ist oder zum Subjekt gehört, steht die normale Wortstellung: Mon han er syg? Hvem kommer i morgen?
b) wenn ein Nebensatz vor dem Hauptsatz steht, z. B.: Hvis det regner, må I hellere blive hjemme.
c) wenn ein anderes Satzglied anstelle des Subjekts am Satzanfang steht, z. B.: I morges fortalte Kirsten en vittighed.
d) bei direkter Rede am Satzanfang: „Farvel!" sagde hun.
   Aber: Hun sagde: „Farvel!"

3) Nebensatz

Ein Nebensatz hat die normale Wortstellung:

Hvis du har tid og lyst, kunne vi besøge hende på onsdag.

Da er dem Hauptsatz untergeordnet ist, beginnt er meistens mit einer Konjunktion oder mit einem Relativpronomen, die jedoch oft

weggelassen werden können: Er det i morgen, (at) han kommer?
Jeg så den dame, (som) hr. Svendsen bor hos.

2. Die Stellung der Negation „ikke" in Haupt- und Nebensätzen

In Hauptsätzen steht **ikke** in den einfachen Zeiten (Präsens und Imperfekt) hinter dem Verb: Hun kommer **ikke** i morgen.

Bei der Inversion hinter dem Subjekt: Kommer hun **ikke** i morgen?

In den zusammengesetzten Zeiten hinter dem Hilfs- bzw. Modalverb: Hun har **ikke** læst bogen.

Bei der Inversion hinter dem Subjekt: Har hun **ikke** læst bogen?

Ausnahmen: Ist in einem Satz im Präsens oder Imperfekt das indirekte Objekt ein Pronomen, dann steht **ikke** direkt dahinter. Sind sowohl das direkte als auch das indirekte Objekt Pronomen, dann steht **ikke** hinter beiden: Hun gav **ham** ikke bogen. Hun gav **ham den** ikke.

In Nebensätzen steht **ikke** in den einfachen Zeiten zwischen dem Subjekt und dem Verb: Hvis du **ikke** har tid, kan du gøre det i morgen.

In den zusammengesetzten Zeiten vor dem Hilfs- bzw. Modalverb: Hun gav ham en bog, som han **ikke** havde læst.

Merke: Diese Regeln gelten größtenteils auch für die Adverbien jo, dog, nok, altid, aldrig u. ä.

Übungen **30 C**

1. Wo muß „ikke" in den folgenden Hauptsätzen stehen?

Fru Andersen læser avis. Bor Karen Larsen hos Dem? Han går ind i en forretning. Går han ind i en forretning? Lejligheden er billig. Er lejligheden billig? Hanne har inviteret sin veninde Merete til eftermiddagskaffe. Har Hanne inviteret hende? Ville Hanne besøge ham? Hvorfor gik han hjem? Det regner i Odense.

2. Wo muß „ikke" in den Nebensätzen stehen?

Han sagde, at han ville komme. Fru Hansen fortalte, at hendes mand var rejst til Berlin. Det er forhåbentlig en bog, som du har læst. Hvis du gør det, bliver jeg sur.

3. Formulieren Sie Fragen mit „mon".

Han er syg. Han er gået hjem. Hanne vil besøge ham.

4. Formulieren Sie Fragen mit „hvorfor".

Han gik hjem. Hun bor i Odense. Han går ind i en forretning. Hanne vil besøge ham. Fru Hansen fortalte, at hendes mand var rejst til Berlin. Hun skal rejse i morgen.

5. Formulieren Sie die folgenden Sätze um,
so daß das fett gedruckte Satzglied am Satzanfang steht (Inversion):

Kirsten besøgte ham **i morges**. De rejser til Nordsjælland **i dag**. Forretningen lukker **kl. 12**. Hun kan ikke tale **tysk**. Hun var **naturligvis** hjemme.

6. Setzen Sie die Sätze ins Präsens:

Hun har ikke besøgt sin mor. Fru Hansen har ikke set fjernsyn. Karen har ikke hostet.

7. Übersetzen Sie:

Sie sagte: „Er hat nicht ferngesehen!" „Karen hat nicht gehustet", sagte sie. Er fragte: „Wohnst du in Odense?" „Ist sie Deutsche?" fragte er.

Vokabeln

skønhed, -en, -er ['sgœnheː^ʔð]	Schönheit
forfald [fɔʀ'fal^ʔ]	Verfall; hier: Verblühen
Mine ['miːnə]	weiblicher Vorname
line, -n, -r ['liːnə]	Seil
cirkus, -et od. -en, -er od. - ['siʀgus]	Zirkus
stå og se [sdɔ̞ː^ʔ ɔ seː^ʔ]	hier: sehen
bukser pl. ['bogsəʀ]	Hosen
grin|e, -er, -ede od. -te, -t ['gʀiːnə]	grinsen
tand, -en, tænder [tan^ʔ]	Zahn
flot [flɔd]	flott, schneidig
det kan du tro ['de ka du 'tʀoː^ʔ]	darauf kannst du dich verlassen

mærkelig ['mɛʀgəli]	merkwürdig
stegepande ['sdɑïəpanə]	Bratpfanne
sovsekande, -n, -r ['sɔüsəkanə]	Sauciere
slem (værre, værst) [slɛm^ʔ]	schlimm
suppe, -n, -r ['sobə]	Suppe
kæreste, -n, -r ['kɛːʀəsdə]	Liebste(r), Verlobte(r), Geliebte(r)
lysekrone, -n, -r ['lyːsəkʀoːnə]	Kronleuchter
sov|e, -er, sov, -et ['sɔüə]	schlafen
grammofon, -en, -er [gʀamo'foː^ʔn]	Grammophon
døv [dœü^ʔ]	taub
marmor, -et, o. pl. ['mɑː^ʔʀmoː^ʔʀ]	Marmor

Anhang

Konjugationsmuster der wichtigsten unregelmäßigen Verben

(starke Verben und die Verben, die Reste alter Konjugationen aufweisen) und ihre häufigsten deutschen Übersetzungen.

Folgende Formen werden angegeben: Infinitiv, Präsens, Imperfekt, Partizip Perfekt.

Anmerkung: Beachten Sie, daß einige Verben im Imperfekt bzw. im Imperfekt und Partizip Perfekt doppelte Formen haben.

bede	beder	bad	bedt	*beten; bitten*
['beːðə, beːˀ]	['beːðəʀ, beːˀʀ]	[baːˀð]	[beːˀd]	
betyde	betyder	betød	betydet	*bedeuten*
[be'tyːˀðə]	[-ʀ]	[be'tøːˀð]	[-d]	
bide	bider	bed	bidt	*beißen*
['biːðə]	['biːˀðəʀ]	[beːˀð]	[bid]	
binde	binder	bandt	bundet	*binden*
['benə]	['benˀəʀ]	[banˀd]	['bonəð]	
blive	bliver	blev	blevet	*bleiben; werden*
['bliːvə, 'bliːə]	['bliːˀvəʀ]	[bleːˀv, bleŭˀ]	['bleːvəð]	
bringe	bringer	bragte	bragt	*bringen*
['bʀeŋə]	['bʀeŋˀəʀ]	['bʀagdə]	[bʀagd]	
briste	brister	brast/bristede	bristet	*zerreißen, bersten,*
['bʀesdə]	[-ʀ]	[bʀasd, -ðə]	[-ð]	*zerspringen*
bryde	bryder	brød	brudt	*brechen; zerbrechen*
['bʀyːðə]	['bʀyːˀðəʀ]	[bʀøːˀð]	[bʀud]	
byde	byder	bød	budt	*bieten*
['byːðə]	['byːˀðəʀ]	[bøːˀð]	[bud]	
bære	bærer	bar	båret	*tragen*
['bɛːʀə]	[-ʀ]	[baˀʀ]	['bɔːʀəð]	
drage	drager	drog	draget	*ziehen*
['dʀɑːwə]	[-ʀ]	[dʀoːˀ]	[-ð]	

drikke	drikker	drak	drukket	*trinken*
['dʀegə]	[-ʀ]	[dʀɑg]	['dʀogəð]	
drive	driver	drev	drevet	*treiben; betreiben*
['dʀiːvə]	['dʀiːˀvəʀ]	[dʀɛːˀv]	['dʀɛːvəð]	
dø	dør	døde	død	*sterben*
[døːˀ]	[-ʀ]	['døːðə]	[-ð]	
falde	falder	faldt	faldet	*fallen*
['falə]	['falˀəʀ]	[falˀd]	[-ð]	
fare	farer	for	faret	*fahren (z. B. durchs*
['faːʀə]	[-ʀ]	[foːˀʀ]	[-ð]	*Haar; sonst:* køre); *stürzen, flitzen*
finde	finder	fandt	fundet	*finden*
['fenə]	['fenˀəʀ]	[fanˀd]	['fonəð]	
flyde	flyder	flød	flydt	*fließen*
['flyːðə]	['flyːˀðəʀ]	[fløːˀð]	[flyd]	
flyve	flyver	fløj	fløjet	*fliegen*
['flyːvə]	['flyːˀvəʀ]	[flɔĭˀ]	['flɔĭəð]	
fnyse	fnyser	fnøs/fnyste	fnyst	*schnauben*
['fnyːsə]	['fnyːˀsəʀ]	[fnøːˀs, 'fnyːsdə]	[fnyːˀsd]	
for- nemme	for- nemmer	fornam/ fornemmede	fornummet/ fornemmet	*empfinden, spüren*
[fɔʀ- 'nɛmˀə]	[-ʀ]	[fɔʀ- 'namˀ, -ðə]	[fɔʀ- 'nomˀəð, -ð]	
fortryde	fortryder	fortrød	fortrudt	*bereuen*
[fɔʀ- 'tʀyːˀðə]	[-ʀ]	[fɔʀ'tʀøːˀð]	[fɔʀ'tʀud]	
fryse	fryser	frøs	frosset	*frieren*
['fʀyːsə]	['fʀyːˀsəʀ]	[fʀøːˀs]	['fʀosəð]	
fyge	fyger	føg	føget	*stöbern*
['fyːə]	['fyːˀəʀ]	[føːˀ]	['føːəð]	
følge	følger	fulgte	fulgt	*folgen; begleiten*
['føljə]	[-ʀ]	['fuldə]	[fulˀd]	
få	får	fik	fået	*bekommen, erhalten*
[fɔːˀ]	[fɔːˀʀ]	[feg]	['fɔːəð]	
gide	gider	gad	gidet	*mögen, Lust haben*
['giːðə]	['giːˀðəʀ]	[gaːˀð]	['giːðəd]	
give	giver	gav	givet	*geben*
['giːvə, giːˀ]	['giːˀvəʀ, giːˀʀ]	[gaːˀv, gaːˀ]	['giːvəð, 'giːəð]	
glide	glider	gled	gledet	*gleiten*
['gliːðə]	['gliːˀðəʀ]	[gleːˀð]	['gleːðəd]	

gnide	**gnider**	**gned**	**gnedet**	*reiben*
['gni:ðə]	['gni:ˀðəʀ]	[gne:ˀð]	['gne:ðəd]	
gribe	**griber**	**greb**	**grebet**	*greifen; ergreifen*
['gʀi:bə]	['gʀi:ˀbəʀ]	[gʀe:ˀb]	['gʀe:bəð]	
græde	**græder**	**græd**	**grædt**	*weinen*
['gʀɛ:ðə]	['gʀɛ:ˀðəʀ]	[gʀɛ:ˀð]	[gʀɛd]	
gyde	**gyder**	**gød**	**gydt**	*gießen, schütten*
['gy:ðə]	['gy:ˀðəʀ]	[gø:ˀð]	[gyd]	
gyse	**gyser**	**gøs/gyste**	**gyst**	*schaudern*
['gy:sə]	['gy:ˀsəʀ]	[gø:ˀs, 'gy:ˀsdə]	[gy:ˀsd]	
gælde	**gælder**	**gjaldt**	**gældt**	*gelten*
['gɛlə]	['gɛlˀəʀ]	[gjalˀd]	[gɛlˀd]	
gøre	**gør**	**gjorde**	**gjort**	*machen, tun*
['gø:ʀə]	[gœʀ]	['gjo:ʀə]	[gjo:ˀrd]	
gå	**går**	**gik**	**gået**	*gehen*
[gɒ:ˀ]	[gɔ:ˀʀ]	[gig]	['gɒ:əð]	
have	**har**	**havde**	**haft**	*haben*
['ha:və, ha:ˀ]	[hɑ:ˀʀ]	['ha:ðə]	[hɑfd]	
hedde	**hedder**	**hed**	**heddet**	*heißen*
['heðə]	['heðˀəʀ]	[he:ˀð]	[-d]	
hive	**hiver**	**hev**	**hevet**	*ziehen; schleudern*
['hi:və]	['hi:ˀvəʀ]	[he:ˀv]	['he:vəð]	
hjælpe	**hjælper**	**hjalp**	**hjulpet**	*helfen*
['jɛlbə]	['jɛlˀbəʀ]	[jalˀb]	['jolbəð]	
holde	**holder**	**holdt**	**holdt**	*halten*
['hɔlə]	['hɔlˀəʀ]	[hɔlˀd]	[hɔlˀd]	
hænge	**hænger**	**hang**	**hængt**	*hängen*
['hɛŋə]	['hɛŋˀəʀ]	[hɑŋˀ]	[hɛŋˀd]	
jage	**jager**	**jog/jagede**	**jaget**	*jagen*
['ja:ə]	[-ʀ]	[jo:ˀ, -ðə]	[-ð]	
klinge	**klinger**	**klang/klinge-**	**klinget**	*klingen*
['kleŋə]	[-ʀ]	de [klɑŋˀ, -ðə]	[-ð]	
knibe	**kniber**	**kneb**	**knebet**	*kneifen*
['kni:bə]	['kni:ˀbəʀ]	[kne:ˀb]	['kne:bəð]	
komme	**kommer**	**kom**	**kommet**	*kommen*
['kɔmə]	['kɔmˀəʀ]	[kɔmˀ]	[-ð]	
krybe	**kryber**	**krøb**	**krøbet**	*kriechen*
['kʀy:bə]	['kʀy:ˀbəʀ]	[kʀø:ˀb]	['kʀø:bəð]	

171

kvæle	**kvæler**	**kvalte**	**kvalt**	*ersticken; erwürgen*
[ˈkvɛːlə]	[ˈkvɛːˀləʀ]	[ˈkvaːldə]	[kvaːˀld]	
lade	**lader**	**lod**	**ladet/ladt**	*lassen; tun*
[ˈlaːðə, la]	[-ʀ, laʀ]	[loːˀð]	[-d, lad]	
le	**ler**	**lo**	**le/leet**	*lachen*
[leːˀ]	[-ʀ]	[loːˀ]	[-d, leːˀəð]	
lide	**lider**	**led**	**lidt**	*leiden*
[ˈliːðə]	[ˈliːˀðəʀ]	[leːˀð]	[lid]	
liꜱge	**ligger**	**lå**	**ligget**	*liegen*
[ˈleɡə]	[-ʀ]	[lɔ̧ːˀ]	[-ð]	
lyde	**lyder**	**lød**	**lydt**	*lauten; klingen;*
[ˈlyːðə]	[ˈlyːˀðəʀ]	[løːˀð]	[lyd]	*ertönen*
lyve	**lyver**	**løj**	**løjet**	*lügen*
[ˈlyːvə]	[ˈlyːˀvəʀ]	[lɔɪˀ]	[ˈlɔɪəð]	
lægge	**lægger**	**lagde**	**lagt**	*legen*
[ˈlɛɡə]	[-ʀ]	[ˈlaːə]	[lɑgd]	
løbe	**løber**	**løb**	**løbet**	*laufen*
[ˈløːbə]	[ˈløːˀbəʀ]	[løːˀb]	[-ð]	
nyde	**nyder**	**nød**	**nydt**	*genießen; verzehren*
[ˈnyːðə]	[ˈnyːˀðəʀ]	[nøːˀð]	[nyd]	
nyse	**nyser**	**nøs/nyste**	**nyst**	*niesen*
[ˈnyːsə]	[ˈnyːˀsəʀ]	[nøːˀs, ˈnyːsdə]	[nyːˀsd]	
pibe	**piber**	**peb**	**pebet**	*pfeifen; winseln*
[ˈpiːbə]	[ˈpiːˀbəʀ]	[peːˀb]	[ˈpeːbəð]	
ride	**rider**	**red**	**redet**	*reiten*
[ˈʀiːðə]	[ˈʀiːˀðəʀ]	[ʀeːˀð]	[ˈʀeːðəd]	
rinde	**rinder**	**randt**	**rundet**	*rinnen, fließen*
[ˈʀenə]	[ˈʀenˀəʀ]	[ʀɑnˀd]	[ˈʀonəð]	
rive	**river**	**rev**	**revet**	*reißen; reiben*
[ˈʀiːvə]	[ˈʀiːˀvəʀ]	[ʀeːˀv]	[ˈʀeːvəð]	
ryge	**ryger**	**røg**	**røget**	*rauchen; sich schnell*
[ˈʀyːə]	[ˈʀyːˀəʀ]	[ʀɔɪˀ]	[ˈʀɔɪəð]	*bewegen*
række	**rækker**	**rakte**	**rakt**	*reichen*
[ˈʀɛɡə]	[-ʀ]	[ˈʀɑgdə]	[ʀɑgd]	
se	**ser**	**så**	**set**	*sehen, gucken,*
[seːˀ]	[-ʀ]	[sɔ̧ːˀ]	[seːˀd]	*blicken*
sidde	**sidder**	**sad**	**siddet**	*sitzen*
[ˈseðə]	[ˈseðˀəʀ]	[saːˀð]	[-d]	
sige	**siger**	**sagde**	**sagt**	*sagen*
[ˈsiːə]	[-ʀ]	[ˈsaːə]	[sɑgd]	

skride [ˈsgʀiːðə]	skrider [ˈsgʀiːˀðəʀ]	skred [sgʀeːˀð]	skredet [ˈsgʀeːðəd]	*schreiten; rutschen*
skrige [ˈsgʀiːə]	skriger [ˈsgʀiːˀəʀ]	skreg [sgʀɑiˀ]	skreget [ˈsgʀɑiəð]	*schreien; quietschen*
skrive [ˈsgʀiːvə]	skriver [ˈsgʀiːˀvəʀ]	skrev [sgʀeːˀv]	skrevet [ˈsgʀeːvəð]	*schreiben*
skyde [ˈsgyːðə]	skyder [ˈsgyːˀðəʀ]	skød [sgøːˀð]	skudt [sgud]	*schießen; schieben*
skære [ˈsgɛːʀə]	skærer [-ʀ]	skar [sgɑːˀʀ]	skåret [ˈsgɔːʀəð]	*schneiden (mit dem Messer; sonst: klippe)*
slibe [ˈsliːbə]	sliber [ˈsliːˀbəʀ]	sleb [sleːˀb]	slebet [ˈsleːbəð]	*schleifen*
slide [ˈsliːðə]	slider [ˈsliːˀðəʀ]	sled [sleːˀð]	slidt [slid]	*verschleißen; zerren, reißen; schuften*
slippe [ˈslebə]	slipper [-ʀ]	slap [slɑb]	sluppet [ˈslobəð]	*loslassen; davonkommen*
slå [slɔ̯ːˀ]	slår [slɔːˀʀ]	slog [sloːˀ]	slået [ˈslɔ̯ːəð]	*schlagen; mähen*
smide [ˈsmiːðə]	smider [ˈsmiːˀðəʀ]	smed [smeːˀð]	smidt [smid]	*schmeißen*
smøre [ˈsmøːʀə]	smører [-ʀ]	smurte [ˈsmoʀdə]	smurt [smoːˀʀd]	*schmieren*
smyge [ˈsmyːə]	smyger [ˈsmyːˀəʀ]	smøg [smøːˀ]	smøget [ˈsmøːəð]	*sich schmiegen*
snige [ˈsniːə]	sniger [ˈsniːˀəʀ]	sneg [sneːˀ]	sneget [ˈsneːəð]	*schleichen*
snyde [ˈsnyːðə]	snyder [ˈsnyːˀðəʀ]	snød [snøːˀð]	snydt [snyd]	*betrügen; anführen*
sove [ˈsɔ̯uə]	sover [ˈsɔ̯uˀəʀ]	sov [sɔ̯uˀ]	sovet [-ð]	*schlafen*
spinde [ˈsbenə]	spinder [ˈsbenˀəʀ]	spandt [sbanˀd]	spundet [ˈsbonəð]	*spinnen*
springe [ˈsbʀeŋə]	springer [ˈsbʀeŋˀəʀ]	sprang [sbʀɑŋˀ]	sprunget [ˈsbʀoŋəð]	*springen; platzen*
spørge [ˈsbœʀə]	spørger [sbœːˀʀ]	spurgte [ˈsboʀdə]	spurgt [sboʀˀd]	*fragen*
stige [ˈsdiːə]	stiger [ˈsdiːˀəʀ]	steg [sdeːˀ]	steget [ˈsdeːəð]	*steigen*
stikke [ˈsdegə]	stikker [-ʀ]	stak [sdɑg]	stukket [ˈsdogəð]	*stechen, stecken*

173

stinke	stinker	stank	stinket	*stinken*
['sdeŋgə]	['sdeŋˀgəʀ]	[sdɑŋˀg]	[-ð]	
stjæle	stjæler	stjal	stjålet	*stehlen*
['sdjɛːlə]	['sdjɛːˀləʀ]	[sdjaːˀl]	['sdjɒːləð]	
stride	strider	stred	stridt	*streiten, kämpfen*
['sdʀiːðə]	['sdʀiːˀðəʀ]	[sdʀeːˀð]	[sdʀid]	
stryge	stryger	strøg	strøget	*streichen; plätten*
['sdʀyːə]	['sdʀyːˀəʀ]	[sdʀɔɪˀ]	['sdʀɔɪəð]	
strække	strækker	strakte	strakt	*strecken*
['sdʀɛgə]	[-ʀ]	['sdʀɑgdə]	[sdʀɑgd]	
stå	står	stod	stået	*stehen*
[sdɒːˀ]	[sdɔːˀʀ]	[sdoːˀð]	['sdɒːəð]	
svide	svider	sved	svedet	*versengen,*
['sviːðə]	['sviːˀðəʀ]	[sveːˀð]	['sveːðəd]	*anbrennen*
svie	svier	sved	svedet	*beißen, brennen,*
['sviːə]	['sviːˀəʀ]	[sveːˀð]	['sveːðəd]	*schmerzen*
svige	sviger	sveg	sveget	*betrügen; verraten,*
['sviːə]	['sviːˀəʀ]	[sveːˀ]	['sveːəð]	*im Stich lassen*
svinde	svinder	svandt	svundet	*schwinden*
['svenə]	['svenˀəʀ]	[svanˀd]	['svonəð]	
sværge	sværger	svor	svoret	*schwören*
['svɛʀwə]	[-ʀ]	[svoːˀʀ]	['svoːʀəð]	
synge	synger	sang	sunget	*singen*
['søŋə]	['søŋˀəʀ]	[sɑŋˀ]	['soŋəð]	
synke	synker	sank	sunket	*sinken; schlucken*
['søŋgə]	['søŋˀgəʀ]	[sɑŋˀg]	['soŋgəð]	
sælge	sælger	solgte	solgt	*verkaufen*
['sɛljə]	['sɛlˀjəʀ]	['sɔldə]	[sɔlˀd]	
sætte	sætter	satte	sat	*setzen, stellen*
['sɛdə]	[-ʀ]	['sadə]	[sad]	
tage	tager	tog	taget	*nehmen*
[taːˀ]	[tɑːˀʀ]	[toːˀ]	['taːəð]	
tie	tier	tav	tiet	*schweigen*
['tiːə]	[-ʀ]	[tɑŭˀ]	['tiːəð]	
træde	træder	trådte	trådt	*treten; einfädeln*
['tʀɛːðə]	['tʀɛːˀðəʀ]	['tʀɔdə]	[tʀɔd]	
træffe	træffer	traf	truffet	*treffen*
['tʀɛfə]	[-ʀ]	[tʀɑf]	['tʀofəð]	
trække	trækker	trak	trukket	*ziehen*
['tʀɛgə]	[-ʀ]	[tʀɑg]	['tʀogəð]	
tvinge	tvinger	tvang	tvunget	*zwingen*
['tveŋə]	['tveŋˀəʀ]	[tvɑŋˀ]	['tvoŋəð]	

174

tælle	**tæller**	**talte**	**talt**	*zählen*
['tɛlə]	[-R]	['taldə]	[talˀd]	
vide	**ved**	**vidste**	**vidst**	*wissen*
['viːðə]	[veːˀð]	['vesdə]	[vesd]	
vinde	**vinder**	**vandt**	**vundet**	*gewinnen*
['venə]	['venˀəR]	[vanˀd]	['vonəð]	
vride	**vrider**	**vred**	**vredet**	*wringen; krümmen;*
['vRiːðə]	['vRiːˀðəR]	[vRɛːˀð]	['vRɛːðəd]	*ringen*
vælge	**vælger**	**valgte**	**valgt**	*wählen*
['vɛljə]	[-R]	['valdə]	[valˀd]	
være	**er**	**var**	**været**	*sein*
['vɛːRə]	[ɛR]	[vɑR]	['vɛːRəð]	
æde	**æder**	**åd**	**ædt**	*fressen*
['ɛːðə]	['ɛːˀðəR]	[ɔːˀð]	[ɛd]	

Schlüssel zu den Übungen

1 C

1. en familie; en avis; en datter; en stol; et gulv; en hånd; et tæppe; en overlæge; en sygeplejerske; en revolver.
2. Hr. Hansen læser i bogen. Jens sidder på stolen. Jens kigger på tegneserien.
3. Jyttes stol; hr. Andersens avis; overlægens revolver; sygeplejerskens hånd; datterens tæppe; brorens tegneserie.

2 C

1. a) Fru Jensen er hr. Jensens kone.
   b) Hr. Jensen er en mand, fru Jensen er en kvinde.
   c) „Taler jeg med frøken Jensen, frue (*bzw.* frøken)?"
2. seksten, tredive, halvtreds, halvfjerds, tres, halvfems.

3 C

1. *senkrecht:*   *waagerecht:*
   1) bog   5) nej   2) mor   6) jeg
   3) far   7) men   4) dag   8) med
2. familier, kvinder, ansigter, brødre, mødre, sko.

4 C

1. kold; varm; varmt; god; stort; hyggeligt; hyggelig.
2. en; en; en; et; et; et; en.

5 C

1. det; de; de; den; det; de.
2. hyggelige; store; store; grønne; store; smukke; nye; gule; gode; gamle.
3. Det hyggelige værelse. Den store elefant. De grønne træer.
4. Den grønne bog. Det smukke glas. Det mørke tæppe. Den smukke sygeplejerske. Den smukke kvinde. Det gamle billede.
5. stor; stort; stor; stort; stor.

6 C

1. stort; stor; kold; varm; varmt; god; god; stort; hyggeligt.
2. stor; kold.

3. mørke; behagelige; billige; store; hyggelige, rummelige, gamle, ny(e).
4. store; hyggelige; mørke.

7 C

1. femte; tredje; første.
2. bedre; yngre; mindre; større; billigere; yngre; mindre.
3. billigst; ældste; mindst.
4. billige; grønne; smukke.

8 C

1. a 3; b 5; c 1; d 2; e 4.
2. god, gammel, ung, interessant, broget, billig, varm, stor, grøn = Dannebrog.

9 C

1. han; han; hun; den; de; hun; det; den.
2. Hun hedder Karen til fornavn.
   Han har en stor lejlighed.
   Den er ... Det ligger ... De elsker ... Hun elsker ... Hun elsker ... Han elsker ... Hun hader ... De elsker ... Vi er mennesker. Er det til os? Er det til dem? Er det til hende? Er det til ham?

10 C

1. kvinde; dame; mor; datter; pige.
2. a 3; b 5; c 1; d 2; e 4.
3. halvtreds; tre; treogtredive; halvfems; tres; halvtreds; firs; firs; fem; tyve.
4. femoghalvtreds; seksogtres; syvoghalvfjerds; otteogfirs; nioghalvfems.
5. kvart i tre; kvart over tre; tyve minutter i fem; fem minutter i halv ni.

11 C

1. hendes; hendes; hans; hans; dens; dets; dets; dets; deres; deres.
2. sin; hendes; sine; hendes; sit; hans; hans; sin.

12 C

1. bankede; lukkede; skinnede; hostede; kiggede; hentede; snublede; pakkede; svarede; varede.
2. tabte; talte; spiste; viste; kørte; hørte; købte; bagte; begyndte.

13 C

a) Ja, det er mit sommerhus!
b) Nej, det er ikke mit sommerhus!
c) Nej, det er dr. Hansens sommerhus!

14 C

1. Hun har sagt det ...
   Læreren er gået ...
   Jeg har fået ...
   De har haft ...

2. Bjørn var kommet ...
   Hun havde hjulpet ...
   Amerikaneren var fløjet ...
   Studenten havde ligget ...
   Journalisten var gået ...
   Han havde været ...

3. a) kører; kørte; kørt.
   b) købte; købt.

4. Dem; sig; hinanden.

15 C

1. *Das dänische Alphabet*
   a [aː'], b [beː'], c [seː'], d [deː'], e [eː'], f [ɛf], g [geː'],
   h [hɔ̯ː'], i [iː'], j [jɔð], k [kɔ̯ː'], l [ɛl], m [ɛm], n [ɛn], o [oː'],
   p [peː'], q [kuː'], r [ɛr], s [ɛs], t [teː'], u [uː'], v [veː'], w ['dɔbəld
   veː'], x [ɛgs], y [yː'], z [sɛd], æ [ɛː'], ø [øː'], å [ɔ̯ː'].

2. a) far; b) frøken; c) pakke; d) altan; e) røræg; f) spraglet;
   g) datter; h) stue.

3. blev; blev; blev.

16 C

1. liggende; hostende; grædende; blæsende; dampende; stønnende; gående;
   stående.

2. skal; vil; kan; tør; bør; må.

3. skynd; manden; stående; løbende; pludselig; bedstemor; grønt; rød; stort;
   besøgte.

17 C

1. Den dreng, der går dér, er min bror. Den pige, hvis søster er læge, bor hos
   dr. Hansen. Helge, hvis bror bor i København, er læge. Hun er dansker.
   Pigen er nordmand. De æg, som han købte i går, har Kirsten spist.

2. kender; venner; kender; sønner; hendes; mand; grønne; begynder;
   tændstikker.

18 C

1. 1) faster; bror; nevø; niece; farbror; tante; moster; morbror; søster; onkel; farmor; forældre; bedsteforældre; mormor; farfar; morfar.
   2) børn (*bzw.* døtre); børn (*bzw.* døtre); barnebarn; børnebørn; børnebørn; børn; børnebørn; børn (*bzw.* sønner); børnebørn; barnebarn; døtre (*od.* børn).

2. *waagerecht:*　　　　　　　　　*senkrecht:*

1) købe	9) bil	1) kone	7) tit
2) læst	13) far	3) time	10) avis
5) mor	14) seng	4) kop	11) tak
8) jeg	15) huse	6) fem	12) rede

19 C

1. hvad for en; hvad for (nogle); hvad for (nogle); hvad for et; hvad for en; hvad for en; hvad for en.

2. hvem; hvad; hvis; hvis; hvad; hvis; hvad; hvem.

3. vækkeuret; seks; hver; eventyrfortæller; næsten; mennesker; kender; ægte; vejrmeldingen; lærer; hvem; Helge; venner; hvem; forældre; sjældent; hjemme.

20 C

1. en; man; man; ens.

2. anden; andet; andre; andet; andet; anden; anden; andet; andre; andre; anden.

3. en anden; andre; andre; et andet (*bzw.* andre); et andet; en anden; et andet; en anden; en anden (*bzw.* andre); et andet; en anden; et andet (*bzw.* andre); en anden; en anden; et andet; en anden; en anden; et andet; en anden; andre; en anden; en anden; en anden; en anden; en anden; en anden; andre; andre; en anden.

21 C

1. I går blev hans bil solgt. Rom blev ikke bygget på én dag. Nu bliver hendes dukke vasket.

2. Butiksvinduerne blev pyntet ... Børnenes ønskesedler bliver sendt ... Gaverne bliver delt ud. Juletræet bliver tændt. Der bliver klippet og klistret.

3. Fru Andersen blev hjulpet af Kirsten. Han blev vasket af fru Hansen. Den gamle julesang blev sunget af læreren.

4. sælges; piskes; hentes.

5. planlægge; hyggeligt; vækkeuret; rækkehus; trukket; omhyggeligt; dukke; begge.

6. mange; mange; meget; meget; mange.

22 C

1. ned; hjem; oppe; ude; hjemme; bort; henne; ind; inde; nede.
2. dejlig; frygtelig; smukt; godt; temmelig; venligt; dejligt; frygtelig.
3. regner; lejlighed; plejer; leger; eget; dejligt.

23 C

1. Læreren var ikke hjemme. Han bor oppe i Århus. Min kuffert ligger nede i kælderen. Min hue ligger inde i stuen. Han gik hurtigt hen til frøken Birch. Er han gået hjem? Det er skrækkelig koldt. Han smilede venligt. Han taler temmelig godt dansk.

2.
   ligger, lå, ligget
   sidder, sad, siddet
   får, fik, fået
   taler, talte, talt
   køber, købte, købt
   bor, boede, boet
   går, gik, gået

   har, havde, haft
   gør, gjorde, gjort
   er, var, været
   bliver, blev, blevet
   drikker, drak, drukket
   spiser, spiste, spist
   spørger, spurgte, spurgt
   lægger, lagde, lagt

3. hvad; vores; hvad; viste; hvornår; hver; værsgo; hvide.
4. juletræ, jordbær, hjemme, jeres.

24 C

1. Bogen lå på bordet. Jeg har ligget i din seng. Jeg har lagt avisen på dit skrivebord. Han vågnede kl. syv. Hun vækkede mig kl. fem. Lampen faldt på bordet. Han hængte billedet på væggen. Billedet hang på væggen. Hun satte sig. Hun sad i bedstefars lænestol.

2. Kommer dr. Hansen i morgen? – Ja!
   Kommer Helge ikke til fru Andersens fødselsdag? – Jo!
   Lå bogen på bordet? – Ja!
   Har hun ikke lagt avisen på dit skrivebord? – Jo!
   Vækkede hun dig kl. 5? – Ja!
   Har hun ikke ligget i Helges seng? – Jo!

3. det er grønt; den er gul; rødvin er rød; mel er hvidt; Dannebrog er rødt og hvidt; havet er blåt; rugbrød er brunt;
   oder: farven er grøn (gul, rød, hvid, rød og hvid, blå, brun).

4. Har hun kendt ham siden 1955? – Ja!
   Har fru Andersen været meget syg? – Ja!
   Vil han? – Ja!
   Har hun ikke kendt ham siden 1955? – Jo!
   Har fru Andersen ikke været meget syg? – Jo!
   Vil han ikke? – Jo!

25 C

1.

stimmhaftes d	*stimmloses* d	*stummes* d
altid	aldrig	begynde
arbejde͟de	arbejde͟de	bedstemor
allerede͞	dåse͞	banegård
advent	dør	bånd
badeværelse	dag	sund
billede	desuden	endnu
blød	fordi	falde
brødre	hvordan	fødselsdagsgave
franskbrød	heldigvis	holde͞
fad	idé	hånd
foruden	idet	hinanden
fod		hund
gade		handske
hedde		indtryk
hovedstad		sagde
hovedpine		pludselig
hvid		

2. formiddag; forår; foran; forskel.

3. bakke (Hügel; Tablett; rückwärts fahren; *Pfeife* paffen):
huset står på en bakke; glassene står på en bakke; man kan ikke bakke med en cykel; det er hyggeligt at bakke på en pibe.

lejlighed (Wohnung; Gelegenheit):
Kirsten og Helge har en lille lejlighed; ved den lejlighed fortalte han mig, at hun var syg.

pande (Pfanne; Stirn):
bag omeletten på tør pande; han har en høj pande.

øre (Ohr; *dän. Geld:* Öre):
hans højre øre er rødt; de kastede en 25-øre i ønskebrønden.

krone (Krone; krönen):
jeg fandt en krone i supermarkedet; de vil krone Frederik.

26 C

1. ad; af; ad; af.

2. af; af; for; fra (*bzw.* i); fra; fra (*bzw.* i); før.

27 C

1. til; om; i; i; om; i; om; på; til; i; i; i; ved; ved; på; for; af; på; på; af; til; af;
for; på; i; til; mellem; hos; i; om; fra (*bzw.* i); i; i; i; til; til; med; på; på; på;
med; til; på; ved; til; på; mellem.

2. for; til; til; til (*bzw.* fra).

3. over; over; om; over.

28 C

1. i; i; ved; til; på; til; i; for; til; i.
2. invitation; industrien; indfald; indtryk; indvendig; indlagt.

29 C

z. B.:

stå for det hele = an der Spitze stehen, dem Ganzen vorstehen.
stå på cyklen = das Fahrrad besteigen.
lægge et godt ord ind for én = ein gutes Wort für jemanden einlegen.
udruge = ruge ud (*eher Alltagssprache*) = ausbrüten.
vokse op på landet = auf dem Lande aufwachsen.

30 C

1. Fru Andersen læser ikke avis. Bor Karen Larsen ikke hos Dem? Han går ikke ind i en forretning. Går han ikke ind i en forretning? Lejligheden er ikke billig. Er lejligheden ikke billig? Hanne har ikke inviteret sin veninde Merete til eftermiddagskaffe. Har Hanne ikke inviteret hende? Ville Hanne ikke besøge ham? Hvorfor gik han ikke hjem? Det regner ikke i Odense.

2. Han sagde, at han ikke ville komme. Fru Hansen fortalte, at hendes mand ikke var rejst til Berlin. Det er forhåbentlig en bog, som du ikke har læst. Hvis du ikke gør det, bliver jeg sur.

3. Mon han er syg? Mon han er gået hjem? Mon Hanne vil besøge ham?

4. Hvorfor gik han hjem? Hvorfor bor hun i Odense? Hvorfor går han ind i en forretning? Hvorfor vil Hanne besøge ham? Hvorfor fortalte fru Hansen, at hendes mand var rejst til Berlin? Hvorfor skal hun rejse i morgen?

5. I morges besøgte Kirsten ham. I dag rejser de til Nordsjælland. Kl. 12 lukker forretningen. Tysk kan hun ikke tale. Naturligvis var hun hjemme.

6. Hun besøger ikke sin mor. Fru Hansen ser ikke fjernsyn. Karen hoster ikke.

7. Hun sagde: „Han har ikke set fjernsyn!" „Karen har ikke hostet", sagde hun. Han spurgte: „Bor du i Odense?" „Er hun tysker?" spurge han.

Sachregister

Die Zahlen beziehen sich auf die Seiten.